Lehrbuch Rettungsschwimmen

15. überarbeitete Auflage

Herausgeber:
Bayerisches Rotes Kreuz – Präsidium

Körperschaft des öffentlichen Rechts
Referat Wasserwacht

ISBN 3-922865-68-2

Verlags- und Bezugsadresse:
Hofmann-Verlag GmbH
Postfach 41 00 67
86 067 Augsburg
Telefon 08 21 / 27 28 920
Telefax 08 21 / 27 28 930

Verfasser:
Hans Scharrer (1. und 2. Auflage 1951, 1957)

Ernst Wahl (3. bis 9. Auflage 1960 bis 1973)
Mitglieder des Landesausschusses
(fachliche Beratung OStD Ernst Wahl)

Neubearbeitung: Stefan Goßner, Dipl.-Ing. (10. bis 12. Auflage 1974 bis 1987)
Dr. med. Gustav Kochner, WW-Landesarzt
(fachliche Beratung Ltd. AK Direktor Ernst Wahl)

Prof. Stefan Goßner, Dipl.-Ing. (13. und 14. Auflage 1993, 1994)
Dr. med. Egon Jung. Ltd. MedD, WW-Landesarzt

Überarbeitung: (15. Auflage 1998)
Klaus Kupke, Landesausbilder Rettungsschwimmen
Dr. med. Hans Heinrich, WW-Landesarzt
(fachliche Mitarbeit Prof. Stefan Goßner, Christof Langer, Michael Ott, Adolf Dachs)

Umschlag und Illustrationen:
Ursula Wolf, Grafik-Designerin

Hürlimann-Karrikaturen zu den Baderegeln

15. überarbeitete Auflage 1998

Layout: Referat Wasserwacht
Druck: Hofmann-Druck Augsburg GmbH

Geleitwort

In unserer Freizeitgesellschaft, in der Segeln, Surfen, Rudern, Tauchen und Schwimmen immer mehr zum Hobby vieler wird, gewinnt die Unfallverhütung im und am Wasser zunehmend an Bedeutung.

Seit mehr als 100 Jahren kümmert sich das Bayerische Rote Kreuz, insbesondere die Wasserwacht, um die Rettung Ertrinkender an unseren Gewässern. Hierfür erhalten die Kameradinnen und Kameraden der Wasserwacht eine qualifizierte und spezialisierte Aus- und Weiterbildung. Der Text dieses Lehrbuches richtet sich selbstredend an Teilnehmer beiderlei Geschlechts. Formulierungen in der dritten Person sind daher nicht ausdrücklich mit „Er/Sie“ gekennzeichnet.

Die überarbeitete Auflage des Lehrbuches „Rettungsschwimmen“, die vom Landesausbilder Klaus Kupke und Dr. med. Hans Heinrich, dankenswerterweise überarbeitet wurde, wird den hohen Anforderungen der Aus- und Fortbildung unserer Rettungsschwimmer in hervorragender Weise gerecht.

Das vorliegende Buch stellt für die Rettungsschwimmer im Wasserrettungsdienst – auch über die Grenzen Bayerns hinaus – ein wichtiges Lehr- und Nachschlagewerk dar. Allen Rettungsschwimmern der Wasserwacht, sei es, dass sie sich noch in der Ausbildung befinden oder bereits als Rettungsschwimmer aktiv Hilfe leisten, wünsche ich viel Erfolg und Freude am Helfen. Fest steht allerdings auch, dass wir immer dann, wenn unsere Hilfe gebraucht wird, auch unser Bestes geben

Heinz Schramm
Vorsitzender des
Landesausschusses Wasserwacht

Vorwort zur 15. Auflage

Neue Erkenntnisse, geänderte Ansichten, moderne technische Gerätschaften sowie die Weiterentwicklung der Rettungstechniken machen die kontinuierliche Überarbeitung des Lehrmaterials der Wasserwacht notwendig. Die 15. Auflage des Lehrbuchs Rettungsschwimmen soll dem Rechnung tragen, nachdem die letzte große Überarbeitung schon wieder vier Jahre zurückliegt.

Die wichtigsten Veränderungen der Neuauflage betreffen die Systematik bei Fremdrettungen, die Neuerungen in der Rettungstechnik und bei den Gerätschaften. Auch im medizinischen Bereich, der die Erste-Hilfe am und im Wasser einschliesst, wurde das vorliegende Lehrbuch auf den neuesten Stand unseres Wissens gebracht. Bereits 1990 wurde die Herz-Lungen-Wiederbelebung HLW wieder in die Breitenausbildung (Erste-Hilfe-Lehrgänge) des Deutschen Roten Kreuzes aufgenommen. Die in den letzten Jahren geänderten Vorgehensweisen der Ersthelfer beim Auffinden einer leblosen Person sind in der derzeit gültigen Fassung berücksichtigt.

Ich bedanke mich bei allen Kameraden, die in den vergangenen Jahren mit Hinweisen, Verbesserungsvorschlägen und redaktionellen Beiträgen beigetragen haben, das Lehrbuch in der vorliegenden Form zu gestalten. Die namentliche Nennung all dieser engagierten Wasserwachtler würde den Rahmen dieses Vorworts sprengen. Deshalb seien hier, stellvertretend für alle, folgende Gremien und Personen genannt: die Bezirksausbilder R mit ihren Lehrgruppen, Adolf Dachs, Christof Langer, Michael Ott und mein Vorgänger und Autor der letzten Ausgaben Prof. Stefan Goßner, der auch bei dieser Auflage kompetenter und kritischer Ratgeber war.

Mein besonderer Dank gilt den Kameraden Hans Scharrer, Ernst Wahl, Stefan Goßner, Dr. med. Gustav Kochner und Dr. med. Egon Jung, die das Lehrbuch der Wasserwacht seit der ersten Auflage im Jahr 1951 durch die Jahre betreut haben.

Klaus Kupke
Landesausbilder Rettungsschwimmen

Inhalt

1. Wasserrettungsdienst im Roten Kreuz

Geschichtliches zur Wasserrettung

„Vom Baden bis zum Schwimmen ist nur ein kleiner Schritt. Unsere Jugend sollte schon deshalb zum fleißigen Bade angehalten werden, damit sie das Schwimmen dabey lerne. Es ist eine schöne, männliche Fertigkeit, die Stütze unserer Menschenfreundlichkeit in Rettung Verunglückter.
Was helfen uns alle Befehle, Ermunterungen und öffentliche Prämien, den Armen zu retten, den die Fluth ergriffen hat, wenn wir unvermögend sind, es zu können, wenn wir, indess jener ertrinkt, am Ufer herum nach Hülfsmittel rennen müssen, anstatt ein Hülfsmittel in uns selbst zu finden."

Guts Muths „Gymnastik für die Jugend"
Originalausgabe 1793

Bei einem historischen Rückblick zum Thema Wasserrettung denkt man unwillkürlich an Hochwasserkatastrophen und auch an die in der Vergangenheit so häufigen Schiffbrüche an den Meeresküsten und den nassen Tod der Seeleute. Im Mittelalter hat man das damals noch viel häufigere Geschehen als unabwendbares Schicksal hingenommen. Man weiß auch aus der Überlieferung, dass die Bergung des wertvollen Strandgutes von der Küstenbevölkerung vielfach als wichtiger angesehen wurde als der Einsatz für fremdes Menschenleben.

Das hat sich erst geändert, als sich humanitäres Denken in allen Ländern Europas immer stärker durchsetzte. Ebenso wie bei der Gründung des Roten Kreuzes, das Erlebnis des Elends nach der Schlacht von Solferino durch den geistigen Vater des Roten Kreuzes, Henry Dunant, den notwendigen Anstoß für das Entstehen einer Organisation gegeben hat, so veranlasste der Untergang eines mit Kohlen beladenen Segelschiffes an der Nordseeküste im Jahre 1860 einen 27-jährigen deutschen Seemann zu öffentlichen Aufrufen, die einige Jahre später zur Gründung der „Gesellschaft zur Rettung Schiffbrüchiger" geführt haben. Heute unterhält diese Gesellschaft, die sich in erster Linie aus Spenden der Bevölkerung finanziert, an den Küsten der Nordsee und der Ostsee Rettungsstationen mit sehr modernen, ständig besetzten Seenotrettungskreuzern.

Es ist bemerkenswert, dass vor der Gründung der Deutschen Lebensrettungs-Gesellschaft e.V. am 19. Oktober 1913 gleichfalls ein Unglück vorausgegangen ist. In einem deutschen Ostseebad, in Binz auf Rügen, stürzte am 28. Juli 1912 eine Landungsbrücke ein. 17 Menschen mussten ertrinken, weil es an Rettungsschwimmern und an Rettungsgeräten fehlte.

Das Deutsche Rote Kreuz hat sich der Aufgabe der Wasserrettung erstmalig im Jahre 1908 zugewandt. Dabei dachte man zunächst in erster Linie an den Ein-

1883 1923 1945 1989

satz von Mitgliedern des Roten Kreuzes bei den häufig wiederkehrenden Hochwasserkatastrophen im Binnenland. Das mag auch einer der Gründe dafür sein, dass schon vor 1908 Einsatzgruppen für die Wasserrettung in Bayern entstanden waren und nicht an den Meeresküsten.

Aus dem Bericht der Freiwilligen Sanitäts-Hauptkolonne des Bayerischen Landeshilfsverein vom Roten Kreuz geht hervor, dass schon vor der Jahrhundertwende bei der Hochwasserkatastrophe am 7. Februar 1883 in Regensburg Rotkreuz-Männer im Einsatz waren. Am 21. August 1891 wurden in Maria-Ort, unweit von Regensburg, auf der Donau Sanitätsschiffe eingesetzt, um Schiffbrüchigen Hilfe zu bringen. Bereits ein Jahr später wurde ein Donauschlepper zum ersten Lazarettschiff umgebaut und eingesetzt. Damals retteten Rotkreuz-Helfer bei einem Eisstoß großen Ausmaßes an der Donau, am Regen und an der Naab über 100 Familien aus den riesigen Überschwemmungsgebieten. 1896 wurde in Verbindung mit dem Roten Kreuz am Staffelsee, Ammersee, Chiemsee und Bodensee ein Wasserrettungsdienst eingerichtet. An den hochwassergefährdeten Flüssen Main, Saale, Isar, Lech und Inn bildeten sich in der Folgezeit weitere Rotkreuz-Wasserrettungsgruppen. 1908 wurden in München „Vorkehrungen zur Rettung Ertrinkender an den Flussläufen und Seen“ vom Sanitätskolonnenführer Freiherr Stromer von Reichenbach getroffen.

Im Februar 1923 erließ das Bayerische Rote Kreuz eine umfassende Dienstordnung für den Wasserrettungsdienst. Auch wurde ein eigenes Wasserrettungsabzeichen, der „Rettungsring mit dem roten Kreuz“, geschaffen, das für die Wasserwacht noch heute seine Gültigkeit hat. Den Männern von damals war der Wasserrettungsdienst eine Selbstverständlichkeit, wo immer er auch wahrgenommen wurde; entsprach er doch den Intentionen des Begründers des Roten Kreuzes.

Aus der Erkenntnis der vergangenen Jahrzehnte wurde 1945 innerhalb des Bayerischen Roten Kreuzes eine eigene Wasserrettungsgemeinschaft gegründet. Sie führt den Namen „Bayerisches Rotes Kreuz – Wasserwacht“. Helferinnen und Helfer der Wasserwacht sind in besonderem Maße gefordert, wenn es darum geht, Menschenleben zu retten und vorbeugende Maßnahmen zu ergreifen und den Sanitätsdienst an den Wasserrettungsstationen durchzuführen. Mit der Zunahme von Freizeit- und Erholungsmöglichkeiten stiegen auch die qualitativen und quantitativen Anforderungen an unsere Helferinnen und Helfer im Wasserrettungsdienst. Der Wasserrettungsdienst ist wichtiger Bestandteil in der Erstversorgung von Notfallpatienten und reiht sich nahtlos in die Rettungskette des Deutschen Roten Kreuzes ein.

Aufgaben und Ziele der Wasserwacht

Ihre Hauptaufgabe ist die Bekämpfung des Ertrinkungstodes und die Durchführung der damit verbundenen Maßnahmen. Weitere Aufgaben der Wasserwacht des Roten Kreuzes:

1. Durchführung des Wasserrettungsdienstes
2. Aus- und Fortbildung von Rettungsschwimmern sowie die Verbreitung der Kenntnisse und Fähigkeiten des Schwimmens und Rettungsschwimmens in der Bevölkerung, insbesondere der Jugend, in den Schulen und Verbänden
3. Mitwirkung in den Katastrophenschutzeinheiten des Bayerischen Roten Kreuzes
4. Heranführung der Jugend an das Gedankengut des Roten Kreuzes
5. Verbreitung der Kenntnisse über die Genfer Rotkreuzabkommen
6. Werbung für die Ziele des Roten Kreuzes und Mitwirkung bei der Mittelbeschaffung
7. Mitwirkung beim Natur-, insbesondere beim Gewässerschutz
8. Bergung von Gütern, von denen eine Gefährdung für Menschen oder die Umwelt ausgehen kann
9. Durchführung von Aufgaben, die der Wasserwacht von staatlichen oder kommunalen Behörden, Polizei oder Staatsanwaltschaft übertragen werden
10. Suche und Bergung von Ertrunkenen

Zur Erfüllung der Aufgaben bildet die Wasserwacht in folgenden Ausbildungsbereichen aus:

Schwimmen

Rettungsschwimmen

Naturschutz

Rettungstauchen

Motorbootführen

Näheres regeln die Ausbildungsordnung des BRK, die Dienstvorschriften sowie die Ausbildungs- und Prüfungsvorschriften der Wasserwacht.

2. Gefahren des Wassers, Gefahrenverhütung und Selbstrettung

Wer sich am, auf oder im Wasser aufhält, muss wissen, dass ihn hier Gefahren erwarten können, mit denen er sich in seinem gewohnten Lebensbereich nicht auseinanderzusetzen hat. Diese Gefahren sind vielfältiger Natur. Ihre Ursachen können sowohl im Element Wasser als auch beim Menschen selbst zu suchen sein.

Hier sollen wichtige Gefahren am und im Wasser aufgezeigt werden. Daneben wird darauf hingewiesen, wie man mit diesen Gefahren umgehen bzw. sich daraus selbst befreien kann.

- Der beste Weg, sich vor Schaden zu bewahren, ist, die Gefahr von vornherein zu meiden.

2.1 Natürliche Gefahren des Wassers

Stehende Gewässer

Wasserpflanzen
Wasserpflanzen sind meist lange, bänderartige und teilweise sehr feste Gewächse, die in stehenden oder langsam fließenden Gewässern vorkommen und häufig nur bis unter die Wasseroberfläche, nicht jedoch aus dem Wasser herauswachsen. Überquert ein Schwimmer ein Feld mit Wasserpflanzen, so können sich diese durch die Bewegungen des Schwimmers um dessen Arme, Schultern und Beine legen und ihn am Schwimmen hindern. Durch unzweckmäßige Bewegungen verfängt sich der

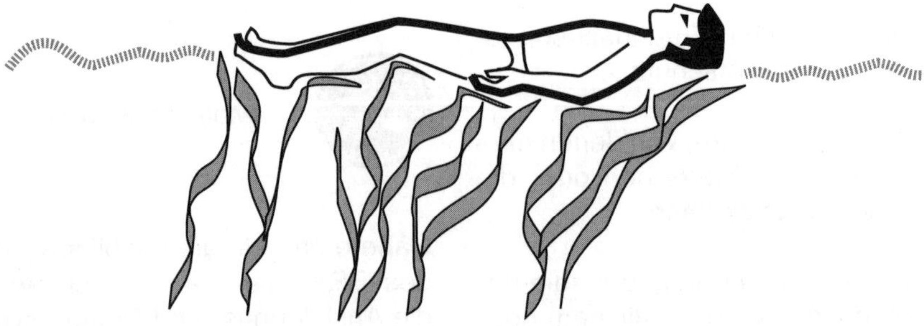

Abb. 1: Das Überschwimmen von Wasserpflanzen

Gefährdete nur noch mehr in den Pflanzen, zieht sich u. U. selbst unter Wasser und ertrinkt. Für den weniger Erfahrenen werden die Wasserpflanzen schon deshalb zur tödlichen Gefahr, weil er bei der ersten Berührung mit ihnen in Panik gerät und dadurch zu Fehlhandlungen verleitet wird.

Wegen der lauernden Gefahr sollte man Bereiche mit Wasserpflanzen weitgehend meiden. Ist das Überqueren nicht zu umgehen, so sollte man den Gefahrenbereich in flacher Rückenlage mit kleinen Paddelschlägen der Hände überschwimmen. Sofern, was leider immer wieder zu beobachten ist, der Schwimmer das Rückenschwimmen nicht beherrscht oder sich hierbei noch zu unsicher fühlt, so mag das Überschwimmen auch in sehr flacher Kraulschwimmlage erfolgen. Entscheidend ist in jedem Falle, dass der Körper des Schwimmers möglichst flach im Wasser liegt und nicht mit den Beinen absackt. Dies wird in der Abbildung 1 veranschaulicht.

Ist ein Schwimmer ungewollt in Wasserpflanzen geraten und hat sich in diesen verstrickt, so ist folgendermaßen vorzugehen:

- Ruhe bewahren!
- Hilfe herbeirufen!
- Entgegen der ursprünglichen Schwimmrichtung in flacher Schwimmlage (wenn möglich Rückenlage) ausschwimmen!

Durch das Ausschwimmen in der entgegengesetzten Richtung lösen sich die Wasserpflanzen in der Regel.

Schlammige Gewässer

Vor allem in stehenden oder sehr langsam fließenden Gewässern kann der Grund schlammig sein. Wer im Schlamm

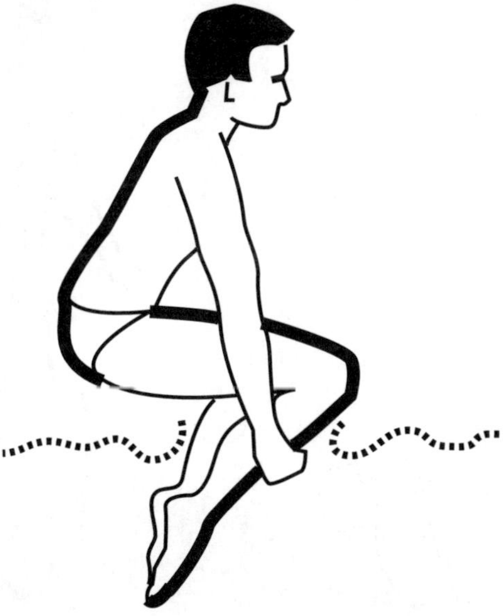

Abb. 2: Paketsprung, denn der Kopfsprung in den Schlamm ist häufig tödlich

stecken bleibt, befindet sich u. U. in höchster Lebensgefahr, da Versuche freizukommen häufig zu einem weiteren Absinken führen. Oft verraten sich schlammige Gewässer durch Pflanzenwuchs oder fauligen Geruch.

Am besten meidet man Gewässer, bei denen der Verdacht besteht, dass sie einen schlammigen Grund besitzen. Vor dem Schwimmen in unbekannten Gewässern empfiehlt es sich nach Schlammstellen zu fragen.
Auf jeden Fall gilt:

- In unbekannte Gewässer nie mit einem Kopfsprung springen!

Wer mit dem Kopf im Schlamm steckt, hat kaum eine Chance zur Selbstrettung. Ist ein Schwimmer mit den Beinen in den Schlamm geraten, so ist in folgender Weise vorzugehen:

- Panik vermeiden! Überlegt handeln!
- Hastige Bewegungen der Beine vermeiden!
- Wenn möglich nach Hilfe rufen!
- Durch kräftige Schwimmbewegungen der Arme sich aus dem Schlamm lösen!
- Rückenlage einnehmen!

Unterwasserhindernisse und Unrat
Felsen, Pfähle, Baumstümpfe, Mauerreste und ähnliche Hindernisse unter der Wasseroberfläche können für einen Schwimmer ein erhebliches Verletzungsrisiko darstellen. Mitunter handelt es sich hierbei gar nicht um natürliche Hindernisse, sondern um Gegenstände, die von rücksichtslosen Menschen ins Wasser geworfen wurden (alte Fahrräder, Autowracks, Glasscherben, Blechbüchsen usw.).
Zur Vermeidung von Verletzungen sollte man sich bei unbekannten Gewässern

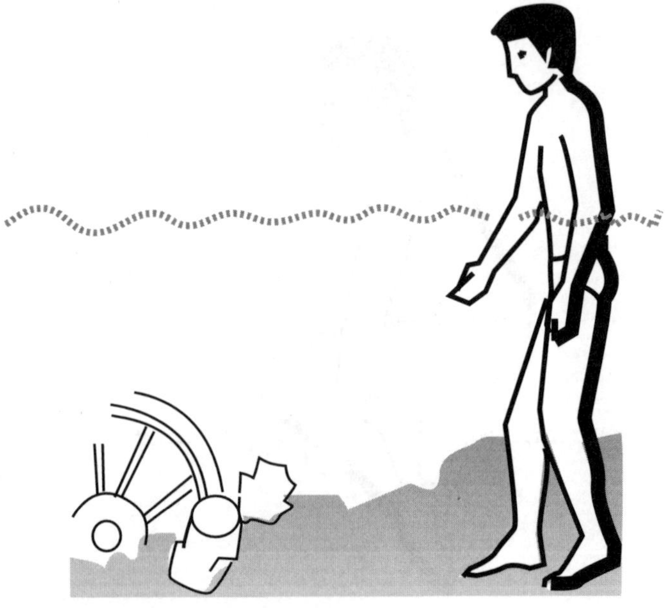

Abb. 3: Gefahren an unbekannten Gewässern

immer erst nach möglichen Gefahren erkundigen. Sprünge, vor allem Kopfsprünge in unbekannte Gewässer, verbieten sich wegen der Gefahr von Unterwasserhindernissen von selbst. In besonderen Ausnahmefällen, bei denen sich ein Sprung nicht vermeiden lässt, ist der Paketsprung anzuwenden.

Sommerliche Gewitter, Platzregen, Hagel

Für einen Schwimmer im Wasser kann ein sommerliches Gewitter mit heftigem Regen oder Hagelschlag zur tödlichen Gefahr werden. Durch Platzregen, Hagel oder Sturm wird das Wasser aufgepeitscht. Über der Wasseroberfläche bildet sich ein Bereich, in dem die Luft so stark mit hochspritzenden Wasserteilchen durchmischt ist, dass ein Atmen nur schwer oder gar nicht mehr möglich ist. Die Atmungsorgane sträuben sich gegen das Einatmen dieses Luft-Wasser-Gemisches; Hustenreiz und im schlimmsten Fall ein Stimmritzenkrampf sowie der Erstickungstod sind die Folge. Auf die Gefahr tödlicher Verletzungen durch Blitzschlag oder übergroße Hagelkörner soll nur hingewiesen werden.

Bei aufziehenden Gewittern muss der Schwimmer das Wasser auf dem schnellsten Wege verlassen. Größere Strecken dürfen nie ohne Bootsbegleitung geschwommen werden, um sich notfalls aus dem Wasser retten zu können. Wer mit dem Boot unterwegs ist und nicht rechtzeitig zum Ufer zurückkehren kann, soll sich bei Blitzschlaggefahr flach ins Boot legen und darf das Wasserfahrzeug während eines Gewitterregens oder bei Hagelschlag nicht verlassen. Durch die bis zu einer Höhe von einem halben Meter über der Wasseroberfläche auftretende Gischt ist jede Orientierung äußerst erschwert, so dass ein Schwimmer ertrinken kann, obwohl sein Boot nur wenige Meter entfernt treibt.

Für einen Schwimmer ist eine Selbstrettung aus dieser Gefahrensituation nur möglich, wenn es gelingt, die Wassertröpfchen aus der Atemluft zu entfernen, bevor diese in den Kehlkopf eindringen. Maßnahmen zur Selbstrettung sind daher:

- Bewusst langsam einatmen!
- Hände oder Badekleidung als Filter vor den Mund halten!

Temperatur des Wassers

Ein stehendes Gewässer hat an der Oberfläche je nach Sonneneinstrahlung eine Warmwasserzone. Unterhalb dieser Warmwasserzone kann das Gewässer, ggf. bis zum Grund, sehr viel kälter sein. Der Mischungsbereich zwischen beiden Zonen ist sehr schmal.

Mögliche Gefahren beim plötzlichen Eintauchen in kaltes Wasser: Krämpfe, Atem- und Herzstillstand, Kälteschock mit der Gefahr des Badetodes.

Fließende Gewässer

Viele Gefahren treten nicht nur in stehenden, sondern auch in fließenden Gewässern auf, so z. B. Unterwasserhindernisse, Schiffe und Motorboote usw. Daneben gibt es weitere Gefahren, die den Schwimmer insbesondere in fließenden Gewässern bedrohen.

Wirbel

Wirbel entstehen häufig dort, wo in fließenden Gewässern Bereiche mit verschiedenen Strömungsgeschwindigkeiten unmittelbar aneinandergrenzen. Dies kann der Fall sein beim Zusammenfließen zweier Flüsse, hinter größeren Hindernissen im Fluss, an Flusseinmündungen, im Kehrwasser von Flusskrümmungen, an Ufereinbuchtungen sowie im Be-

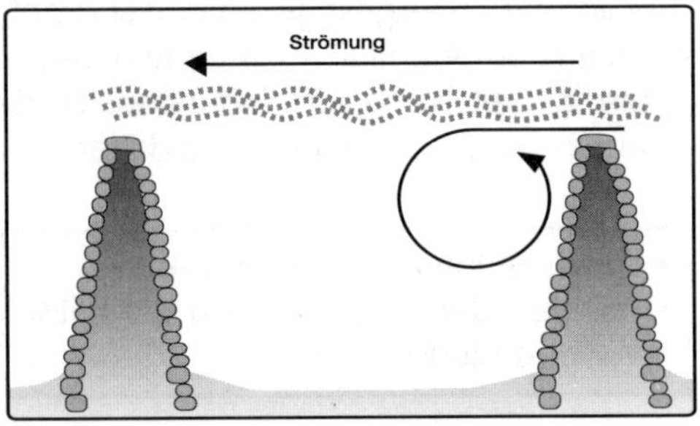

Abb. 4: Wirbel hinter Buhnen

reich von Buhnen. Im Bereich des Wirbels gerät das Wasser in kreisende Bewegungen und wird im Zentrum mehr oder weniger heftig nach unten gezogen.

Am Grund finden sich meist Trichter im Flussbett, die im Laufe vieler Jahre ausgewaschen wurden. Gerät ein Schwimmer in einen Wirbel, so kann er mitgeris-

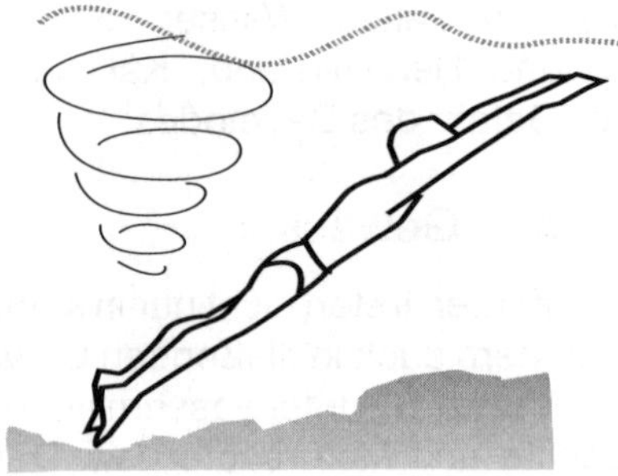

Abb. 5: Selbstrettung aus Wirbel

sen und unter Wasser gezogen werden. Eine Gefahrenverhütung ist nur möglich, indem man nicht in solche Bereiche hineinschwimmt.

Wer in einen Wirbel geraten ist, muss versuchen, in flacher Schwimmlage mit möglichst kräftigen Schwimmstößen aus der Gefahrenzone herauszuschwimmen. Wird der Schwimmer gegen seinen Willen unter Wasser gezogen, so muss er versuchen, am Grund des Wirbels wegzutauchen.

Achtung: Es besteht u. U. höchste Lebensgefahr! Den Gefahrenbereich in jedem Falle schwimmend verlassen.

Strudel

Eine dem Wirbel bei oberflächlicher Betrachtung ähnliche Erscheinung ist der Strudel. Er kann mitunter z. B. an der Staumauer von Stauseen beobachtet werden, die der Flussregulierung, der Trinkwasser- oder auch der Energieversorgung dienen. Aus diesem Grund hat die Staumauer verschließbare Öffnungen, durch die das Wasser abfließen kann. Bei geöffnetem Durchlass entsteht ein kreisförmiges Einfließen in die Öffnungen von der Wasseroberfläche her. Dies nennt man Strudel. Der gleiche Effekt entsteht auch beim Ablassen der Badewanne.

Während sich der Wirbel am Flussgrund wieder auflöst, hat der Strudel immer einen relativ engen Abfluss, durch den das Wasser hindurchschießt. Der Durchlass ist in der Regel durch ein Gitter versehen, an das ein Schwimmer gepresst wird. Eine Selbstrettung ist ausgeschlossen!

Wehre und Wasserfälle

Ein Wehr ist eine künstlich geschaffene Anlage, die quer durch ein fließendes Gewässer gebaut ist. Wehre dienen zur Flussregulierung der Wasserentnahme für Kraftwerke, Mühlen oder Bewässerungsanlagen. Von den vielen unterschiedlichen Formen (festes Wehr, Heberwehr, Schützenwehr, Nadelwehr, Segment- oder Sektorwehr, Walzenwehr

und Dachwehr) soll hier nur auf die einfachste und am häufigsten vorkommende näher eingegangen werden, auf das feste Wehr, wie es in der Abbildung 6 dargestellt ist. Das Wasser wird bis zur Wehrhöhe angestaut und läuft über den Wehrkamm ab. Kurz oberhalb des Wehres strömen die oberen Wasserschichten mit größerer Geschwindigkeit als die unteren. Da sich ein Schwimmer an der Oberfläche befindet, wird er stets von der Strömung in Richtung Wehr getrieben. Entweder wird der Schwimmer gegen die Wehrkante gedrückt und bleibt dort hängen oder er wird über den Wehrkamm hinweggespült und stürzt in den tiefer gelegenen Teil des Flusses. Unabhängig davon, ob das Wasser in ein Tosbecken oder auf Steinblöcke stürzt, fast immer sind starke Prellungen, Knochenbrüche und häufig der Ertrinkungstod die Folgen.
Ähnliche Verhältnisse wie an einem festen Wehr finden sich auch in natürlichen Wasserfällen. Sie haben in der Regel eine größere Fallhöhe als ein künstliches Wehr. Selbst wenn ein Sturz über ein Wehr oder einen Wasserfall noch ohne große Schäden geblieben sein sollte, droht dem Verunglückten oft eine ebenso große Gefahr durch die meist vorhandene Wasserwalze unterhalb des Wehrs oder Wasserfalles. Wasserwalzen sind äußerst gefährliche Bereiche, in denen das Wasser immer wieder walzenförmig zum Wehr zurückkehrt, vom herabstürzenden Wasser mit nach unten gerissen wird, vom Wehr entfernt wieder zur Oberfläche gelangt und erneut zurückströmt. Häufig finden sich schwimmfähige Gegenstände wie Baumstämme, Pfähle usw. in solchen Wasserwalzen. Sie können stunden- und tagelang in einer Wasserwalze herumgeschleudert werden und stellen eine zusätzliche Verletzungsgefahr für den Schwimmer dar.
Wer in eine Wasserwalze geraten ist, muss versuchen, die Gefahrenzone mit schnellen, kraftvollen Schwimmstößen am besten seitlich zu verlassen. Gelingt dies nicht und wird der Verunglückte zum Wasserfall gezogen, muss er abtauchen, um die am Grund vom Wasserfall weg-

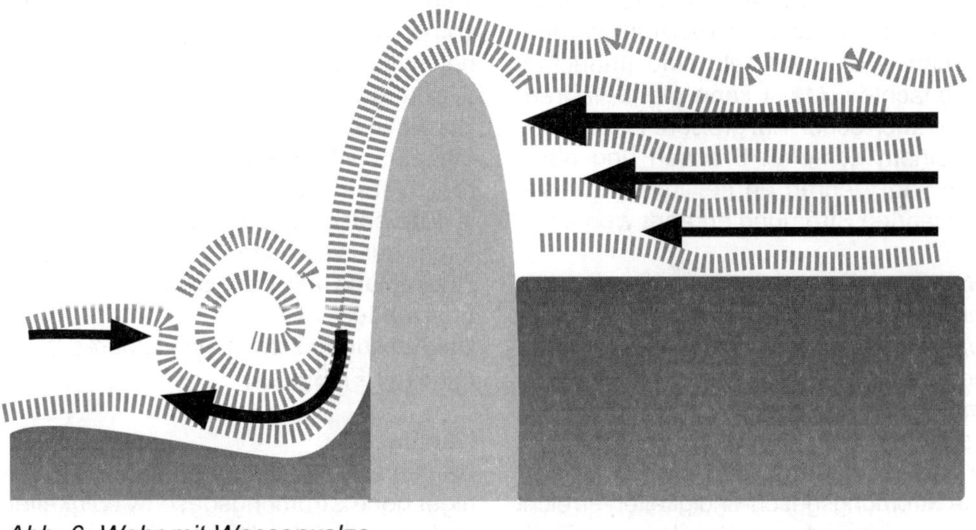

Abb. 6: Wehr mit Wasserwalze

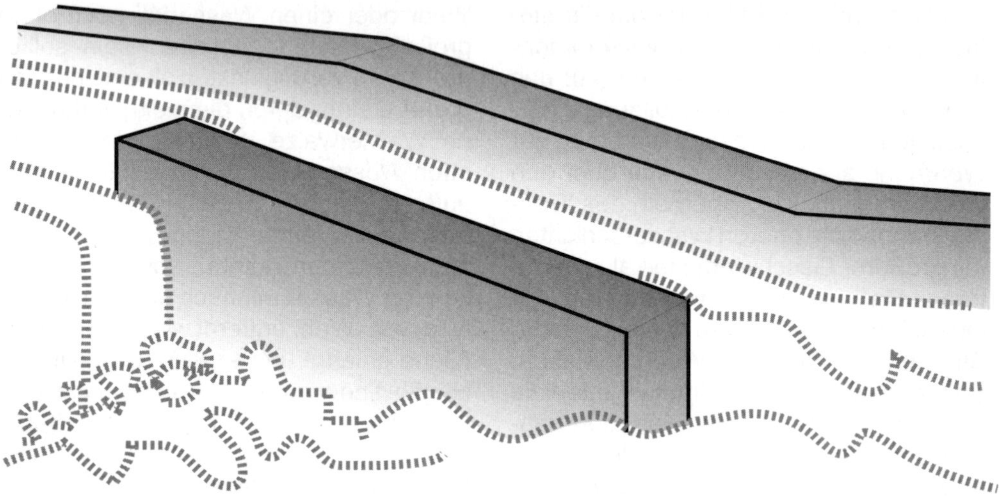

Abb. 7: Wehr mit Floßrutsche

führende Strömung zu erreichen und möglichst weit flussabwärts wieder aufzutauchen. Wegen eventueller Unterwasserhindernisse ist diese Möglichkeit nicht ohne Gefahr und sollte nur als letzte Rettung in Betracht gezogen werden. In ausreichendem Abstand oberhalb und unterhalb von Wehren und Wasserfällen muss das Wasser verlassen werden. Vorhandene Warntafeln sind unbedingt zu beachten. Meist kann die Gefahrenstelle auch schon auf größere Entfernung an einem dumpfen Brausen und oberhalb von Wehren an der immer ruhiger werdenden Strömung erkannt werden.

Wassergassen, Floßgassen, Floßrutschen

Wassergassen bzw. Floßgassen finden sich häufig bei Wehren an mittelgroßen und großen Flüssen, um z. B. Flößen das Passieren der Wehre zu ermöglichen. In diesen Wassergassen können erhebliche Strömungsgeschwindigkeiten erreicht werden. Am Ende vor allem längerer Floßrutschen sind meist Vorrichtungen eingebaut, die verhindern sollen, dass ein Floß beim Erreichen des tiefer liegenden Flussteiles mit seinem Vorderteil tief unter die Wasseroberfläche untertaucht. Solche Vorrichtungen können z. B. aus schräg ins Wasser eingebauten Baumstämmen bestehen, die ein darübergleitendes Floß vorne aufrichten. An diesen Stellen entstehen mitunter gewaltige Turbulenzen.

Wassergassen und Floßgassen sind von Schwimmern zu meiden und nur mit geeigneten Wasserfahrzeugen zu befahren. Wer unbeabsichtigt als Schwimmer in eine solche Wassergasse geraten ist, kann nur versuchen, diese in flacher Rückenlage mit den Beinen voraus zu überwinden.

Die Abbildung 7 zeigt ein kleineres Wehr mit einer Floßgasse.

Kanäle

Kanäle sind häufig durch mehr oder weniger hohe Strömungsgeschwindigkeiten und steile, glatte Ufer gekennzeichnet.

Sie führen nicht selten zu Wehren, Turbineneinlässen und Ähnlichem. Bei schnell fließendem Wasser und bei hohen, glatten Ufern kann das An-Land-gehen erheblich erschwert sein. Besteht die Uferbefestigung aus groben Felsklötzen, so können bei schnell fließendem Wasser beim Ins-Wasser-gehen und beim An-Land-gehen erhebliche Verletzungen entstehen, wenn der Schwimmer gegen vorspringende Steinkanten geschleudert wird. Das Schwimmen in Kanälen sollte man wegen der möglichen Gefahren unterlassen, auch dann, wenn es nicht ausdrücklich verboten ist. Muss man an einem Kanal ins Wasser gehen, z. B. zum Zwecke einer Rettung, so ist bei schnell fließendem Wasser zu versuchen, möglichst schnell Abstand vom Ufer zu gewinnen. Beim Anlanden schwimmt man gegen die Strömung und nähert sich nur vorsichtig dem Ufer. Auf diese Art sollte man nicht nur bei Kanälen, sondern bei allen schnell fließenden Gewässern vorgehen. Wenn möglich sollte der Retter angeseilt werden.
Wer freiwillig oder unfreiwillig in einen Kanal geraten ist, sollte

- Ruhe bewahren!
- sich in Ufernähe treiben lassen!
- nach Ausstiegsmöglichkeiten Ausschau halten (Treppen, überhängende Äste oder Zweige usw.)!
- gegen die Strömung schwimmend anlanden!
- notfalls um Hilfe rufen!

Reißende Gebirgsflüsse und Stromschnellen

Gebirgsflüsse sind meist sehr kalt. Größeres Gefälle führt zu hohen Strömungsgeschwindigkeiten, die durch Verengungen des Flusslaufes noch erhöht werden. Stromschnellen, Felsen und Steine im Flussbett bäumen Wasser (Wildwasser) auf. Solche Wasserverhältnisse sind für das Schwimmen völlig ungeeignet. Die hohen Strömungsgeschwindigkeiten hindern den Schwimmer, an Land zu kommen; Felsen und Steine im Flussbett führen zu schwersten Verletzungen. Schon beim Aufenthalt in der Nähe von Gebirgsflüssen sollte man erhöhte Vorsicht üben (auch bei Spiel und Sport), um nicht aus Versehen ins Wasser zu stürzen. Wildwasserfahrten mit Paddelbooten setzen eine sehr gründliche Ausbildung bei einem entsprechendem Sportverein voraus.
Wer ungewollt in einen Gebirgsfluss geraten ist, muss versuchen auf schnellstem Wege zum Ufer zu gelangen. Wo dies nicht möglich ist, lässt man sich am besten in flacher Rückenlage mit den Beinen voraus treiben, um nicht mit dem Kopf gegen Hindernisse geschleudert zu werden.

- Laut um Hilfe rufen!

Kalte Strömungen

Kalte Strömungen treten z. B. bei Einmündungen von Zuflüssen in Seen usw. auf. Ihre besondere Gefahr besteht darin, dass sie den Schwimmer meist plötzlich treffen und bei überempfindlichen Menschen infolge des Kälteschocks zu Kreislaufversagen, Störungen des unwillkürlichen Nervensystems, Krämpfen sowie zu Angstgefühlen und unzweckmäßigen Handlungen führen können.
Die Gefahr lässt sich umgehen, wenn solche kalte Strömungen gemieden werden. Ortskundige können meist Aufklärung hierüber geben. Wer in eine kalte Strömung geraten ist, soll umkehren und auf dem gleichen Wege zurückschwimmen. Bei besonders kaltem Wasser emp-

fiehlt sich die Rückenlage, da beim Eintauchen des Gesichtes in kaltes Wasser ein starker Schluckreflex ausgelöst werden kann. Beim Schwimmen in Gebirgsseen ist darauf zu achten, dass das Wasser meist nur unmittelbar an der Oberfläche von der Sonneneinstrahlung ausreichend erwärmt, wenige Zentimeter darunter jedoch sehr kalt ist.

Unterwasserströmungen

Unterwasserströmungen treten besonders häufig am Meer auf; sie können aber auch beim Zusammenfließen verschiedener Gewässer entstehen. Da sie für ortsunkundige Schwimmer meist unerwartet auftreten, sollte man sich vor dem Schwimmen in unbekannten Gewässern stets auch nach besonderen Strömungsverhältnissen erkundigen. Bereiche mit starken Unterwasserströmungen sollte man meiden oder nur in flacher Schwimmlage überqueren, um nicht unter Wasser gezogen zu werden.

Unberechenbare Strömungsverhältnisse unter der Wasseroberfläche findet man auch bei sehr unebenem Grund und Hindernissen im Flusslauf.

Verunreinigte Gewässer

In Seen, Flüssen und Bächen werden leider noch häufig unzureichend oder nicht gereinigte Abwässer geleitet, die für den Schwimmer wegen ihrer Inhaltsstoffe gefährlich oder zumindest unangenehm sein können (Erkrankungen, Hautreizungen, allergische Reaktionen usw.). Verunreinigte Gewässer, vor allem unterhalb von chemischen Fabriken, Färbereien, Brauereien usw. muss man meiden.

Gefahren am und im Meer

Die Verhältnisse, die die Erholungssuchenden am Meer erwarten, unterscheiden sich vielfach erheblich von denen an Binnenseen und Flüssen. Aus diesem Grund sind besonders Urlauber aus dem Binnenland am meisten gefährdet. Ebbe, Flut, Brandung usw. sind zwar meist wenigstens dem Namen nach bekannt, die mit diesen Naturerscheinungen verbundenen Gefahren jedoch nicht. Die Gefahren des Meeres können gebannt werden, wenn man sie kennt. Jeder Badende muss deshalb von den naturbedingten Eigenheiten der See wissen, um sich gegen die ihm drohenden Gefahren schützen zu können. Im Folgenden können natürlich nicht alle Gefahren des Meeres behandelt werden. So wird z. B. nicht auf Meerestiere wie Haifische, Muränen, Seeigel (häufige Verletzungsursache) usw. eingegangen.

Wellenbewegung

Die Wellen im Meer transportieren nicht das Wasser mit sich, wie man bei oberflächlicher Betrachtung meinen könnte. In Wirklichkeit wird nur die in der Welle angesammelte Bewegungsenergie weitertransportiert, während das Wasser beim Vorüberziehen einer Welle nur eine kreisförmige Bewegung ausführt. Sofern der Wellenbewegung nicht eine aus anderen Gründen hervorgerufene Strömung unterlagert ist, verbleibt das Wasser beim Vorbeiziehen einer Welle mehr oder weniger an Ort und Stelle. Bei der kreisförmigen Bewegung der einzelnen Wasserteilchen in einer Welle bewegt sich das Wasser im Wellenkamm in der Fortpflanzungsrichtung der Welle, um im folgenden Wellental wieder zurückzufließen.

Bei mäßigem Wellengang ist das Schwimmen im Meer durchaus möglich und auch sehr reizvoll. Ein flach an der Oberfläche liegender Schwimmer wird von den Wellen mühelos auf und ab geschaukelt. Sobald sich jedoch bei stärkerem Wellengang,

besonders in Strandnähe, die Wellenkämme zu überschlagen beginnen, bereitet das Schwimmen erheblich größere Schwierigkeiten, da jede neue Welle den Schwimmer mit Wasser überschüttet und unter die Oberfläche drückt.
Gilt schon bei ruhigem Wasser die Regel, dass sich ein Schwimmer nicht ohne Bootsbegleitung zu weit vom Ufer oder Strand entfernen soll, so verbietet sich bei stärkerem Wellengang das weite Hinausschwimmen ins Meer von selbst. Unberechenbare Strömungen bergen die Gefahr des weiteren Abtreibens in sich und ein Schwimmer wird kaum von Land aus wahrgenommen werden, da er hinter Wellenbergen verborgen bleibt. Auch Hilferufe erreichen das Land nicht, da sie von starken Brandungsgeräuschen völlig überdeckt werden.

Meeresbrandung
Die Brandung entsteht beim Auflaufen der Meereswellen auf den Strand oder die Küste. Die Art der Brandung hängt stark von der Form des Meeresufers ab und tritt als **Strandbrandung** oder **Klippenbrandung** auf.
Bei einem flachen Strand werden die Wellen bei Annäherung an das Ufer mehr und mehr abgebremst. Während sich weit entfernt die Wellen durchaus parallel zum Strand fortbewegen können, werden sie in Landnähe mehr und mehr zum Land abgelenkt und laufen senkrecht oder zumindest schräg auf den Strand auf. Durch das Abbremsen der Wellen verringern sich die Abstände der Wellenfronten. Da die durch die Wellen transportierte Energie trotz der verringerten Fortpflanzungsgeschwindigkeit weitgehend erhalten bleibt, steigt die Höhe der Wellen beim Auflaufen auf den Strand an, die Wellenkämme beginnen sich zu überschlagen und zeigen Schaumkronen. Es entsteht die **Strandbrandung.** Während auf dem freien Meer durch die Wellen kein Massentransport erfolgt, ändern sich diese Verhältnisse beim Erreichen des flachen Ufers. Da die Wellenbewegung hier nur noch in den Wellenkämmen ungehindert möglich ist, wirft jede Welle große Mengen Wasser auf den Strand, das sofort wieder als starker Unterstrom zurückfließt und den sog. Brandungssog bildet. Innerhalb der Brandungszone wird der Oberkörper eines aufrecht stehenden Menschen zum Land hin geschoben, während seine Beine durch den Sog seewärts gerissen werden; bei stärkerer Dünung ist daher das Stehen in der Brandung nicht möglich.
Treffen die Wellenfronten schräg auf einen Flachstrand, so fließt das zum Strand transportierte Wasser in Strandnähe parallel zur Küste als Brandungsströmung wieder ab. Diese Brandungsströmung kann Vertiefungen im Meeresgrund hervorrufen, die sich mit der Strömung ändern.
Die **Klippenbrandung** entsteht beim Auftreten von Meereswellen auf Steilküsten. Hier treffen die Wellen unvermittelt

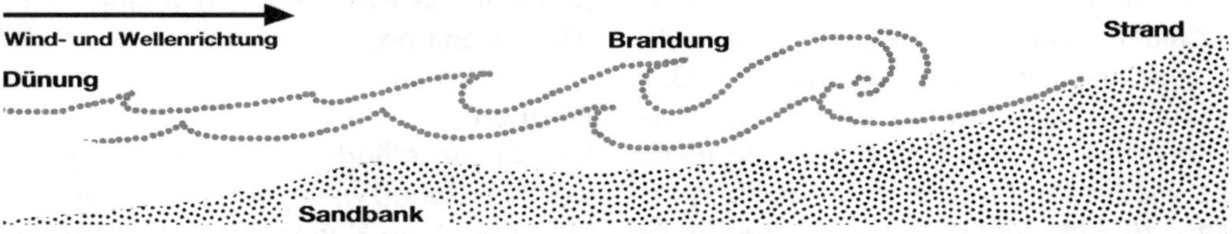

Abb. 8: Strandbrandung

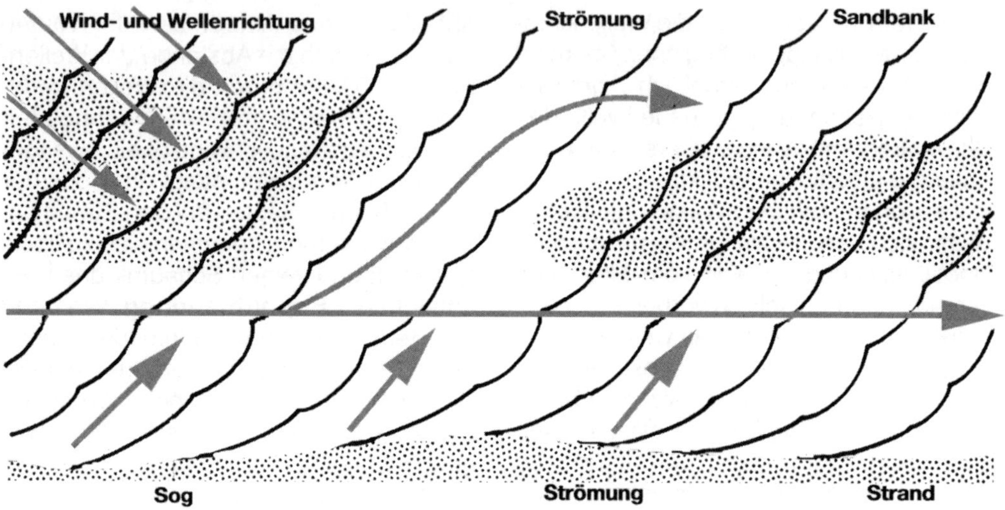

Abb. 9: Brandungssog und Brandungsströmung

auf die von dem steilen Ufer gebildete feste Wand. Zum Teil werden die Wellen an der Steilküste reflektiert und laufen zum Meer zurück; zum Teil wird die herangetragene Energie dadurch umgesetzt, dass das ans Ufer geworfene Wasser hochgeschleudert und in Millionen kleiner und kleinster Teilchen zerstäubt wird (Gischt). Besonders gefährlich ist die Klippenbrandung an zerklüfteten Steilküsten; ein Schwimmer wird gegen den Felsen geschleudert und befindet sich in höchster Lebensgefahr.

Unterströmungen und Rippströmung

Bei landwärts gerichteten Winden ist der Wellenbewegung des Wassers eine von der Windstärke abhängige mehr oder weniger starke landwärts gerichtete Oberflächenströmung überlagert. Der Wind bläst das Wasser an der Oberfläche zum Land, als Unterströmung fließt es wieder ins Meer zurück. Im Gegensatz zu Brandungssog und Brandungsströmung sind diese Strömungen nicht auf den unmittelbaren Strandbereich beschränkt, sondern reichen weiter ins Meer hinaus. Sie verstärken aber die Wirkung der Brandungsströmung am Strand.

Beim Zusammentreffen verschiedener ungünstiger Faktoren (Bodenverhältnisse, Wellengang, Winde, Strömungen usw.) staut sich das zum Land transportierte Wasser, um dann plötzlich auszubrechen und als Rippströmung abzufließen, wenn die das Wasser aufstauenden Kräfte nicht mehr ausreichen, den Stau aufrecht zu erhalten. Vor dem Rippstrom ist kein Küstenbereich sicher. Er kann überall, auch an nicht vorhersehbaren Stellen und in ziemlicher Stärke auftreten und ist für die Badenden die gefährlichste aller Strömungen.

Buhnen

Gegen die ständig anrollenden Wellen werden Schutzwälle ins Meer gebaut. Man nennt sie Buhnen oder Wellenbrecher. Sie sollen quer laufende Wellen

brechen und damit das Abspülen von Land einschränken. Die Buhnen können aus Holzpfählen, Natursteinblöcken, Beton oder Metall hergestellt sein.
Für die Badenden stellen die Buhnen fast immer eine Gefahr dar: Je nach Wasserbewegung entsteht an den Buhnen eine Strömung, die Sand anspült oder abträgt. Wo gestern noch das Wasser flach war, kann heute schon eine tiefe Stelle sein. Buhnen aus Steinblöcken sind häufig sehr glatt (Algen) und nicht dicht zusammengefügt, so dass man auf ihnen sehr leicht ausrutschen und sich schwere Verletzungen zuziehen kann. Durch Muschelbewuchs sind die Buhnen besonders gefährlich, weil großflächige Schnittwunden verursacht werden. Buhnen aus Metall sind heute zwar sehr selten geworden, aber man trifft sie hie und da noch an. Diese Art der Wellenbrecher muss man auf jeden Fall meiden, da sie eine überaus große Gefahr darstellen. Durch die vom Meerwasser mitgetragenen Sandteilchen und Salzkristalle werden die Metallplatten regelrecht geschliffen. Hinzu kommt, dass sie oft kaum mehr aus dem Wasser herausragen. Die bloße Berührung kann schwere Schnittverletzungen zur Folge haben. Beim Überschwimmen kommt es meist zu Mehrfachverletzungen. Die Abbildung 10 zeigt die Strömungsverhältnisse in der Umgebung verschiedener Buhnenausführungen.

Ebbe und Flut

Ebbe und Flut sind Naturerscheinungen, die nur am Meer und im Mündungsbereich der zum Meer fließenden Flüsse, nicht jedoch bei Binnengewässern auftreten. Bei Ebbe fließt das Wasser von der Küste zum Meer ab und der Wasserspiegel kann um mehrere Meter absinken. Je flacher der Strand ist, um so weiter tritt das Meer zurück und um so mehr Meeresboden wird sichtbar. An den Küsten der Nordsee z. B. legt das zurücktretende Meerwasser weite Strecken flachen Meeresboden frei, das Watt. Je flacher die Meeresküste ist und je weiter daher das Meer zurückgeht, mit umso größerer Geschwindigkeit fließt das Wasser zur See ab. Hierbei kann es unvorsichtige Schwimmer, die das Wasser nicht rechtzeitig verlassen haben, weit vom Land wegtragen. Da sich Ebbe und Flut im ständigen Wechsel wiederholen, hat das Wasser im Watt tiefe und lange Gräben in den Boden gegraben. In diesen Prielen sammelt sich das abfließende Wasser und strömt mit großer Geschwindigkeit zum Meer. Die Priele sind daher besonders gefährlich.
Wenn das Watt während der Ebbe einige Stunden frei liegt, lädt es viele Menschen zu ausgedehnten Spaziergängen ein. Hierbei muss man sich vor Schnittverletzungen durch im Schlamm verborgene Muschelschalen etc. vorsehen.
Wer zu weit ins Watt hinausgewandert ist, kann sehr leicht von der eintretenden Flut überrascht werden. Bei einsetzender Flut kommt das Meerwasser zum Land zurück und überflutet das Watt erneut. Das Wasser fließt erst mit hoher Geschwindigkeit in den Prielen zum Land. Sobald es über die Priele hinaustritt, beginnt es das Watt mehr und mehr zu überfluten. Ein Spaziergänger kann auf seinem Rückweg plötzlich feststellen, dass er vom dem in den Prielen zum Land fließenden Wasser überholt wurde und das zwischen ihm und dem Land liegende Watt bereits überflutet ist, er also auf einer schnell im Wasser verschwindenden Insel steht.

Ebbe und Flut wiederholen sich nach jeweils ca. 12,5 Stunden.

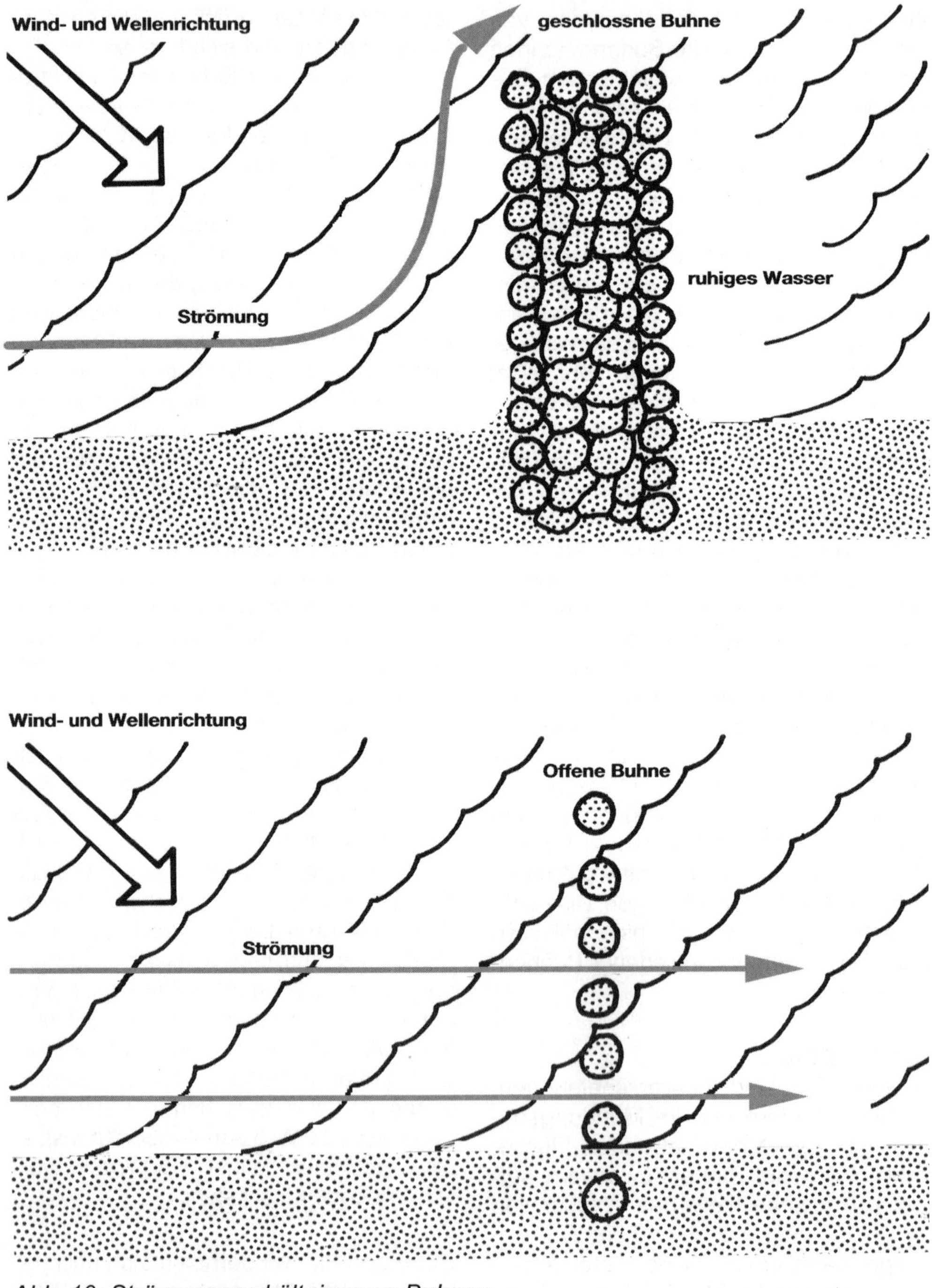

Abb. 10: Strömungsverhältnisse an Buhnen

Wind

Schlauchboote, Luftmatratzen und Boote ohne nennenswerten Tiefgang werden bereits durch eine leichte seewärts gerichtete Brise in Fahrt gesetzt und treiben aufs offene Meer hinaus. Hier geraten sie in den Strömungsbereich der See und werden weiter hinausgetrieben. Besonders gefährlich sind die Fallwinde an Steilküsten, in Buchten und auf Inseln an der dem Wind abgewandten Seite. Es ist sicher schön, sich auf einer Luftmatratze oder in einem Schlauchboot von den Wellen wiegen zu lassen. Viele haben jedoch dieses Vergnügen mit ihrem Leben bezahlen müssen.

Verhaltensregeln am Meer

- Bei stärkerem Wellengang und dementsprechend starker Brandung nicht ins Wasser gehen!
- Bei Sturmwarnungen das Wasser verlassen! Mit dem Boot rechtzeitig zum Ufer zurückkehren. Boot bereits vor dem Sturm an Land bringen oder ausreichend im Wasser verankern, so dass dies nicht erst bei starkem Wellengang erfolgen muss.
- Wegen der gefährlichen Klippenbrandung nicht zu nahe an Steilküsten und aus dem Wasser herausragende Klippen heranschwimmen!
- Nicht in unmittelbarer Nähe von Buhnen schwimmen, besonders nicht bei Wellengang oder stärkerer Strömungen!
- Vor dem Schwimmen im Meer Erkundigungen über die Gezeiten einholen oder sich nach am Strand aufgestellten Gezeitenuhren richten. Rechtzeitig vor dem Eintreten der Ebbe das Wasser und vor dem Eintreffen der Flut das Watt verlassen!
- Bei Spaziergängen ins Watt etwas Verbandmaterial (Heftpflaster) mitnehmen (Verletzungen durch Muscheln).
- Mit Schlauchbooten und Luftmatratzen in der Nähe des Strandes bleiben, damit bereits bei leichtem seewärts gerichteten Wind zum Land zurückgekehrt werden kann. Flaggen und Wimpel an Booten und Stegen beobachten! Stehen die Wimpelspitzen und Flaggenenden zur See, schleunigst zurückkehren!
- Besonders auf Kinder achten! Sie haben bei Brandung nichts im Wasser verloren. Kinder können jedoch auch an Land gefährdet sein, da der Strand oft meilenweit keine besonderen Markierungs- und Orientierungspunkte bietet und die Kinder sich leicht verlaufen.
- Nach stürmischem Wetter den Badeplatz neu erkunden. Durch die Brandung und Strömung können sich Wassertiefen unerwartet verändert haben.

Verhaltensregeln in Gefahrensituationen

- Wer beim Schwimmen im Meer von hohem Wellengang überrascht wird, darf nicht versuchen, an Steilküsten an Land zu kommen, sondern muss danach trachten, flaches Ufer zu erreichen, am besten in einer ruhigen Bucht. Ruhe bewahren! Kräfte sparen! Hilferuf in Landnähe!
- Will man entgegen der Fortpflanzungsrichtung der Wellenfront schwimmen, so werden die Wellenberge durchtaucht. Schwimmt man mit den Wellen, so kann man sich in sehr flacher Schwimmlage von jeder Wellenfront ein Stück vor sich herschieben lassen. In jedem Falle muss die At-

mung auf die Wellenbewegung abgestimmt werden. Die Abbildung 11 zeigt das Schwimmen in der Brandung.

- Wird ein Schwimmer von einer seewärts gerichteten Strömung vom Land weggetrieben, so soll er versuchen, nicht gegen die Strömung an Land, sondern parallel zum Strand zu schwimmen, bis er den Bereich der Strömung verlassen hat.
- Wird ein Schwimmer von einer parallel zum Strand verlaufenden Strömung abgetrieben, so schwimmt er zweckmäßigerweise quer zur Strömung zum Ufer. Hierbei muss er eine seitliche Versetzung in Kauf nehmen und soll nicht versuchen, einen bestimmten Punkt am Strand zu erreichen.
- Wer auf einer Luftmatratze oder einem Schlauchboot vom Land abgetrieben wird, soll nicht ins Wasser springen, um zu versuchen, schwimmend ans Ufer zu gelangen. Es ist besser auf dem „Wasserfahrzeug" zu bleiben, weil dieses von Strand- und Rettungswachen leichter erkannt wird als ein Schwimmer. Neben der Möglichkeit, nicht gesehen zu werden, setzt sich der Schwimmer nur zusätzlich der Gefahr einer Unterkühlung und Erschöpfung aus.
- Wird ein Schwimmer von plötzlich auftretenden Strömungen auf eine Buhne zugetrieben, so schwimmt er am besten seewärts um die Buhne herum (Sicherheitsabstand ca. 100 m), um dann zwischen zwei Buhnen das Ufer anzuschwimmen.
- Wer von der plötzlich einsetzenden Ebbe überrascht wird, muss Ruhe bewahren und seine Kräfte sparen, da viel Zeit vergehen kann, bis er wieder Boden unter die Füße bekommt. Durch die Strömung verursachte Wirbel sowie Priele sind zu meiden. Evtl. gelingt es aus dem Wasser auftauchende Sandbänke zu erreichen und sich so vorläufig in Sicherheit zu bringen.
- Von der Flut im Watt überraschte Spaziergänger müssen ebenfalls versuchen Ruhe zu bewahren und die Übersicht zu behalten. Das zurückkehrende Wasser ist am gefährlichsten, solange es nur in den Prielen mit hoher Geschwindigkeit zur Küste strömt. Sobald das Wasser größere Flächen bedeckt, reduziert sich seine Strömungsgeschwindigkeit und die Wirbel werden weniger und ungefährlicher. Aus diesem Grund ist es ratsam möglichst rasch einen höhergelegenen Standpunkt aufzusuchen. Kleidungsstücke müssen rechtzeitig abgelegt werden, damit sie beim Schwimmen nicht hinderlich sind.
- Mit einem Boot darf man nicht quer zu den Wellen fahren.

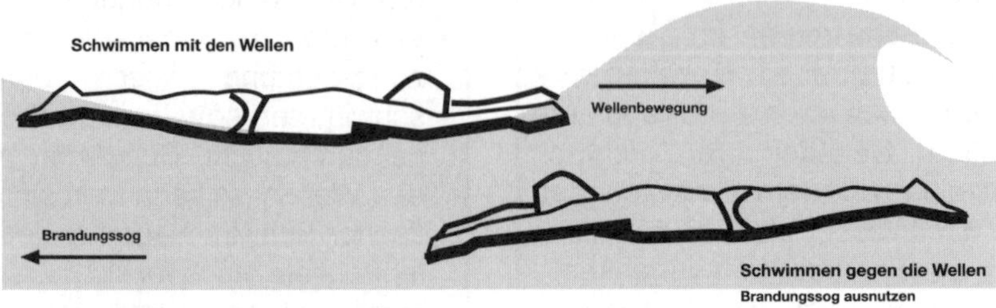

Abb. 11: Das Schwimmen in der Brandungszone

Abb. 12: Richtiges Bootfahren bei Wellengang.

Winterliche Gewässer

Unsere Bäche, Flüsse, Teiche und Seen werden auch im Winter von Menschen besucht. Die winterlichen Gewässer lauern jedoch mit großen Gefahren auf jenen, der die notwendigen Vorsichtsmaßnahmen außer Acht lässt.

Nicht zugefrorene Gewässer

Wegen ihrer sehr niedrigen Wassertemperaturen sind die meisten unserer Gewässer im Winter zum Schwimmen ungeeignet. Wer trotzdem ins Wasser gerät, zieht sich schnell eine Unterkühlung zu.

Die unmittelbare Kälteeinwirkung des Wassers auf den Menschen kann durch die Kleidung reduziert werden. Diese verhindert, dass der Körper ständig von frischem, kalten Wasser umspült wird. Da das Wasser länger am Körper verbleibt, kann es von diesem stärker erwärmt werden und das Temperaturgefälle vom Körper zur unmittelbaren Umgebung verringert sich etwas. Besonders ausgeprägt ist diese Erscheinung bei den Kälteschutzanzügen der Rettungstaucher. Die Rettungstaucher verwenden in der Regel Nasstauchanzüge. Sie saugen sich zwar innerhalb weniger Minuten voll Wasser; dieses wird jedoch nur in sehr begrenztem Umfang gegen frisches Wasser ausgetauscht. Aus diesem Grunde kann der Körper das Wasser in seiner unmittelbaren Umgebung auf annähernd 20° C erwärmen, auch wenn sich der Taucher im Eiswasser befindet. Beim Schwimmen mit einem Wärmeschutzanzug ist darauf zu achten, dass auch Hände, Füße und Kopf geschützt werden.

Gewässer mit geschlossener Eisdecke

Bäche, Flüsse, Teiche und Seen mit einer geschlossenen Eisdecke üben eine hohe Anziehungskraft auf viele Menschen aus. Schlittschuhlaufen, Eisstockschießen und andere winterliche Sportarten erfreuen sich zunehmend größerer Beliebtheit. Selbst Autorennen auf zugefrorenen Seen finden ihre Liebhaber. Ist die Eisdecke jedoch für die Belastung zu gering, so besteht die Gefahr des Einbrechens und anschließenden Ertrinkens.

Folgende Eisdicken gelten im Allgemeinen als ausreichend:

a) für einen einzelnen Menschen	5 cm
b) für mehrere Menschen (z. B. Eisstockschießen)	8 cm
c) für Schlittenfahrzeuge	12 cm
d) für Fahrzeuge (z. B. Autos)	18 cm

Aufgrund verschiedener Einflüsse kann das Eis jedoch an verschiedenen Stellen eines Gewässers recht unterschiedliche Dicken aufweisen. Bei fließenden Gewässern ist zu beachten, dass die Eisdicke vom Ufer zur Flussmitte stark abnehmen kann. Auch in Flusskrümmungen kann das Eis unerwartet dünn sein. Bei stehenden Gewässern hingegen ist das Eis häufig am Ufer besonders schwach.

Stehendes Gewässer, Eis dünn durch Bodenwärme

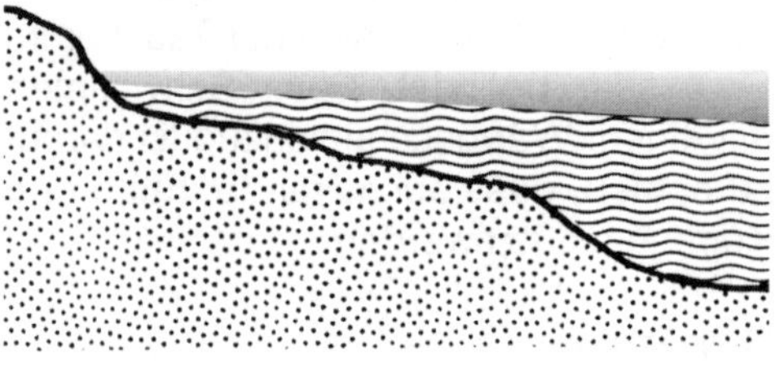

Fließendes Gewässer, Eis dünn durch Strömung

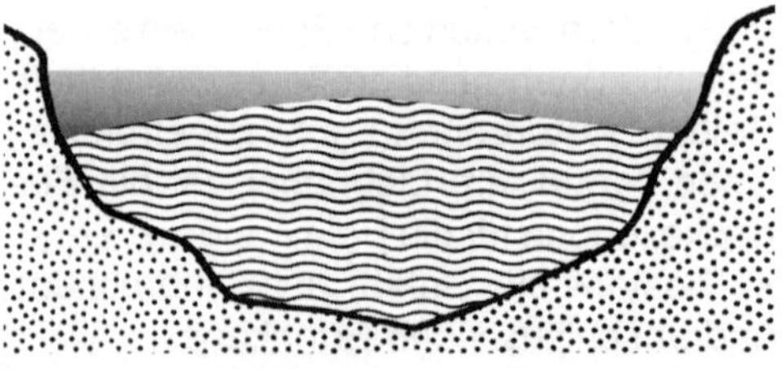

Eis dünn durch Zufluss warmer Industrieabwässer

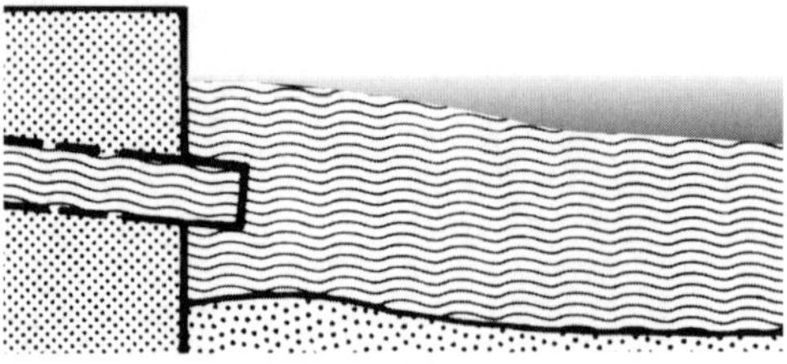

Abb. 13: Unterschiedliche Eisdicken bei stehenden und fließenden Gewässern

Eis von geringer Tragfähigkeit entsteht durch den Einfluss von Gasbläschen über schlammigem Grund.

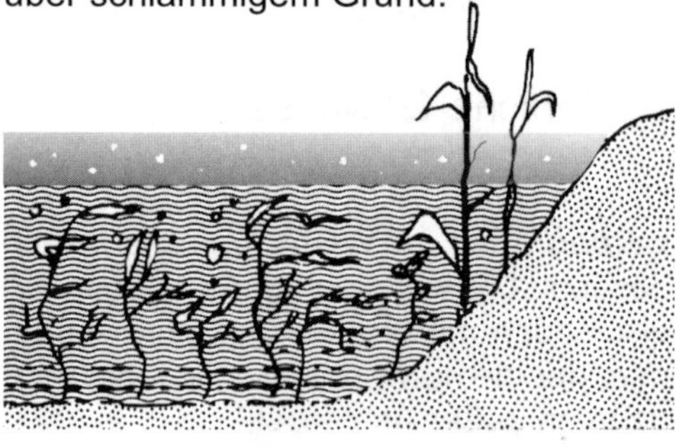

Abb. 14: Poröses Eis über schlammigem Grund

Dünn überfrorene Fischereilöcher und Einbruchstellen sowie Eisrisse bilden weitere Gefahren. Solche Gefahrenquellen sollten gekennzeichnet werden. Hierzu können Stangen, Ruten oder Reisigbündel senkrecht stehend als Markierung eingefroren werden.

Abb. 15: Eislöcher und Eisrisse

Besonders tückisch ist das Eis dann, wenn es wegen Absinkens oder Ansteigens des darunter befindlichen Wassers starken inneren Spannungen unterliegt. Bereits bei geringer Belastung können solche Eisformen bersten.

Eine Eisfläche sollte nur dann betreten werden, wenn absolut sicher ist, dass die Tragfähigkeit des Eises ausreicht.

Da Schnee ein sehr schlechter Wärmeleiter ist, sind schneebedeckte Eisflächen meist dünner als schneefreie.

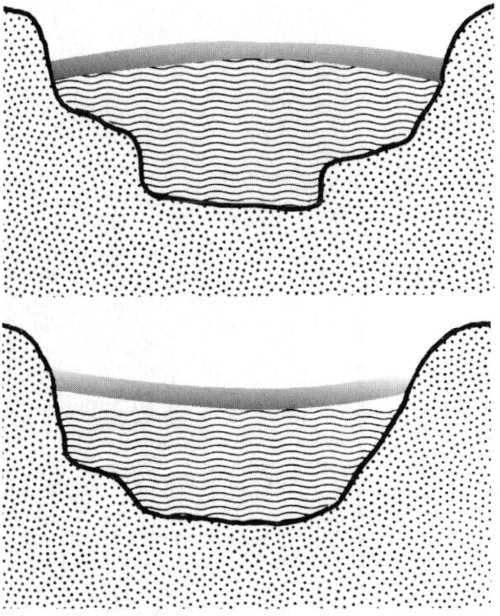

Abb. 16: Eisdecke bei geändertem Wasserstand

Treibeis

Fließende Gewässer frieren immer langsamer zu als stehende. Während zur Eisbildung in stehenden Gewässern nur die obersten Wasserschichten bis zum Gefrierpunkt abgekühlt werden müssen (Abb. 17), setzt die Eisbildung in fließenden Gewässern wegen der ständigen intensiven Durchmischung des Wassers erst dann ein, wenn das gesamte Flusswasser den Gefrierpunkt erreicht hat.

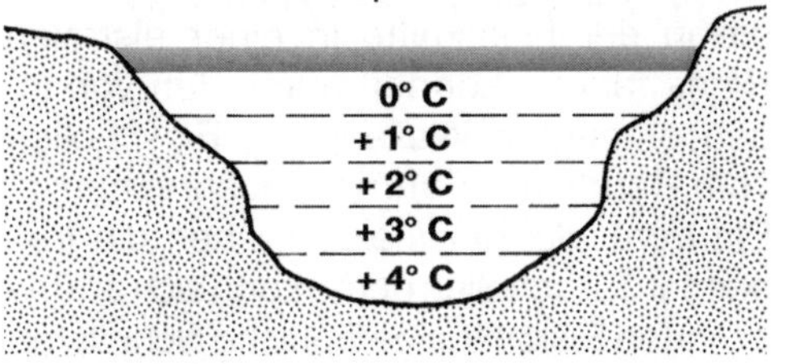

Abb. 17: Temperaturschichtung im zugefrorenen stehenden Gewässer

Die Eisbildung im fließenden Gewässer nimmt folgenden Verlauf: Wenn die Wassertemperatur auf –0,1 bis –0,2° C abgesunken ist, bilden sich kleinste Eisnadeln, die sich zu kleinen und dann größeren Eiskristallen ausbilden. Diese formen sich zu kleinen Eisstücken, die sich wiederum zu Eisschichten sammeln und an Ufern und Buchten ansetzen. Losgebrochenes Ufereis schwimmt den Fluss hinab und vereinigt sich zu größeren Eisstücken und danach zu Eisschollen und Eisfeldern. Schließlich bildet sich eine geschlossene Eisfläche, der Fluss friert zu. Die den Fluss hinabschwimmenden Eisschollen und Eisfelder bezeichnet man als Treibeis. Unter besonders ungünstigen Umständen kann sich das Treibeis an Flussverengungen stauen und von den nachdrängenden Wassermassen unter- und übereinandergeschoben werden und den berüchtigten „Eisstoß" bilden, der mehrere Meter Höhe erreichen kann.

Nach strengen Wintern, in denen nicht nur stehende Gewässer, sondern auch kleinere und größere Bäche und Flüsse zufrieren, tritt in diesen fließenden Gewässern ebenfalls Treibeis auf. Es entsteht, wenn die Eisdecken weit genug abgeschmolzen sind und von selbst auseinanderbrechen oder der Gewalt der durch Schmelzwasser anschwellenden

Wassermassen nicht mehr standhalten können und gesprengt werden. Schiffe, die in der Flussmitte in einer eisfreien Rinne fahren, können durch den von ihnen erzeugten Wellengang Eisschollen vom Rande der Fahrrinne losbrechen.

Ein Verunglückter, der zwischen die treibenden Eisschollen gerät, kann sich an den scharfen Eiskanten gefährliche Schnittverletzungen zuziehen, zwischen den Schollen eingequetscht oder unter Wasser gedrückt werden. Aus diesem Grund sollte man als Spaziergänger stets einen ausreichenden Abstand vom Ufer treibeisführender Flüsse halten. Beim Befahren der Flüsse mit Booten sollte man nicht ohne Not zwischen die Schollen fahren.

Selbstrettung aus winterlichen Gewässern

Eine Selbstrettung aus dem eisigen Wasser der winterlichen Flüsse und Seen muss innerhalb kürzester Zeit durchgeführt werden. Bereits wenige Minuten, nachdem der Verunglückte ins Wasser geraten ist, werden seine Glieder durch die Kälte so steif, dass alle Versuche einer Selbstrettung scheitern werden. Da die unmittelbare Berührung mit dem eiskalten Wasser starke Schmerzen verursacht, müssen alle geistigen und körperlichen Kräfte mobilisiert werden, um eine Panik vermeiden und zielgerichtete Maßnahmen ergreifen zu können. Hauptziel jeder Selbstrettung aus winterlichen Gewässern ist immer das kalte Wasser zu verlassen.

Wer in ein nicht zugefrorenes Gewässer gestürzt ist versucht auf schnellstem Wege ans Ufer zu kommen und an Land zu gehen. Wer aus einem Boot gestürzt ist, versucht am besten wieder ins Boot zu gelangen. Anschließend muss er auf dem schnellsten Wege ans Land zurückkehren, da er wegen der durchnässten Kleidung sehr schnell eine Unterkühlung erleiden würde. Besonders gefährlich sind auch Stürze in Kanäle mit glatten Ufern. Sofern das Wasser nicht zu langsam fließt, lässt sich der Verunglückte am besten in Ufernähe zur nächsten Aus-

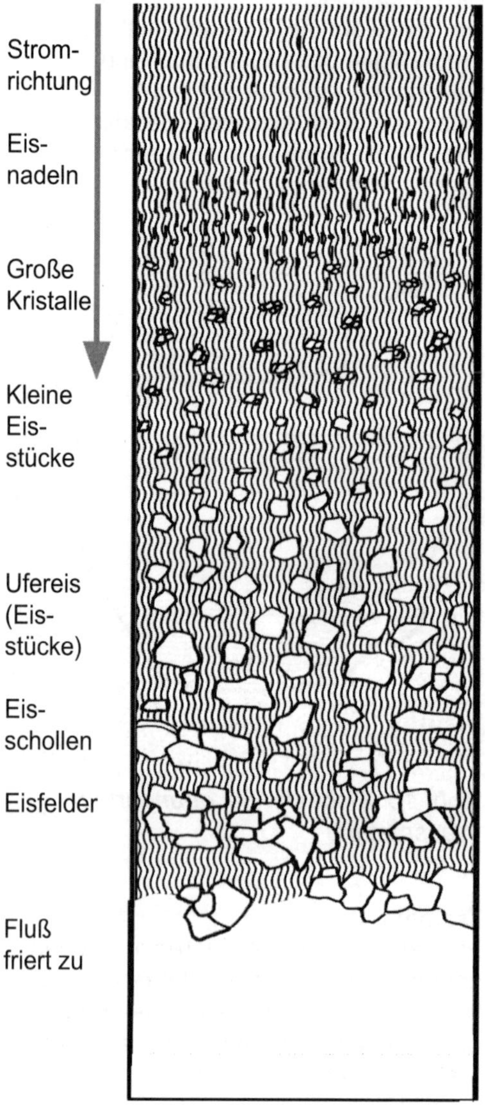

Abb. 18: Bildung des Eises auf Flüssen

stiegsmöglichkeit treiben. Es ist hier in der Regel besser sich ohne viele Bewegungen treiben zu lassen, um unnötige Wärmeverluste zu vermeiden, die bei kräftigen Schwimmbewegungen durch das ständig neu in die Kleidung eindringende kalte Wasser unvermeidlich wären. Auf jeden Fall muss um Hilfe gerufen werden.

Beim Einbruch in einer geschlossenen Eisdecke ist darauf zu achten, nicht unters Eis zu geraten, da das Wiederauffinden des Eisloches bei den diffusen Lichtverhältnissen unterm Eis oder durch Abtreiben bei fließenden Gewässern kaum möglich ist. Der Eingebrochene muss versuchen, sich in flache Schwimmlage zu bringen und sich aus dieser Lage vorsichtig auf das Eis zu schieben. Je nach Beschaffenheit des Eises, Geschick und Körperbau des Eingebrochenen **kann** das Auf-das-Eis-Schieben **(sehr schwierig, oftmals mit geringem Erfolg versehen)** gelingen. Sollte der Eisrand immer wieder abbrechen, so kann sich der Verunglückte bis zum Ufer oder zu einer Stelle, wo das Eis tragfähig ist, vorarbeiten. Er sollte auf jeden Fall um Hilfe rufen.

Gelingt dem Verunglückten eine Selbstrettung nicht und sieht er Hilfe herbeieilen, so sollte er bis zu seiner Rettung möglichst bewegungslos in seiner Lage verweilen, um unnötige Wärmeverluste zu vermeiden. Wer in dichtes Treibeis geraten ist, muss versuchen so schnell wie möglich ans Ufer oder wenigstens in freies Wasser zu gelangen. Ist dies nicht möglich oder das Ufer auch von evtl. eisfreien Stellen des Flusses auch nicht erreichbar, so sollte sich der Verunglückte auf eine möglichst große Eisscholle retten, um von dort aus Hilfe herbeizurufen.

Abb. 19:

Bei dünner Eisdecke durch Losbrechen des Eisrandes ans Ufer vorarbeiten.

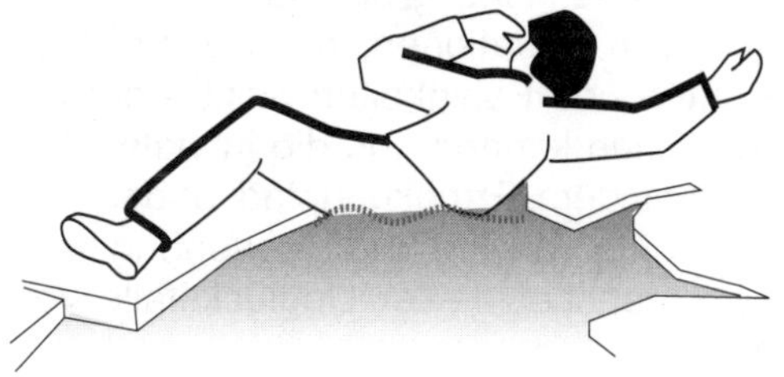

Bei dicker Eisdecke aufs Eis schieben.

- Bei allen Unfällen in winterlichen Gewässern sollte der Verunglückte seine Kleidung anbehalten, da sie wenigstens einen geringfügigen Wärmeschutz darstellt. Ausgenommen sind schwere Wintermäntel und Schuhe.

Überlebenschance im Wasser in Abhängigkeit von Wassertemperatur, Kleidung, Aufenthaltsdauer

Die Überlebenschance in kaltem Wasser beträgt bei 5 Grad C Wassertemperatur bei leichter Bekleidung nur bis 30 Minuten, während bei warmer Bekleidung schon ein Überleben bis zu 2 Stunden möglich ist.

2.2 Menschliche Ursachen von Badeunfällen

Menschliches Fehlverhalten

Es wäre ein Irrtum zu glauben, dass die Mehrzahl jener Menschen, die dem Ertrinkungstod zum Opfer fallen, Nichtschwimmer seien. Häufig sind es sogar recht gute Schwimmer, die im Wasser ihr Leben verlieren. Leichtsinn und Unterschätzung oder grobe Missachtung der Gefahren des Wassers führen leider immer wieder eine große Zahl von Menschen in Situationen, die sie mit ihren Kräften und Fähigkeiten nicht mehr beherrschen können und die in vielen Fällen mit dem Ertrinkungstod enden. Mit ein wenig Vorsicht und Überlegung ließe sich mancher dieser Unglücksfälle vermeiden.
Wie man sich vor einigen Gefahren des Wassers schützen kann wurde bereits im vorhergehenden Kapitel beschrieben. Im Folgenden sollen weitere Regeln für das Verhalten am oder im Wasser behandelt werden.

Nichtschwimmer
Leider ist die Zahl jener Menschen, die nie Schwimmen gelernt haben, immer noch viel zu groß. Da jedoch auch Nichtschwimmer in zunehmendem Maße das Wasser als Erholungsmöglichkeit wahrnehmen, sollten sie von den Schwimmern oder Rettungsschwimmern auf einige wichtige Verhaltensregeln aufmerksam gemacht werden. Nichtschwimmer sollten unter allen Umständen Abgrenzungen und Markierungen zwischen flachem und tiefem Wasser kennen und beachten. Sie sollten niemals Luftmatratzen oder Autoreifen zum Schwimmen im tiefen Wasser benutzen. Entweicht die Luft aus diesen Schwimmhilfen oder kippt das „Wasserfahrzeug", so kommt u. U. die notwendige Hilfe zu spät. Der Nichtschwimmer sollte sich nur mit einer guten und richtig angelegten Schwimmweste ins tiefe Wasser wagen. Ebenso ist das Tragen einer Rettungsweste unbedingt erforderlich, wenn sich Nichtschwimmer mit Booten weiter vom Ufer entfernen. Man sollte andere auch niemals ins Wasser stoßen oder unter Wasser tauchen, vor allem nicht Kinder oder Nichtschwimmer.

Sprunganlagen
Besondere Gefahrenstellen bilden Sprunganlagen. Unter Sprunganlagen darf man nicht schwimmen oder tauchen. Springt man selbst, so darf man dies niemals unmittelbar hinter einem anderen Springer tun, sondern muss warten, bis dieser auftaucht und aus dem Gefahrenbereich herausgeschwommen ist. Trifft ein Springer auf einen im Wasser schwimmenden Menschen, so können sich beide tödliche Verletzungen zuziehen.

Langstreckenschwimmen
Lange Strecken sollte man niemals ohne Bootsbegleitung schwimmen. Bei plötzlich auftretenden Gefahrensituationen (Krämpfen, Wasserschlucken, Erschöpfung, aufkommendem Sturm, Gewitter usw.) braucht man u. U. schnelle Hilfe. Es nützt wenig sich nur bei anderen Badegästen oder einer Rettungswache abzumelden, da diese im Ernstfall meist zu spät kommen.

Abkühlen vor dem Baden
Der Sprung ins kühle Nass ohne vorherige Abkühlung kann einen plötzlichen

Schock verursachen, der zum Badetod führt. Dasselbe kann auch eintreten, wenn sich ein Schwimmer erst lange Zeit auf einer Luftmatratze oder in einem Boot treiben und von der Sonne braten lässt, um dann plötzlich ins Wasser zu springen. Je länger man in der Sonne gelegen oder sich durch Sporttreiben oder Arbeit erhitzt hat, umso mehr Zeit sollte man für das langsame Abkühlen verwenden.

Folgen von Übermüdung

Häufig wird ein erfrischendes Bad nach anstrengender und langer Arbeit, nach einer mühsamen Fahrt an den Urlaubsort oder einer anderen ermüdenden Beschäftigung genommen. Sofern man hierzu jedoch nicht die Badewanne oder die Dusche verwendet und sich stattdessen in den nächsten Fluss oder See oder ins Meer stürzt, kann dies schlimme Folgen nach sich ziehen. Der Körper reagiert mit plötzlichem Kräfteversagen, mit Muskelkrämpfen, Kreislaufversagen und ähnlichen Erscheinungen auf die Überforderung. Angstzustände und Panik können das Unglück vollenden oder der Verunglückte verfällt in Apathie und geht mehr oder weniger lautlos unter. Es ist daher besser sich nach einer stark ermüdenden Beschäftigung erst eine angemessene Zeit auszuruhen oder zu schlafen und erst dann zum Schwimmen zu gehen.

Folgen von Alkoholgenuss und Drogen

Alkoholgenuss führt zu einer Erweiterung der peripheren Blutgefäße und zu stark vermehrter Durchblutung der Haut. Dies führt im Wasser zu erhöhten Wärmeverlusten und beschleunigter Unterkühlung. Weitere Folgen können sein: Krämpfe, vorzeitige Erschöpfung, Schwächeanfälle, Durchblutungsstörungen und Erbrechen. Hinzu kommen die bekannten Störungen der Psyche mit Kritiklosigkeit, falscher Beurteilung der Situation und ihrer Gefahren, Überschätzung des eigenen Könnens, Störung des Raum- und Zeitgefühls usw. Da ein unter Alkoholeinfluss stehender Mensch seinen Zustand meistens selbst nicht erkennt und die oben beschriebenen Gefahren missachtet, müssen meist Freunde oder andere Badegäste ihren Einfluss geltend machen, damit er nicht in das für ihn gefährliche Wasser geht. Ähnliche Wirkungen wie beim Alkoholgenuss können auch durch Drogen verursacht werden.

Leider kann man z. B. auf Campingplätzen an Seen oft beobachten, wie ganze Gruppen von Urlaubern spät abends stark angeheitert aus dem nächsten Dorf oder der nächsten Tanzbar zurückkehren. Häufig hat dann einer die Idee zusammen noch ein fröhliches Bad im See zu nehmen. Bei solchen nächtlichen Unternehmungen wird dann gar nicht bemerkt, wenn plötzlich einer der Mitzecher untergeht.

Schwimmen mit vollem Magen

Unmittelbar nach einer Mahlzeit darf man nicht ins Wasser gehen, weil dann große Mengen Blut im Bauchraum zur Verdauung der aufgenommenen Nahrung und zum Abtransport der zugeführten Nährstoffe benötigt werden. Im übrigen Körper und vor allem im Gehirn stehen daher geringe Blutmengen zur Verfügung. Beim Schwimmen können hierdurch Ohnmacht, Bewusstlosigkeit, Kreislaufstörungen usw. verursacht werden. Unter Umständen kann es auch zum Erbrechen im Wasser kommen. In jedem dieser Fälle besteht höchste Gefahr zu ertrinken.

Angstzustände und Panik im Wasser

Die Folge von plötzlich auftretenden Schwierigkeiten im Wasser sind meist

Angstgefühle und Panik. Sie führen zu Fehlreaktionen, zu sinnlosem Kräfteverschleiß, zur Unfähigkeit Rettungsmöglichkeiten wahrzunehmen und dergleichen.

Zur Bekämpfung von Angstzuständen gilt bei praktisch allen im Wasser auftretenden Situationen:

- Ruhe bewahren!
- Der Angst durch bewusst langsame Atmung und langsame Schwimmbewegungen begegnen!
- Rückenlage einnehmen!
- Neue Kräfte sammeln!

Wasserschlucken (Einatmen von Wasser)

Auch ein guter Schwimmer kann das versehentliche Einatmen von Wasser nicht immer vermeiden. Ist in einem solchen Fall das Ufer nicht in unmittelbarer Nähe, so hängt es ganz vom Verhalten des Verunglückten ab, ob er diese Gefahr übersteht.

Ist Wasser in den Mund geraten, so spuckt man es aus oder schluckt es notfalls hinunter. Ist Wasser eingeatmet worden, so muss versucht werden, das in den Kehlkopf eingedrungene Wasser **vorsichtig** durch Husten oder Räuspern nach außen zu befördern. Nach einem Hustenanfall soll man nicht hastig nach Luft schnappen, sondern die Luft langsam einatmen, damit der Hustenreiz nicht verstärkt wird. Es empfiehlt sich eine flache Rückenlage einzunehmen, um den Wasserdruck auf den Brustkorb so klein wie möglich zu halten, und den Kopf zurückzubeugen. Ruhe zu bewahren ist das wichtigste Gebot.

Hyperventilation beim Tauchen (Schwimmbad-Blackout)

Bei Tauchversuchen wird häufig durch vorhergehende, intensive Atmung über einige Minuten (Hyperventilation) versucht das Blut mit Sauerstoff anzureichern, um eine längere Tauchdauer und eine größere Tauchstrecke zu erreichen. Das Ziel wird zwar in den meisten Fällen erreicht, doch geschieht es immer wieder, dass Taucher am Ende der Tauchstrecke plötzlich bewusstlos werden (Schwimmbad-Blackout) und ertrinken. Dieses Phänomen ist nur dann verständlich, wenn man hierbei im Körper ablaufende Vorgänge näher kennt und analysiert. Die folgende Beschreibung ist zum besseren Verständnis stark vereinfacht, kommt aber der Wirklichkeit sehr nahe.

Der Austausch der Gase Sauerstoff (O_2) und Kohlendioxid (CO_2) zwischen Blut und Atemluft in der Lunge erfolgt ausschließlich wegen der bestehenden Konzentrationsunterschiede (Unterschied der Partial- oder Teildrücke) dieser Gase in der Luft und im Blut. Die Konzentration des Sauerstoffes im Blut ist nur knapp halb so groß wie die mittlere Konzentration des Sauerstoffes in der Atemluft. Daher nimmt das Blut Sauerstoff aus der Atemluft auf.

Die Konzentration des Kohlendioxids im Blut ist etwa 180mal höher als in der eingeatmeten Frischluft. Aus diesem Grund gibt das Blut Kohlendioxid an die Luft ab, so dass die mittlere Konzentration des Kohlendioxids in der Luft der Lunge auf etwas mehr als den halben Wert der CO_2-Konzentration im Blut ansteigt.

Der Konzentrationsunterschied des Sauerstoffes zwischen eingeatmeter und ausgeatmeter Luft ist relativ gering (5 : 4). Aus diesem Grunde lässt sich durch intensivere Atmung auch die Sauerstoff-Konzentration des Blutes nicht wesentlich erhöhen, sie kann sogar wegen der energieverzehrenden Muskelarbeit für die Mehratmung leicht absinken.

Anders liegen die Verhältnisse bei der Abatmung des Kohlendioxids. Da der Konzentrationsunterschied des CO_2 zwischen ein- und ausgeatmeter Luft sehr groß ist, kann durch mehr zugeführte Luft bei intensivierter Atmung auch erheblich mehr Kohlendioxid abgeatmet werden als bei Ruheatmung. Der CO_2-Gehalt des Blutes sinkt also bei der Hyperventilation relativ stark ab.

Diese Absenkung des CO_2-Gehalts im Blut ist die Ursache für die verlängerten Tauchzeiten nach der Hyperventilation, da das Atemzentrum nur auf die Kohlendioxid-, nicht aber auf die Sauerstoff-Konzentration des Blutes reagiert. Der Taucher ist daher in der Lage den vom Atemzentrum gesteuerten Atemreiz länger zu bremsen und die Atmung länger anzuhalten.

Die Ausgangssituation bei einem Tauchversuch nach Hyperventilation ist also zusammengefasst folgende: Sauerstoffgehalt des Blutes etwa 80% des Normalwertes, Kohlendioxidgehalt des Blutes etwa 70% des Normalwertes. Die Zahlen sind nur aus Versuchen ermittelte Anhaltswerte und können im Einzelfall auch noch etwas tiefer liegen. Wegen des verringerten CO_2-Gehalts gelingt es dem Taucher länger den Atem anzuhalten. In dieser verlängerten Atempause (Apnoe) sinkt aber der ohnedies verringerte Sauerstoffgehalt weit unter die Werte, die ohne Hyperventilation erreicht würden. Sinkt der Sauerstoff auf etwa 40% der Normalwerte ab, ehe der Ansprechwert des Atemzentrums wegen des wiederansteigenden CO_2-Gehalts des Blutes zum Auftauchen und Atmen zwingt, so wird der Taucher wegen der mangelhaften Sauerstoffversorgung des Gehirns bewusstlos und ertrinkt, sofern er nicht sofort von Helfern aus dem Wasser gezogen wird.

Aus den genannten Gründen sollte eine übermäßige Hyperventilation wegen der großen Gefahr für den Tauchenden vermieden werden. Eine Selbstrettung ist nicht möglich, da der Tauchende die beginnende Bewusstlosigkeit nicht erkennt und unter Umständen sogar noch einige Schwimmbewegungen macht, obwohl seine Denkfähigkeit wegen der beginnenden Bewusstlosigkeit bereits aussetzt.

Körperliche und gesundheitliche Mängel

Die Ursache dafür, dass auch gute Schwimmer ertrinken, muss nicht immer in besonderen Gefahren der Gewässer oder in grobem Leichtsinn zu suchen sein. Oft sind gesundheitliche Mängel die Ursache des Ertrinkens.

Allgemein geschwächter Körperzustand

Eine herabgesetzte Leistungsfähigkeit des Körpers z. B. während oder im Anschluss an Krankheiten, kann zu einem plötzlichen Kräfteschwund beim Schwimmen führen. Kreislaufversagen, Angstzustände, Panik, Ohnmacht usw. können die Folge sein. Bei geschwächtem Körperzustand sollte man daher nicht oder nur kurze Zeit und unter ständiger Kontrolle schwimmen. Erkennt man, dass einem die Kräfte im Wasser zu verlassen drohen, so ist sofort eine möglichst kräftesparende Schwimmart zu wählen. Diese kann z. B. eine flache Rükkenlage mit minimalen Schwimmbewegungen sein. Hilfe herbeirufen!

Herzschwäche

Bei Herz- und Kreislaufschwäche droht ein Versagen des lebensnotwendigen Kreislaufes. Schwimmen ist daher nur nach Anweisung des Arztes und unter ständiger Beobachtung anzuraten.

Ohrenleiden

Menschen mit akuten Ohrenleiden (z. B. Entzündung des Innen- oder Mittelohres) oder mit durchlöchertem oder fehlendem Trommelfell müssen auf das Schwimmen verzichten oder mindestens geeignete Maßnahmen ergreifen, damit kein Wasser in das erkrankte Ohr eindringen kann (z. B. ölgetränkte Watte im Gehörgang). Das Tauchen ist auf jeden Fall zu unterlassen. Gelangt bei einem beschädigten Trommelfell Wasser ins Mittelohr, so kann das im Innenohr untergebrachte Gleichgewichtsorgan in seiner Funktion gestört werden und der Gleichgewichtssinn verloren gehen. Der Schwimmer verliert die Orientierung, kann oben und unten nicht mehr unterscheiden und ertrinkt.

Bei Schnupfen oder Entzündungen im Mittelohr ist der Druckausgleich beim Tauchen erschwert, was zu Trommelfellschäden führen kann. Gelingt beim Tieftauchen der Druckausgleich nicht (erkennbar durch schmerzhaften Druck im Ohr), so muss sofort eine geringere Wassertiefe aufgesucht oder ganz aufgetaucht werden.

Krämpfe

Krämpfe im Wasser stellen eine große Gefahr für den Schwimmer dar. Sie schränken die Bewegungs- und Gebrauchsfähigkeit des betroffenen Körperteiles mehr oder weniger stark ein. Neben den u. U. unerträglichen Schmerzen ist vor allem gegen aufkommende Angstgefühle anzukämpfen. Krämpfe sind häufig Folgen von Überanstrengung oder falschen Schwimmbewegungen. Ihr Auftreten wird durch den Reiz des kalten Wassers beim Schwimmen gefördert. Nach dem Lösen eines Krampfes, das in der Regel am besten in Rückenlage erfolgt, sollte nach Möglichkeit eine andere Schwimmlage gewählt und auf kürzestem Wege das Ufer aufgesucht werden. Krämpfe treten beim Schwimmen am häufigsten in Armen und Beinen auf. Es spielen immer ein Beuger- und ein Streckmuskel zusammen. Tritt ein Krampf auf, ist es zunächst wichtig nicht in Panik zu geraten. Der Krampf lässt sich meist durch gleichmäßiges, vorsichtiges Gegendehnen des Muskels lösen. Es ist wichtig diesen Muskel danach möglichst wenig zu belasten, um einem erneuten Krampf vorzubeugen, was z.B. durch Ändern der Schwimmlage erreicht wird.

1. Fingerkrampf

Hierbei sind die Finger weit von der Hand abgespreizt. Zum Lösen dieses Krampfes werden die Finger der Hand abwechselnd zur Faust geballt und wieder gestreckt.

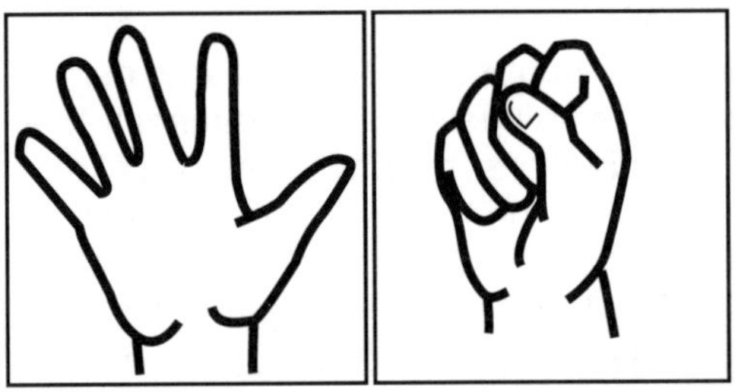

Abb. 20: Lösen eines Fingerkrampfes

2. Oberschenkelkrampf

Tritt der Krampf im Strecker (auf der Vorderseite) auf, so winkelt man den Unterschenkel nach hinten ab und zieht ihn mit der Hand zum Gesäß. Anschließend wird das Bein wieder gestreckt. Dies ist ständig zu wiederholen.

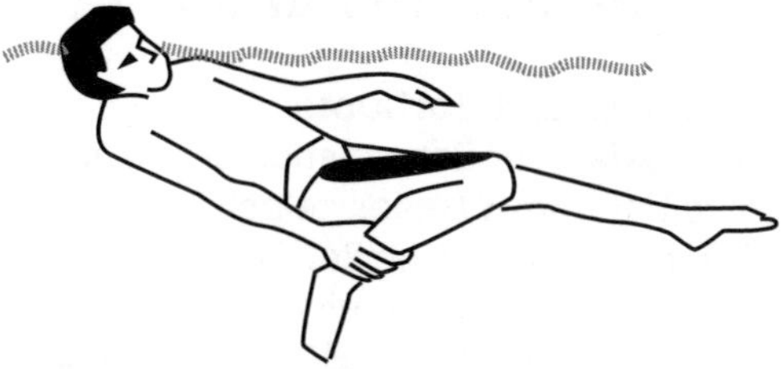

Abb. 21: Lösen des Oberschenkelkrampfes im Strecker

Tritt der Krampf im Beuger (auf der Rückseite) auf, so wird das Bein gestreckt und durchgedrückt. Bei gestrecktem Bein werden die Zehen mit den Händen gefasst und nach oben (zum Körper) gezogen. Anschließend wird das Bein wieder gebeugt. Diese Maßnahmen werden im Wechsel wiederholt.

3. Wadenkrampf
Der Wadenkrampf, der häufig zusammen mit einem Zehenkrampf auftritt, wird wie der Krampf im Oberschenkelbeuger gelöst.

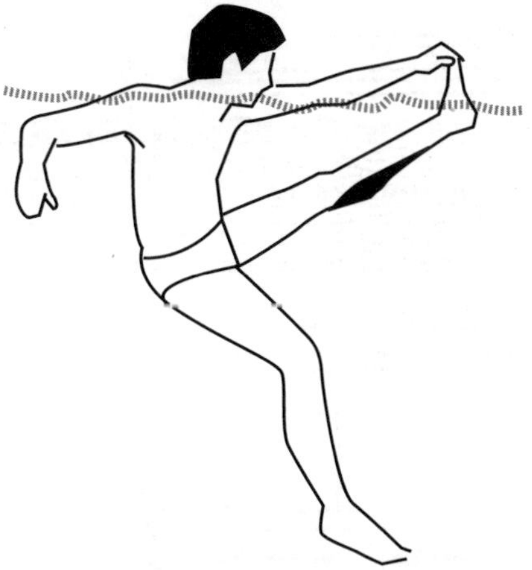

Abb. 22: Lösen eines Wadenkrampfes

4. Der Fußkrampf
Der Fußkrampf tritt meist an der Fußsohle, seltener am Fußrücken auf. Dabei nimmt der Fuß eine Kreisbogenstellung nach unten ein. Gelöst wird er wie der Krampf im Oberschenkelbeuger.

5. Zehenkrampf
Sind die Zehen nach unten verkrampft, so wird wie beim Krampf im Oberschenkelbeuger verfahren.
Sind die Zehen nach oben abgespreizt, so werden die Zehen abwechselnd nach unten gedrückt und wieder losgelassen.

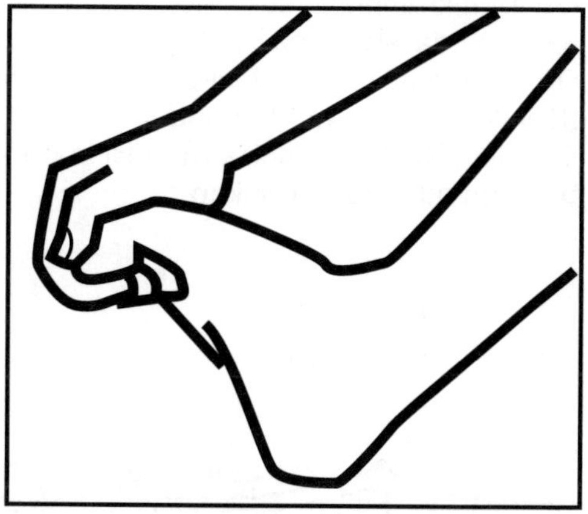

Abb. 23: Lösen eines Zehenkrampfes

6. Magenkrampf
Ein Magenkrampf im Wasser ist lebensgefährlich, da er zum Erbrechen und anschließendem Ersticken führen kann.

Zur Lösung des Magenkrampfes werden in Rückenlage beide Beine angehockt und die Knie mit den Händen gegen die

Brust gepresst. Anschließend wird der Körper wieder gestreckt. Das Ganze ist im Wechsel zu wiederholen.

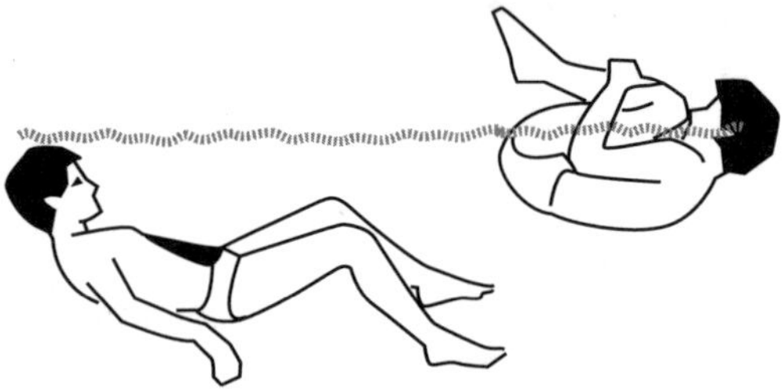

Abb. 24: Lösen eines Magenkrampfes

Auf die Beschreibung von Unter- und Oberarmkrämpfen soll hier verzichtet werden, da sie relativ selten auftreten. Der Stimmritzenkrampf wird im Kapitel 5 „Der Tod im Wasser" behandelt.
Bei allen Krämpfen sollte man Hilfe herbeirufen oder herbeiwinken.

2.3 Selbstrettung aus besonderen Gefahrensituationen

Schiffe und Motorboote

Eine Gefahr für Schwimmer, die nicht unmittelbar vom Wasser selbst droht, sind Motorboote und Schiffe. Der Führer eines Motorbootes ist meist in der Nahsicht behindert, weil diese Boote sich häufig schon bei geringer Fahrt mit dem Bug aus dem Wasser heben. Dicht an das Boot geratene Schwimmer werden nicht gesehen und gerammt oder überfahren. Tiefe Fleischwunden, abgeschlagene Gliedmassen und auch der sofortige Tod bei Berührung durch die Schiffsschraube sind die Folgen. Zusätzliche Gefahren können durch Wasserskifahrer im Schlepp der Motorboote entstehen. Selbst ein einfaches Ruderboot kann dem Schwimmer gefährlich werden. Der Ruderer sitzt in der Regel mit dem Rükken zur Fahrtrichtung und kann die Wasserfläche nicht ständig beobachten. Ein Schlag mit dem Ruderblatt gegen den Kopf des Schwimmers kann Bewusstlo-

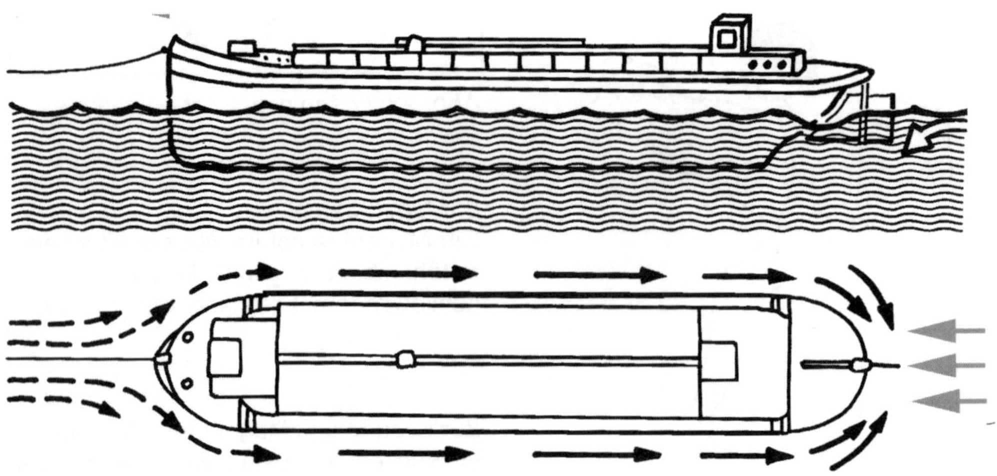

Abb. 25: Strömungen am gezogenen Lastkahn

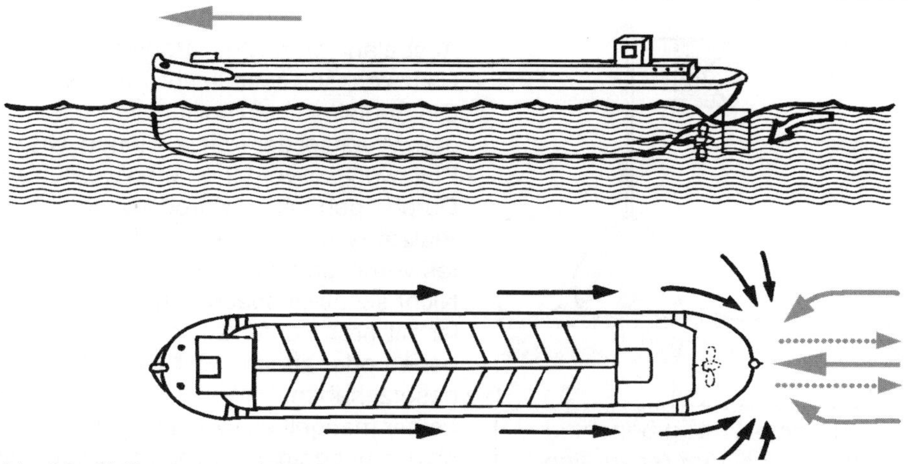

Abb. 26: Strömungsverhältnisse an einem Schiff mit Eigenantrieb

sigkeit oder wenigstens Benommenheit verursachen und zum Ertrinken führen. Gerät ein Schimmer in die Fahrlinie eines Fahrgastschiffes oder Schleppzuges, so wird er von der nach hinten laufenden, beschleunigten Strömung an die Schiffswand gepresst und zum Heck bewegt. Dort hält ihn der vom Schiff verursachte Sog fest und drückt ihn unter Wasser. Die Abbildung 26 zeigt die schematisierten Strömungsverhältnisse bei einem geschleppten Lastkahn. Bei Schiffen mit eigenem Antrieb sind die Strömungsverhältnisse ähnlich, jedoch kommt noch die Sogwirkung der Schraube hinzu. Dies ist in der Abbildung 25 dargestellt. Diesen konzentrierten Strömungen kann kein Schwimmer erfolgreich entgegenwirken. Um eine Gefährdung durch Motorboote und Schiffe zu vermeiden, ist es ratsam sich rechtzeitig über den Kurs von Linienschiffen zu informieren und die Kurslinien von Schiffen und Fähren zu meiden. Besondere Beachtung ist auch Motorbooten zu schenken, da sie meist sehr schnell gefahren werden und die Rücksicht der Bootsführer auf Schwimmer häufig sehr zu wünschen übrig lässt. Vor dem Schwimmen in Gewässern, auf denen auch Motorboote und Schiffe verkehren, ist es stets ratsam sich über die Bedeutung von Markierungen und Abgrenzungen zu unterrichten. Häufig trennen sie Bereiche für Schwimmer und motorisierte Wasserfahrzeuge. In der Nähe von Schiffsanlegestellen ist das Schwimmen und Baden generell verboten. Ist man in die Fahrlinie eines Bootes oder Schiffes geraten und besteht die Gefahr, dass ein Verlassen dieses Bereiches nicht mehr rechtzeitig möglich ist, so muss man versuchen den Bootsführer oder Steuermann durch laute Zurufe und Winken auf sich aufmerksam zu machen. Ändert das Boot oder Schiff seinen Kurs nicht, so bleibt dem Schwimmer als letztes Mittel in der ausweglosen Situation, den Versuch zu machen, im richtigen Moment abzutauchen und unter Wasser abzuwarten, bis das Wasserfahrzeug über ihn hinweggefahren ist. Das Abtauchen darf nicht zu früh erfolgen, damit der Luftvorrat bis zum Vorbeifahren des Bootes ausreicht, aber auch nicht zu spät, damit noch eine ausreichende Wassertiefe erreicht werden kann. Beim Freitauchen mit Schnorchel oder Tauchgerät sichert man sich zweckmäßigerweise mit einer weithin sichtbaren Tauchboje.

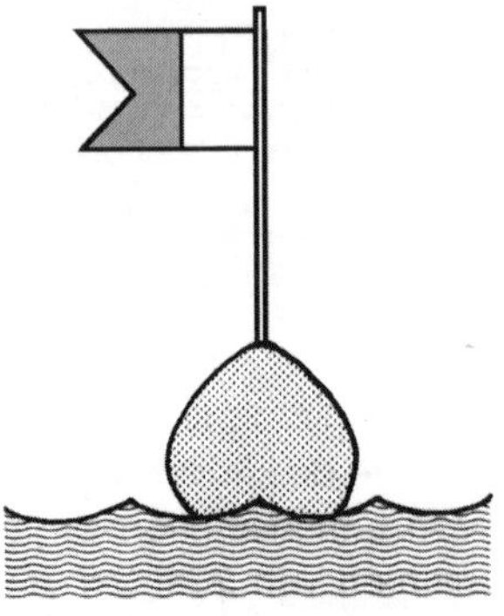

Abb. 27: Tauchboje

Folgende Regeln sind zu beachten:
- Markierungen und Abgrenzungen beachten!
- Kurslinien von Motorbooten und Schiffen meiden!
- Bei Annäherung von Schiffen etc. sich rechtzeitig bemerkbar machen!
- Beim Tauchen durch Tauchboje sichern!

Unfälle bei Bootsfahrten

Auf unseren Binnenseen sind an sonnigen Sommerwochenenden oft mehr Boote als Schwimmer zu beobachten.
In den zurückliegenden Jahren erfreute sich das Fahren mit Ruder- und Motorbooten und vor allem das Segeln und Surfen stets wachsender Beliebtheit. Dieser Trend wird sich in Zukunft fortsetzen, soweit ihm nicht behördliche Zulassungsbeschränkungen Grenzen setzen. Doch auch diese Sportarten bringen für die Erholungsuchenden Gefahren mit sich.
Oftmals sind es Jugendliche, die ihre Boote so überladen, dass zu wenig Freibord bleibt. Häufige Folge dieses Leichtsinns ist das Vollschlagen der Boote mit Wasser.
Eine weitere Unfallquelle ist ein Platzwechsel im Boot. Bei unzureichendem Ausbalancieren des Bootes führt ein Platzwechsel sehr leicht zum Kentern. Die Bootsinsassen sollten sich schon vor dem Wechsel der Plätze einigen, wie der Platzwechsel vorgenommen werden soll. Durch gebückte Körperhaltung beim Platztausch kann die Stabilität des Bootes verbessert werden.
Nicht selten beobachtet man, dass Segler mit ihren Booten zu scharf in den Wind gehen oder zu viel oder zu große Segel gesetzt haben.
Leider mangelt es vielen Seglerfreunden an den unbedingt notwendigen Kenntnissen und Erfahrungen. Eine kurze Unachtsamkeit oder eine plötzliche Bö führen dann zum Kentern. In einen Sturm geratene Segler müssen die Segel reffen und bei entsprechenden Booten das Schwert ziehen.
Sehr häufig beobachtet man Surfer, die ihr Gerät nicht oder nur mangelhaft beherrschen. Sie sind oft nicht in der Lage dem Badebereich der Schwimmer fernzubleiben. Da aber gerade diese Surfer besonders häufig umstürzen, stellen sie für die Schwimmer eine erhebliche Gefahr dar.
Auf Seen führen Wind und Wellen zum Kentern von Booten, wenn quer zu den Wellenfronten gefahren wird (richtiges Fahren siehe hierzu Abb. 12).
Unverantwortlich ist es Schleppzüge zu kreuzen. Ein solches Verhalten führt zwangsläufig zu schwersten Unfällen. Einmal lässt sich die Geschwindigkeit der Fahrzeuge nur schwer abschätzen, zum anderen führt ein unfreiwilliger Kontakt mit dem Schleppseil immer zum Kentern des Sportbootes. Bei talwärts fahrenden Schleppzügen kann das Schleppseil stark durchhängen und ist dann unsichtbar.
Rücksichtslos gefahrene Motorboote bringen immer wieder Paddelboote und Kanus mit ihrer Heckwelle zum Umschlagen.

Eine grobe Unsitte ist auch das Belästigen und Entern von Ruderbooten durch mehrere Schwimmer. Das Entern führt häufig zum Kippen des Bootes und vielleicht sogar zum Ertrinken darin befindlicher Nichtschwimmer.
Weitere Unfallursachen können z. B. sein: Trunkenheit am Steuer von Motorbooten, Fahren bei Nacht ohne Positionsleuchten, Vergaserbrände, Kollisionen bei Regatten usw.
Im Folgenden sollen nun einige Verhaltensmaßregeln nach Bootsunfällen gegeben werden. Es ist sicher nicht möglich alle denkbaren Begleitumstände lückenlos einzubeziehen. Es soll jedoch versucht werden wenigstens einige allgemein gültige Hinweise zur Selbstrettung anzugeben.

Selbstrettung bei vollgelaufenem, aber nicht gekentertem Boot

Es wird zwar nur in seltenen Fällen vorkommen, dass ein vollgeschlagenes Boot nicht kentert. Da die Selbstrettung für die Insassen bei nicht gekentertem Boot wesentlich vereinfacht wird, soll hier dennoch darauf eingegangen werden, nicht zuletzt auch deswegen, weil das Kentern nach dem Vollschlagen des Bootes bei einigem Geschick durchaus verhindert werden kann.
Fast alle modernen Boote sind unsinkbar und tragen ihre Insassen auch dann noch, wenn sie mit Wasser vollgeschlagen sind. Bei Metallbooten ohne Luftkästen ist allerdings größte Vorsicht geboten, da sie schnell absinken und dabei Sog und Wirbel verursachen. Auch leichte Motorboote können durch den schweren Motor nach unten gezogen werden oder zumindest mit dem Heck tief absinken.
Ist das Boot beim Vollschlagen nicht gekentert und sind die Insassen nicht herausgestürzt, so bleiben sie am besten im Boot sitzen, spreizen die Beine und balancieren das Boot so aus, dass es nicht nachträglich noch kentert. Nichtschwimmern sollten vorhandene Schwimmhilfen (z. B. Schwimmflügel, Schwimmwesten, Rettungsringe) angelegt werden. Durch Paddeln mit den Händen kann das Boot langsam fortbewegt werden. Ist die Entfernung zum Ufer nicht zu groß, so sollte um Hilfe gerufen werden. Sind nur Schwimmer an Bord, so können sie das Boot verlassen und versuchen durch Seitwärtsschaukeln und Ausschöpfen das Boot wieder leerzubekommen, sofern es nicht durch ein Leck vollgelaufen ist.

Selbstrettung bei gekentertem Boot

Ist das Boot gekentert ohne unterzugehen, so bleiben die Insassen ebenfalls beim Boot, um sich daran festzuhalten oder um sich auf den Kiel zu legen. Bei mehreren Insassen besteht die Möglichkeit sich paarweise über das Boot hinweg die Hände zu reichen. Waren mehrere Insassen im Boot, so sollte kontrolliert werden, ob nicht jemand unter das Boot geraten ist. Vor allem bei gekenterten Segelbooten besteht die Gefahr, dass jemand unter das Segel gerät oder sich in der Takelage verfängt. Notfalls muss nach fehlenden Insassen getaucht werden.
Waren nur Schwimmer im Boot, so können diese versuchen, das Boot wieder umzudrehen. Hierzu muss dieses u. U. erst von unnötigem Ballast befreit werden. Beim Umdrehen ist darauf zu achten, dass niemand durch das Boot verletzt wird. Das Aufrichten eines gekenterten Segelbootes wird erleichtert, wenn man sich auf das Schwert stellt. Eventuell muss ein vollgesogenes Segel erst abgetakelt werden. Bei starkem Wind

muss vor dem Aufrichten eines gekenterten Segelbootes immer abgetakelt werden, da der Wind das Aufrichten entweder verhindert oder das Boot sofort zur anderen Seite umschlagen lässt.
Bei einem gekenterten oder voll geschlagenen Boot sollten auch gute Schwimmer nicht zum Ufer schwimmen, sondern beim Boot warten bis Hilfe herbeikommt. Dies gilt vor allem dann, wenn auch Nichtschwimmer an Bord waren. Die Entfernungen zum Ufer werden leicht unterschätzt. Deshalb sollte das Herbeiholen von Hilfe durch Schwimmer nur in auswegloser Situation und als letztes Mittel ins Auge gefasst werden. Nichtschwimmer sollten bei Bootsfahrten immer Schwimmwesten oder besser Rettungswesten tragen.
An Bord von schnellen Motorbooten oder bei starkem Wellengang gilt dies auch für Schwimmer.

Selbstrettung nach einem Sturz mit dem Auto ins Wasser

Ein ins Wasser gestürztes Auto sinkt mehr oder weniger schnell, je nachdem wie dicht die Fahrgastzelle ist und wie schnell das Wasser einzudringen vermag. Wer das Fahrzeug nicht rechtzeitig verlassen kann, wird unter Wasser gezogen und ertrinkt. Bei einem überlegten Handeln ist eine Selbstrettung jedoch möglich. Es soll keine Zeit durch Abwarten verloren werden. Zuerst sind eventuell angelegte Sicherheitsgurte abzulegen und so unterzubringen, dass andere Fahrgäste nicht daran hängen bleiben. Nun werden die Fenster heruntergekurbelt und die Insassen schlüpfen auf diesem Weg ins Freie. Der Weg durchs Fenster muss gewählt werden, weil sich die Türen wegen des Wasserdruckes zunächst nicht öffnen lassen. Besitzt das Auto ein Schiebedach, so kann auch dieses zum Ausstieg genutzt werden. Anderen, vor allem Kindern und älteren Menschen, muss beim Aussteigen geholfen werden. Vor dem Aussteigen empfiehlt es sich beengende Kleidungsstücke abzulegen.
In der Vergangenheit wurde vielfach vorgeschlagen im Wagen bei geschlossenen Türen und Fenstern abzuwarten, bis der Innenraum vollgelaufen ist und in der jeweils verbleibenden Luftblase zu atmen.
Dieses Verfahren ist sehr riskant und sollte nur gewählt werden, wenn ein sofortiges Aussteigen misslungen ist.

Selbstrettung bei Unfällen mit mehreren Personen

Überall dort, wo es zu größeren Menschenansammlungen auf oder am Wasser kommt, können Unfälle auftreten, bei denen mehrere Menschen unbeabsichtigt ins Wasser geraten. Panik und unzweckmäßiges Verhalten der ins Wasser Stürzenden und die besonders stark drohenden Umklammerungen lassen auch in Ufernähe große Gefahren auftreten.
Zu Unfällen mit vielen Personen kann es kommen beim Einsturz von Brücken und Stegen, bei starkem Gedränge am Ufer (z. B. bei Wassersportveranstaltungen) oder auf Landungsstegen sowie bei sinkenden oder brennenden Fahrgastschiffen oder Fähren. Ist man bei dem Unfall mit ins Wasser geraten, so muss man möglichst schnell aus dem Menschenknäuel herausschwimmen. Dies gelingt in der Regel am besten durch Wegtauchen unter Wasser. Danach kann das Ausziehen hemmender Kleidungsstücke in Angriff genommen werden.

Befreiungsgriffe

Drohende Umklammerungen sind unter Unterlassung aller weiteren Maßnahmen sofort, schnell, kraftvoll und entschlossen abzuwehren.

Abb. 28: Abwehren

Bei einem Unfall mit mehreren Personen (z. B. Kentern eines Ruderbootes), an dem man selbst dabei ist, kann es vorkommen, dass man von einem anderen Beteiligten von hinten angegriffen wird.

In diesem Falle muß versucht werden,

- schon bei der ersten Berührung des Angreifers durch entsprechende Abwehrmaßnahmen (situationsbedingt, z. B. umdrehen und wegstoßen sofort Hand oder Arm des Angreifers festhalten; abtauchen usw.) eine Umklammerung zu verhindern.

Wenn dies nicht gelingt, muss der Angegriffene versuchen,

- mittels eines Befreiungsgriffs aus der Umklammerung frei zu kommen (akute lebensgefährliche Situation für den Umklammerten!)

Exemplarisch werden hier die

- Halsumklammerung und
- der Halswürgegriff

von hinten dargestellt.

Die anzuwendenden Befreiungsgriffe sind nach einem Grundmuster gestaltet und werden in der Folge Ansetzen – Hebeln – Fesseln durchgeführt.

Bei richtiger Ausführung wird der Angreifer Richtung Wasseroberfläche geschoben, während der Angegriffene tiefer ins Wasser abtaucht, was ihn u. U. als „Festhalteobjekt“ uninteressanter macht.

Halswürgegriff von hinten

Der Umklammerte

- zieht beide Schultern hoch (schon im ersten Augenblick, wenn er den Angriff spürt!),
- drückt das Kinn auf die rechte Schulter (damit soll vermieden werden, dass der Hals umfasst wird),
- fasst mit der **linken** Hand unter den **linken** Ellenbogen des Angreifers,
- ergreift mit der **rechten** Hand die **linken** Hand des Angreifers und bindet sie (durch Aufpressen auf den Handrücken des Angreifers),
- stößt seine **linke** Hand kräftig nach oben (die **rechte** Hand fixiert weiterhin, um Hebelwirkung zu erreichen),
- taucht gleichzeitig unter dem **linken** Arm des Angreifers hindurch, kommt so in den Rücken des Angreifers und setzt den Fesselgriff nach Flaig an.

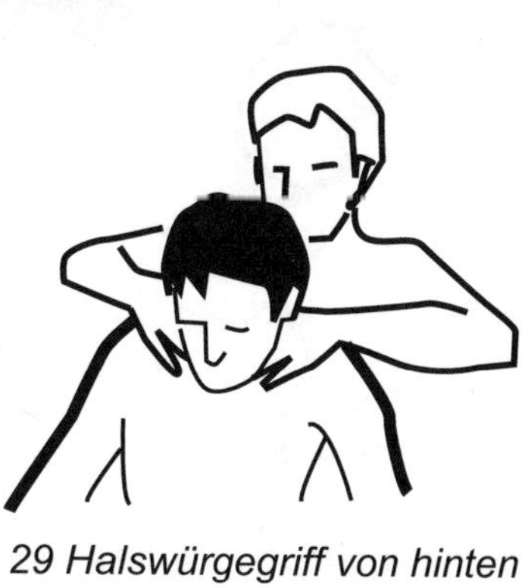

Abb. 29 Halswürgegriff von hinten

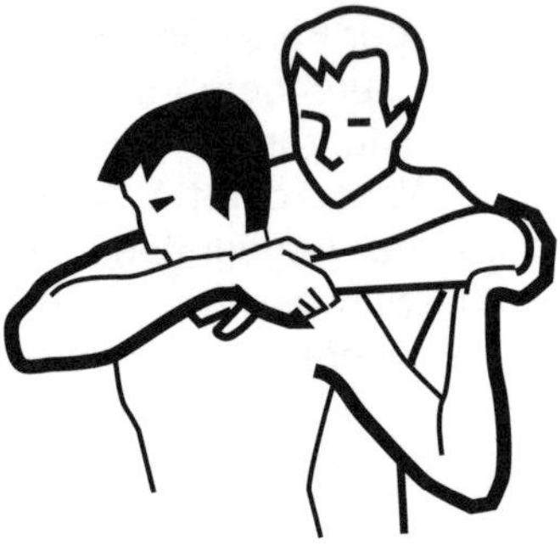

Abb. 30: Ansatz des Befreiungsgriffes

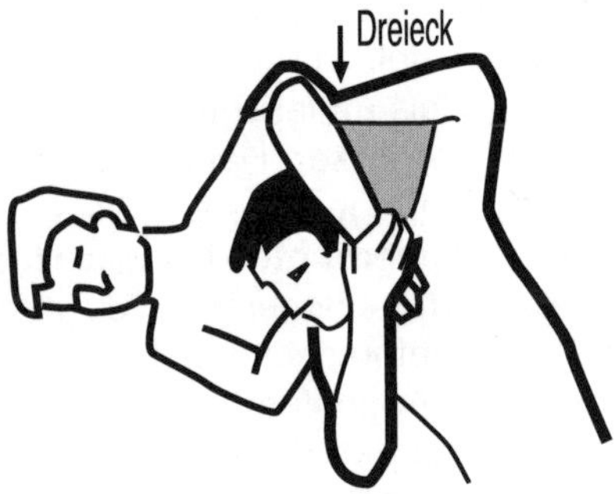

Abb. 31: Lösen mit dem Armhebel

Halsumklammerung von hinten

Der Umklammerte

- zieht beide Schultern hoch (schon im ersten Augenblick, wenn er den Angriff spürt!),
- drückt das Kinn auf die **rechte** Schulter (damit soll vermieden werden, dass der Hals umfasst wird),
- ergreift mit der rechten Hand die linke Hand des Angreifers und bindet sie durch Andrücken an den eigenen Körper,
- stößt gleichzeitig mit seiner linken Hand von unten gegen das linke Ellenbogengelenk des Angreifers (Daumen in der Ellenbeuge), knickt dieses ein und führt dessen linken Arm über den eigenen Kopf,
- setzt nun an dem vor ihm befindlichen Angreifer den Fesselgriff nach Flaig an.

Beide Befreiungsgriffe können auch gegengleich durchgeführt werden **(rechts und links vertauscht).**

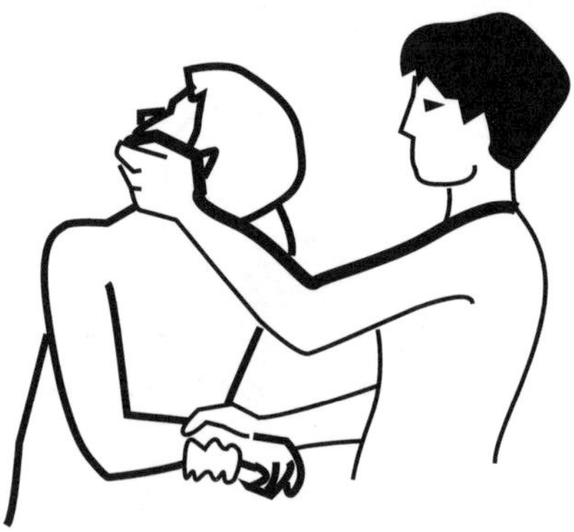

Abb. 32: Abschleppen mit Fesselgriff

Abb. 33: Halsumklammerung von hinten

Abb. 34: Ansatz des Befreiungsgriffes

Befreiungsgriffe stellen im Ernstfall für den Umklammerten nur eine Chance, aber nicht die Sicherheit des Entkommens aus der akuten Lebensgefahr dar. Dabei erhöht frühzeitige Reaktion bei einer drohenden Umklammerung (Spüren des Körperkontakts) die Überlebenswahrscheinlichkeit wesentlich.

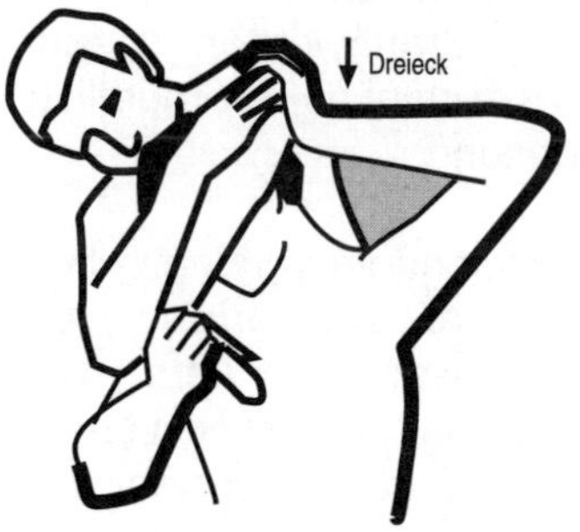

Abb. 35: Lösen mit dem Armhebel

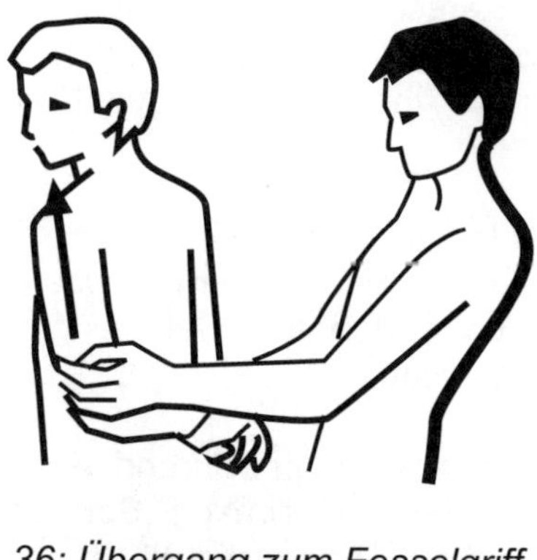

Abb. 36: Übergang zum Fesselgriff „siehe Abb. 32"

2.4 Baderegeln

Den Schwimmer erwarten im Wasser mancherlei Gefahren. Es genügt nicht diese Gefahren zu kennen und zu wissen, wie man sich aus Gefahrensituationen befreien kann.

Zur Verhütung von Unfällen am oder im Wasser ist es besser eine Gefährdung von vornherein zu vermeiden und eine Reihe von Grundsätzen zu beachten: die Baderegeln. Diese sollen den Schwimmer nämlich vor den Gefahren des Wassers, aber auch vor eigenen Fehlern bewahren. Da viele Fehler bereits außerhalb des Wassers begangen werden, schließen die Baderegeln auch das Luft- und Sonnenbad mit ein.

Das Luftbad

- Dehne das Luftbad nicht zu lange aus! Beginne mit kurzer Dauer, um dich an den Einfluss der Luft zu gewöhnen!
- Mache Atemübungen während des Luftbadens! Der Körper braucht viel frische Luft und eine gute Atemtechnik ist vor allem beim Schwimmen notwendig.
- Erwärme dich durch kräftige Bewegung (Ballspiel, Laufen) oder ziehe dich an, wenn du frierst!
- Wasche dich nach dem Luftbad kalt ab und frottiere oder bürste die Haut! Dies fördert die Durchblutung!

Das Sonnenbad

- Beginne im Frühjahr, um dich rechtzeitig an die starke Sonnenstrahlung im Sommer zu gewöhnen.
- Bleibe am Anfang nur kurz in der Sonne und steigere die Dauer des Sonnenbades nur langsam! Schütze die Haut durch Sonnenschutzmittel!
- Halte dich auch während des Sonnenbades in Bewegung! Braten in der Sonne zum schnellen und intensiven Braunwerden beansprucht den Kreislauf außerordentlich und ist ungesund.
- Sei besonders vorsichtig beim Sonnenbad am Wasser! Die Sonne wirkt am Wasser besonders stark, denn ihre Strahlen werden vom Wasserspiegel zurückgeworfen. Das Sonnenbad auf einer schwimmenden Luftmatratze ist ungesund (oben heiß, unten kalt), da der Organismus den natürlichen Temperaturgegensatz nicht zu kompensieren vermag. Ein Kentern der Luftmatratze ist zudem gefährlich wegen der fehlenden Abkühlung der erhitzten Körperpartien.
- Meide das Sonnenbad unmittelbar nach dem Essen. Der Kreislauf verträgt die doppelte Belastung vielleicht nicht.
- Schütze den Kopf während des Sonnenbades vor direkter Sonnenbestrahlung (Sonnenstich)!

Das Bad im Wasser

- Gewöhne dich allmählich an den Aufenthalt im Wasser!
- Achte auf die Wassertemperatur! Es ist nicht gleichgültig, ob sie 14^0 oder 19^0 beträgt.
- Verlasse das Wasser sofort, wenn du frierst, um eine Unterkühlung zu vermeiden! Trockne dich nach dem Bad gut ab, vor allem auch in den Haaren, in den Ohren und zwischen den Zehen!
- Springe nie in erhitztem Zustand ins Wasser! Kühle dich vorher ab!
- Gehe nicht unmittelbar nach dem Essen ins Wasser!
- Gehe nicht unter Alkohol-, Drogen- oder Medikamenteneinfluss ins Wasser!
- Gehe nicht übermüdet ins Wasser!
- Bade nie allein und schwimme große Strecken nie ohne Bootbegleitung!
- Hüte dich vor dem Tauchen, wenn du ein beschädigtes Trommelfell hast! Schütze das verletzte Ohr beim Schwimmen durch ölgetränkte Watte und eine dicht anliegende, wasserundurchlässige Bademütze!
- Beachte Begrenzungen, Absperrbalken, Bojen, Wetterwarnbälle und Sturmzeichen! Verlasse bei Sturm, Gewitter und Gischt das Wasser!
- Schwimme nicht an fahrende Schiffe oder an verankerte und arbeitende Bagger heran! Schwimme auch nie in die Kurslinie von Schiffen und Fähren!
- Springe nie in unbekanntes, trübes oder seichtes Wasser, auch nicht gegen die Strömung!
- Meide Gewässer mit schlammigem Boden, meide Wasserpflanzen, meide Strudel, Wirbel und Wehre!
- Schwimme nicht in rasch fließenden Kanälen! Sie können zu Wasserrädern, Turbinen usw. führen. Verlasse vor Wehren den Fluss!
- Benütze als Nichtschwimmer nie Luftmatratzen oder Autoschläuche als Wasserfahrzeuge! Sie kippen sehr leicht um. Nimm lieber eine gute Schwimmweste oder wenigstens Schwimmflügel (Schwimmärmel)!
- Stoße nie andere plötzlich ins Wasser! Tauche andere nicht unter, besonders nie Kinder!
- Unterlasse das Fangenspielen am Beckenrand! Springe einem anderen erst nach, wenn er wieder aufgetaucht ist!
- Schwimme oder tauche nicht unter Sprunganlagen! Es kann tödlich für dich und andere sein.
- Rufe rechtzeitig um Hilfe, wenn du in Not gerätst! Du kannst es vielleicht kurze Zeit später nicht mehr! Aber rufe nie aus Spaß andere zu Hilfe! Sie könnten es dir oder einem anderen im Ernstfall nicht mehr glauben.
- Gehe als Nichtschwimmer nicht tiefer als bis zur Brust ins Wasser!
- Schwimmen im Meer ist mit besonderen Gefahren verbunden. Erkundige dich darüber an Ort und Stelle!

Bade
nicht mit vollem Magen!

Springe
nicht erhitzt ins Wasser!

Achte
auf die Wassertemperatur!

Tauche
nicht mit Trommelfellschaden!

Trockne
dich nach dem Bade ab!

Beachte Begrenzungen!

Bleib weg von Wasserfahrzeugen!

Schwimme nie im Bereich von Sprungbrettern!

Meide als Nichtschwimmer Luftmatratzen!

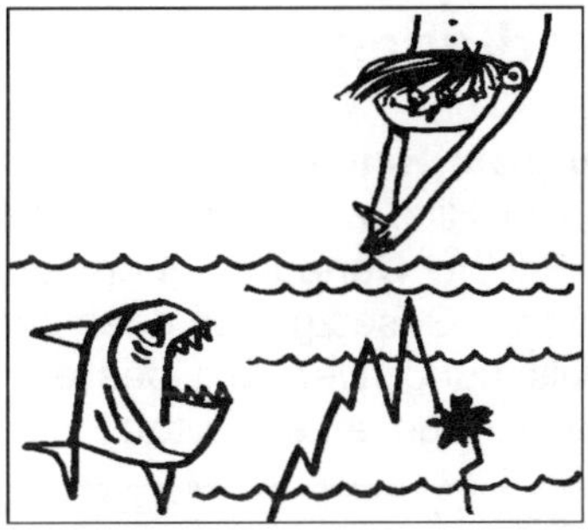

Springe nie in unbekannte Gewässer!

Meide Sumpf- und Wasserpflanzen!

Schwimme lange Strecken nie allein!

Wassersport Drogen, NIkotIn und Alkohol gehören nicht zusammen!

3. Fremdrettung

3.1 Gesetzliche Grundlagen

Verpflichtung zur Hilfeleistung
Anderen in Not Hilfe zu leisten ist eine moralische Pflicht. Daneben aber verpflichtet auch der Gesetzgeber jeden zur aktiven Hilfeleistung. Der Text des entsprechenden Strafgesetzes lautet:

> **§ 323 c StGB**
> **Unterlassene Hilfeleistung**
> Wer bei Unglücksfällen oder gemeiner Gefahr oder Not nicht Hilfe leistet, obwohl dies erforderlich und ihm den Umständen nach zuzumuten, insbesondere ohne erhebliche eigene Gefahr und ohne Verletzung anderer wichtigen Pflichten möglich ist, wird mit einer Freiheitsstrafe bis zu einem Jahr oder mit Geldstrafe bestraft.

Tatbestandsmerkmale des § 323 c StGB

- Vorsätzliches Unterlassen
  (echtes Unterlassungsdelikt)
- Unglücksfall wird im Gesetz nicht näher definiert (Ereignis mit Personen- oder Sachschaden als Folge)
- Gemeine Gefahr
  Gefahr für Leib oder Leben, sei es auch nur eines einzelnen Menschen oder für bedeutende Sachwerte, die in fremdem Eigentum stehen oder deren Vernichtung gegen das Gemeinwohl verstößt.
- Hilfeleistung erforderlich
  Dies ist bei Unglücksfällen im Wasser immer der Fall, wenn der Betroffene offensichtlich selbst mit der Gefahr nicht zurechtkommt. Die Tatsache, dass bereits andere zu Hilfe eilen, rechtfertigt nicht unbedingt die Unterlassung weiterer Hilfe.
- Zumutbarkeit der Hilfeleistung
  Der Helfer muss zur Hilfeleistung in der Lage sein. Er muss also jene Maßnahmen ergreifen, die seinen Fähigkeiten und Möglichkeiten entsprechen (z. B. Schwimmkenntnisse, Vorhandensein oder Beschaffungsmöglichkeit von Hilfsmitteln, Gesundheitszustand usw.).
  Der Gesetzgeber verlangt im Falle einer notwendigen Lebensrettung, dass der Helfer u. U. auch eine gewisse Gefahr für sich in Kauf nimmt. Er verlangt jedoch nicht, dass sich der Retter in so große Gefahr begibt, dass er darin voraussichtlich umkommt. Wichtige sonstige Pflichten, die eine Unterlassung der Hilfeleistung bei einer notwendigen Lebensrettung rechtfertigen könnten, sind wohl nur dann gegeben, wenn der Helfer durch seine Hilfeleistung andere in erhebliche Lebensgefahr bringen würde (z. B. der Fahrer eines Unfallrettungswagens, der einen lebensbedrohlich Verletzten schnellstmöglich in ein Krankenhaus bringen muss).

Wer eine Hilfeleistung nach § 323 c StGB unterlässt oder verweigert, kann zum Ersatz des hierdurch entstandenen Schadens herangezogen werden.

§ 823 BGB Schadenersatzpflicht

(1) Wer vorsätzlich oder fahrlässig das Leben, den Körper, die Gesundheit, die Freiheit, das Eigentum oder ein sonstiges Recht eines anderen widerrechtlich verletzt, ist dem anderen zum Ersatze des daraus entstehenden Schadens verpflichtet.

(2) Die gleiche Verpflichtung trifft denjenigen, welcher gegen ein den Schutz eines anderen bezweckendes Gesetz verstößt. Ist nach dem Inhalte des Gesetzes ein Verstoß gegen dieses auch ohne Verschulden möglich, so trifft die Ersatzpflicht nur im Falle des Verschuldens ein.

In besonders schweren Fällen unterlassener Hilfeleistung kann diese Schadenshaftung beträchtliche Ausmaße annehmen. Bleibt der Verunglückte z. B. wegen der unterlassenen Hilfeleistung in seiner Erwerbstätigkeit behindert, so kann er eine Rente von dem verlangen, der die Hilfeleistung verweigerte. Stirbt der Verunglückte, so steht dieser Anspruch den unterhaltsberechtigten Angehörigen zu.

Notwehr, Notstand

Gerät der Retter bei seiner Hilfeleistung selbst in Gefahr, weil der Verunglückte ihn z. B. umklammern und in der notwendigen Bewegungsfreiheit einschränkt, so kann sich der Retter gegen diesen Angriff wehren. Dies ist ebenfalls im Strafgesetzbuch verankert:

§ 32 StGB Notwehr

(1) Wer eine Tat begeht, die durch Notwehr geboten ist, handelt nicht rechtswidrig.

(2) Notwehr ist die Verteidigung, die erforderlich ist, um einen gegenwärtigen rechtswidrigen Angriff von sich oder einem anderen abzuwenden.

Der § 227 BGB sagt sinngemäß dasselbe.

Tatbestandsmerkmale der Notwehr:

- Erforderliche Verteidigung
  Es muss sich um eine Verteidigung handeln, es muss also ein Angriff vorangegangen sein. Die Abwehrmechanismen müssen der Härte des Angriffes angemessen sein und dürfen nicht unnötig darüber hinausgehen (Notwehrexzess).
- Gegenwärtiger Angriff
  Der Angriff, gegen den sich die Verteidigung richtet, muss im Augenblick der Abwehr gegeben sein. Ein vorsorgliches ,,Außer-Gefechtsetzen“ oder nachträgliche Rache sind keine Notwehr.
- Rechtswidriger Angriff
  „Rechtswidrig“ muss nicht unbedingt gleichbedeutend sein mit strafbar, sondern bedeutet, dass für eine bestehende Handlung kein Rechtfertigungsgrund vorliegt. Die Umklammerung durch einen Ertrinkenden ist ein Angriff auf das Leben, die körperliche Unversehrtheit des Retters und damit rechtswidrig (Artikel 2 Abs. 2 Grundgesetz). Der Ertrinkende macht sich hierbei jedoch nicht strafbar (§ 35 StGB „Entschuldigender Notstand“, § 20, 21 StGB „Verminderte Schuldfähigkeit“).
- Person des Angegriffenen
  Auch die Abwehr eines Angriffes auf einen anderen gilt als Notwehr. Man kann also auch einem anderen dabei helfen aus einer Umklammerung freizukommen.

Durch Notwehr wird man nicht schadenersatzpflichtig.
Überschreitet der Retter die Grenzen der Notwehr, so richtet sich die Strafbarkeit oder Straffreiheit nach den Ursachen der Überschreitung.

§ 33 StGB Überschreitung der Notwehr
Überschreitet ein Täter die Grenzen der Notwehr aus Verwirrung, Furcht oder Schrecken, so wird er nicht bestraft.

Bei Überschreitung der Notwehr kann der Retter u. U. schadenersatzpflichtig werden, wenn er fahrlässig oder gar vorsätzlich gehandelt hat. Der Gerettete muss dies allerdings beweisen können.

§ 228 BGB Verteidigungsnotstand
Wer eine fremde Sache beschädigt oder zerstört, um eine durch sie drohende Gefahr von sich oder einem anderen abzuwenden, handelt nicht widerrechtlich, wenn die Beschädigung oder die Zerstörung zur Abwendung der Gefahr erforderlich ist und der Schaden nicht außer Verhältnis zu der Gefahr steht.
Hat der Handelnde die Gefahr verschuldet, so ist er zum Schadenersatz verpflichtet,

Beispiel:
Der Retter öffnet und beschädigt dabei ein Schützenwehr, um ein eingeklemmtes Kind zu retten. (Durch die Aktion dürfen natürlich nicht andere Menschen unterhalb des Wehres in Lebensgefahr gebracht werden.)
Der Notstand ist auch in den §§ 34 und 35 StGB geregelt.

§ 34 StGB
Rechtfertigender Notstand
Wer in einer gegenwärtigen, nicht anders abwendbaren Gefahr für Leben, Leib, Freiheit, Ehre, Eigentum oder ein anderes Rechtsgut eine Tat begeht, um die Gefahr von sich oder einem anderen abzuwenden, handelt nicht rechtswidrig, wenn bei Abwägung der widerstreitenden Interessen, namentlich der betroffenen Rechtsgüter und des Grades der ihnen drohenden Gefahren, das geschützte Interesse das beeinträchtigende wesentlich überwiegt. Dies gilt jedoch nur, soweit die Tat ein angemessenes Mittel ist die Gefahr abzuwenden.

§ 35 StGB
Entschuldigender Notstand
(1) Wer in einer gegenwärtigen, nicht anders abwendbaren Gefahr für Leben, Leib oder Freiheit eine rechtswidrige Tat begeht, um die Gefahr von sich, einem Angehörigen oder einer anderen ihm nahe stehenden Person abzuwenden, handelt ohne Schuld. Dies gilt nicht, soweit dem Täter nach den Umständen, namentlich weil er die Gefahr selbst verursacht hat oder weil er in einem besonderen Rechtsverhältnis stand, zugemutet werden konnte die Gefahr hinzunehmen.

Wenn also der durch eine Handlung verhinderte Schaden den verursachten wesentlich übersteigt, so ist die Handlung gerechtfertigt und der Handelnde genießt einen wesentlich stärkeren Gesetzesschutz (§ 34 StGB), als wenn dieser Tatbestand nicht erfüllt ist (§ 35 StGB).
Im Falle eines Notstandes kann außer auf Grund der bereits genannten Geset-

ze auch auf Grund des § 904 BGB fremdes Eigentum zum Zwecke einer Hilfeleistung verwendet werden.

§ 904 BGB Notstand
Der Eigentümer einer Sache ist nicht berechtigt, die Einwirkung eines anderen auf die Sache zu verbieten, wenn die Einwirkung zur Abwendung einer gegenwärtigen Gefahr notwendig und der drohende Schaden gegenüber dem aus der Einwirkung dem Eigentümer entstehenden Schaden unverhältnismäßig groß ist. Der Eigentümer kann Ersatz des ihm entstehenden Schadens verlangen.

Beispiel:
Zur Durchführung einer Rettung kann ein fremdes Boot notfalls auch gegen den Willen des Besitzers verwendet werden. Wird das Boot bei der Rettungsaktion beschädigt, so kann der Besitzer Schadenersatz von dem Retter verlangen. Der Helfer selbst kann sich jedoch seine Aufwendungen in der Regel von dem Geretteten bzw. dessen Angehörigen erstatten lassen. Grundlage hierfür sind die Bestimmungen des BGB über die Geschäftsführung ohne Auftrag.

Geschäftsführung ohne Auftrag

§ 677 BGB
Pflichten eines Geschäftsführers
Wer ein Geschäft für einen anderen besorgt, ohne von ihm beauftragt oder ihm gegenüber sonst dazu berechtigt zu sein, hat das Geschäft so zu führen, wie das Interesse des Geschäftsherrn mit Rücksicht auf dessen wirklichen oder mutmaßlichen Willen es erfordert.

Erläuterung:
„Geschäft besorgen", „Geschäftsführung" kann z. B. eine Rettung sein. „Geschäftsführer" ist dabei der Retter, „Geschäftsherr" der Verunglückte, bei einem Kind evtl. dessen Eltern. Auf eine Rettung angewendet, fordert der § 677 BGB, dass die Rettung mit der notwendigen Sorgfalt durchgeführt wird, dass alle notwendigen Maßnahmen ergriffen werden und dass dem Geretteten kein unnötiger zusätzlicher Schaden zugefügt wird.

§ 679 BGB
Unbeachtlichkeit des entstehenden Willens des Geschäftsherrn
Ein der Geschäftsführung entgegenstehender Wille des Geschäftsherrn kommt nicht in Betracht, wenn ohne die Geschäftsführung eine Pflicht des Geschäftsherrn, deren Erfüllung im öffentlichen Interesse liegt, oder eine gesetzliche Unterhaltspflicht des Geschäftsherrn nicht rechtzeitig erfüllt werden würde.

Der § 679 BGB erlaubt auch einen Selbstmörder gegen seinen Willen zu retten.
(§ 323 c StGB verlangt dies sogar.)

§ 683 BGB
Ersatz von Aufwendungen
Entspricht die Übernahme der Geschäftsführung dem Interesse und dem wirklichen oder mutmaßlichen Willen des Geschäftsherrn, so kann der Geschäftsführer wie ein Beauftragter Ersatz seiner Aufwendungen verlangen. In den Fällen des § 679 steht dieser Anspruch dem Geschäftsführer zu, auch wenn die Übernahme der Geschäftsführung mit dem Willen des Geschäftsherrn in Widerspruch steht.

Legt z.B. der Helfer vor einer Rettungsaktion durch Schwimmen seine Kleider in aller Eile am Ufer nieder, um ungehindert schwimmen zu können, so muss der Gerettete die niedergelegten Kleidungsstücke ersetzen, wenn diese während der Rettungsaktion gestohlen wurden.

Der Retter kann vom Geretteten z. B. Ersatz für folgende Aufwendungen verlangen:

- Auslagen für Erste-Hilfe und Transport. Eigene Arztkosten bei Verletzungen während der Rettung oder wegen späterer gesundheitlicher Schädigungen (Lungenentzündung usw.)
- Verdienstausfall infolge der zur Rettung aufgewendeten Zeit, sofern dieser entstanden ist und nachgewiesen wird
- Schadenersatz für durch die Rettung in Mitleidenschaft gezogene oder abhanden gekommene Gegenstände (Boot, Kleidung, Uhr usw.).

Schmerzensgeld kann der Retter nicht verlangen, da bei Geretteten in der Regel keine unerlaubte Handlung (siehe § 823 BGB) vorliegt. Beim Tode des Retters haben seine Angehörigen keinen Anspruch auf Schadenersatz durch den Geretteten.

3.2 Versicherungsschutz für den Retter

Gesetzliche Unfallversicherung

Der Gesetzgeber verpflichtet jedermann zur Hilfeleistung, er gewährt dem Helfer aber auch einen Versicherungsschutz gegen die Folgen von Unfällen bei der Hilfeleistung. Wer bei einer Hilfsaktion oder bei einer Rettung selbst körperlichen Schaden erleidet, ist durch Gesetz gegen Unfall versichert.

§ 539 RVO Versicherte Personen

(1) In der Unfallversicherung sind ... gegen Arbeitsunfall versichert

...

7. die im Gesundheits- oder Veterinärwesen oder in der Wohlfahrtspflege Tätigen;
8. die in einem Unternehmen zur Hilfe bei Unglücksfällen Tätigen so wie die Teilnehmer an Ausbildungsveranstaltungen dieser Unternehmen einschließlich der Lehrenden;
9. die bei Unglücksfällen oder gemeiner Gefahr oder Not Hilfe leisten oder einen anderen aus gegenwärtiger Lebensgefahr oder erheblicher Gefahr für Körper oder Gesundheit zu retten unternehmen;

(2) Gegen Arbeitsunfall sind ferner Personen versichert, die wie ein nach Absatz 1 Versicherter tätig werden; dies gilt auch bei nur vorübergehender Tätigkeit.

Diesen Versicherungsschutz genießt jeder, der die aufgeführten Bedingungen erfüllt. Eine Anmeldung zur Versicherung ist nicht notwendig. Die gesetzliche Unfallversicherung gewährt Schutz bei allen Schäden, die der Versicherte an Leib und Leben infolge eines Unfalles erleidet (nur Personenschäden, Sachschäden nur in wenigen Ausnahmefällen). Ein Unfall liegt vor, wenn der Versicherte durch ein plötzlich von außen auf seinen Körper wirkendes Ereignis unfreiwillig eine Gesundheitsschädigung erleidet. Für haupt-, neben- und ehrenamtliche Mitarbeiter des Roten Kreuzes besteht der Versicherungsschutz nicht nur während des Rotkreuz-Dienstes, sondern auch auf dem direkten Wege vom und zum Dienst.

Leistungen im Schadensfall
- Heilbehandlung
- berufliche Rehabilitation
- Rentenleistungen
- Übergangsgeld
- Ersatz von Körperersatzstücken

sowie im Todesfall:
- Sterbegeld
- Kosten für die Überführung der Verstorbenen
- Hinterbliebenenrente
- Überbrückungshilfen

Schadensmeldungen
Unfälle sind auf den vorgeschriebenen Formularen (Farbe: gelb) in doppelter Ausfertigung direkt an den Versicherungsträger (meist Gemeinde-Unfall-Versicherungsverband) zu melden. Ist ein Teilnehmer eines Rotkreuz-Lehrganges oder ein Rotkreuz-Mitglied verunglückt, so ist die Unfallmeldung in dreifacher Ausfertigung über den DRK-Kreisverband einzureichen. Bei schweren oder tödlichen Unfällen sowie Massenunfällen von Rotkreuz-Mitgliedern ist sofortige telefonische Meldung erforderlich. Schadensmeldeformulare sind bei den Gemeindeverwaltungen oder den Geschäftsstellen der DRK-Kreisverbände erhältlich.

Zusatzversicherungen
Einen zusätzlichen Versicherungsschutz (z. B. Haftpflichtversicherung) genießen Rotkreuz-Mitglieder auf Grund ihrer Mitgliedschaft.

3.3 Körperliche Voraussetzungen für das Rettungsschwimmen

Gesundheit ist eine der wichtigsten Voraussetzungen für das Rettungsschwimmen, ja bereits für die Ausbildung im Rettungsschwimmen. Jeder angehende Rettungsschwimmer sollte sich bereits vor der Ausbildung von einem Arzt, am besten von einem Wasserwachtarzt, untersuchen lassen. Anwärter mit gegenwärtigen oder auch früheren Ohrenleiden, Herzfehlern und anderen körperlichen Mängeln können in jedem Falle erst nach ärztlicher Zustimmung an der Ausbildung im Rettungsschwimmen teilnehmen. Körperlich schwache Personen und Jugendliche sollten sich vor jeder Hilfeleistung im Wasser, besonders aber vor einer Rettung vergegenwärtigen, dass das Abtransportieren im Wasser, das An-Landbringen und eine evtl. Wiederbelebung sehr viel Kraft und Energie verlangen.
Jeder Retter muss sich im Wasser sicher bewegen können. Er muss auf jeden Fall Brustschwimmen, Rückengleichschlagschwimmen, Wassertreten und das Tauchen beherrschen. Das Kraulschwimmen als schnellste Schwimmart stellt ebenfalls eine gute Voraussetzung dar. Eine Teilnahme an der Rettungsschwimmausbildung muss unterbleiben, solange der Anwärter fehlerhaft oder unsicher und nicht ausdauernd schwimmt oder seine Atmung nicht im Einklang mit seinen Schwimmbewegungen steht.

3.4 Transportschwimmen

Übermüdete, von Muskelkrämpfen oder von einer augenblicklichen Schwäche befallene Schwimmer werden durch Transportschwimmen zum Ufer gebracht.

Das Schieben

Der Hilfsbedürftige liegt in Rückenlage vor dem Helfer, der in Brustlage

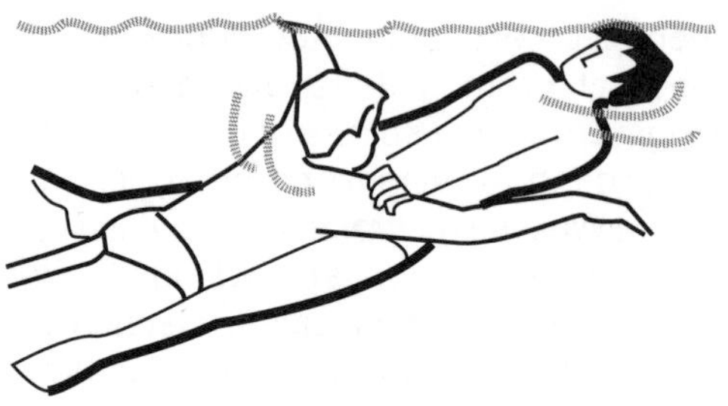

Abb. 37: Transportschwimmen – Schieben

schwimmt. Die Finger des behinderten Schwimmers liegen auf den Schultern des Helfers, die Daumen nach unten zur Brust, die Beine werden an die Hüften des Helfers gelegt (Abb. 37).
Der Helfer hat so den Hilfsbedürftigen vor sich und kann sich, wenn erforderlich, sofort von ihm trennen oder den Transportgriff in einen Abschleppgriff überleiten. Dauernde Beobachtung des Transportierten ist unbedingt erforderlich, um evtl. notwendige Abwehrmaßnahmen (z. B. beim Zupacken am Hals) unverzüglich einleiten zu können.

Das Ziehen

Zwei Helfer schwimmen in Brustlage nebeneinander. Der Hilfsbedürftige liegt in Brustlage zwischen ihnen und hält sich mit gestreckten Armen an den ihm zugewandten Schultern der Helfer fest.

Abb. 38: Transportschwimmen – Ziehen zu zweit, Hilfsbedürftiger in Brustlage

Eine weitere Möglichkeit besteht darin, dass die beiden Helfer in Seitenlage schwimmen, die Gesichter einander zugewandt. Der Hilfsbedürftige liegt zwischen ihnen in Rückenlage und wird mit gestreckten Armen durch Griff von unten her in die Achselhöhle gehalten (Abb. 39).

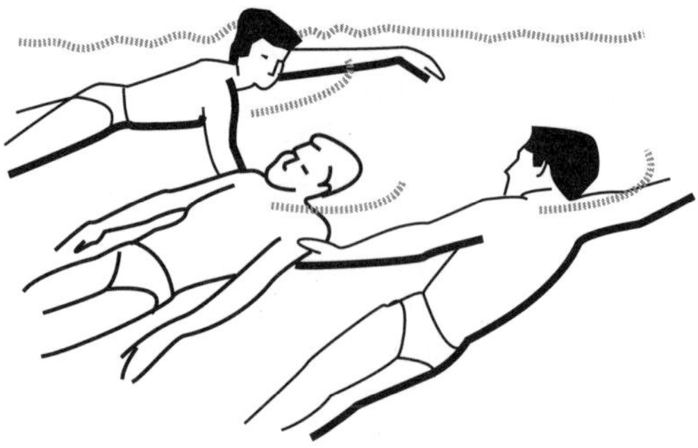

Abb. 39: Transportschwimmen – Ziehen zu zweit, Hilfsbedürftiger in Rückenlage

Das Ziehen durch einen einzelnen in Brustlage schwimmenden Helfer, an dessen Schultern sich der Hilfsbedürftigte fest hält, ist zu unterlassen, da der Helfer durch einen unerwarteten Angriff von dem hinter ihm schwimmenden Verunglückten in Lebensgefahr geraten kann. Dies gilt auch für die sogenannte Brücke, bei der sich der Hilfsbedürftigte ebenfalls an den Schultern eines vor ihm in Brustlage schwimmenden Helfers fest hält, während seine Beine auf den Schultern eines zweiten, hinter ihm in Brustlage schwimmenden Retters liegen.

3.5 Grundsätze für eine Rettung

(schnell – richtig – sicher)

Einem in die Gefahr des Ertrinkens geratenen Menschen zu helfen ist neben der gesetzlichen auch eine ethisch/menschliche Pflicht. Dabei ist zu bedenken, dass praktisch jede Rettung mit Gefahren für den Retter verbunden ist. Um die Eigengefährdung des Helfers möglichst zu vermeiden, ist überlegtes, aber auch schnelles Handeln unabdingbar. Der Faktor Zeit spielt eine entscheidende Rolle, da bei Wasserrettungen oft Minuten über Leben und Tod entscheiden. Bei Hilfeleistungen am und im Wasser sind einige wesentliche Grundsätze immer zu beachten. Diese Grundsätze gelten sowohl für erwachsene als auch, in besonderem Maße, für jugendliche Retter!

1. Grundsatz:
Jede Rettung eines Ertrinkenden erfolgt – soweit möglich – vom Ufer (Beckenrand) aus.
Die Möglichkeiten, vom Ufer aus Hilfe zu leisten, sind vielfältig:

- zurufen zweckdienlicher Verhaltensmaßnahmen;
- zuwerfen, zureichen oder zuschieben von Rettungsmitteln, bzw. -hilfsmitteln;
- herbeiholen, -rufen weiterer Hilfe; Absetzen bzw. Weiterleiten eines Notrufs (Dazu muss jeder in der Lage sein!)

2. Grundsatz:
Wenn die Umstände eine Hilfe vom Land aus nicht zulassen, wird grundsätzlich die Rettung mit einem Boot (bzw. Rettungsbrett) durchgeführt.
Hierbei ist von Bedeutung, dass zur Hilfeleistung nach § 904 BGB (Notstand) auch ein fremdes Boot verwendet werden darf, sofern dies notwendig ist.

3. Grundsatz:
Ist eine Rettung durch Schwimmen nicht zu umgehen, wird grundsätzlich mit schwimmfähigen Hilfsmitteln angeschwommen.

> Der unmittelbare Körperkontakt mit dem Ertrinkenden ist unbedingt zu vermeiden, denn jede Umklammerung stellt eine akute, lebensbedrohliche Situation für den Helfer dar, die auch durch die Beherrschung von Befreiungsgriffen nur unzureichend bewältigt werden kann!

Ein Anschwimmen zu zweien (mehreren), wobei jeder Retter einen schwimmfähigen Gegenstand mitführen sollte, erleichtert eine Rettung wesentlich.
Wenn möglich, sollte(n) auch der(die) Retter um Hilfe rufen. Zu Hilfe kommende Boote oder andere Schwimmer können den(die) Ersthelfer wesentlich unterstützen.

Ausnahmen (vom 3. Grundsatz):

- Es sind keine brauchbaren Hilfsmittel in der Nähe und der Ertrinkende befindet sich bereits in der Lähmungsphase und treibt reglos auf dem Wasser oder ist bereits untergegangen.
- Rettung eines Kleinkindes durch einen Erwachsenen (bzw. körperlich sehr überlegenen Retter); aber Vorsicht! Ertrinkende entwickeln Kräfte, die leicht unterschätzt werden. Außerdem ist beim Ertrinkenden normalerweise das Schmerzempfinden herabgesetzt. Dies stellt eine zusätzliche Gefahr für den Retter dar.
- Letztendlich ist es natürlich besser, auch ein nicht schwimmfähiges Hilfsmittel mit-

zunehmen (z. B. Handtuch, Kleidungsstück usw.), als gar keines. Wegen der zu leicht entstehenden Lebensgefahr für den Retter rät die Wasserwacht, wenn irgend möglich, davon ab!

4. Grundsatz:
Eine Rettung durch Schwimmen ist zu unterlassen, wenn die Verhältnisse den Versuch aussichtslos erscheinen lassen.
Dies kann z.B. zutreffen
- bei zu hohem Standort des Retters;
- in Stromschnellen und Wildwassern und Sturzbächen mit Geröll;
- in Kanälen mit Strömungsgeschwindigkeiten von mehr als 3 m/s;
- oberhalb von Wasserfällen und Wehren;
- in Wasserwalzen;
- in Strudeln, vor Turbineneingängen und Rohrfassungen;
- bei ungenügenden Sicherungmöglichkeiten;
- wenn das Verlassen des Gewässers nicht möglich ist;

und
- wenn der Retter dem Betroffenen körperlich nicht weit überlegen ist;
- wenn der Retter sich gesundheitlich nicht wohl fühlt.

> Das Unterlassen von Rettungen durch Schwimmen entbindet nicht von der Verpflichtung, einen Notruf abzusetzen bzw. Rettungsmaßnahmen von Land aus zu versuchen!

Aus diesen Grundsätzen ergibt sich die Folgerung für das Rettungsschwimmen, die für jeden Wasserwachtler selbstverständlich sein muss:
Ständiges Üben aller Disziplinen des Rettungsschwimmens ist unerlässlich!

Nur durch ständiges Üben seiner Fähigkeiten kann man im Ernstfall sicher handeln. Beherrscht man die einzelnen Techniken im Bereich der Wasserrettung, können Gefahrensituationen erheblich leichter eingeschätzt werden.
Dies gilt in besonderem Maße für die Wiederbelebung!
Sie ist der wichtigste Teil einer Rettung. Wenn der Ertrunkene nicht mehr atmet, soll so bald wie möglich (u. U. schon im Wasser) mit der Wiederbelebung begonnen werden.

3.6 Wasserrettungsmaßnahmen

Grundsätzliche Anforderungen an den Rettungsschwimmer (K. Kupke)
Ruhe und Besonnenheit sind unbedingte Voraussetzungen für jede Hilfeleistung.
Der Rettungsschwimmer muss
- schnell und richtig erkennen, was geschehen ist,
- überlegen, welche Gefahren drohen,
- zielstrebig – unter Berücksichtigung der jeweiligen Situation und der eigenen Sicherheit – handeln,
- nach Einschätzung der Lage einen Notruf absetzen, falls dies möglich ist.

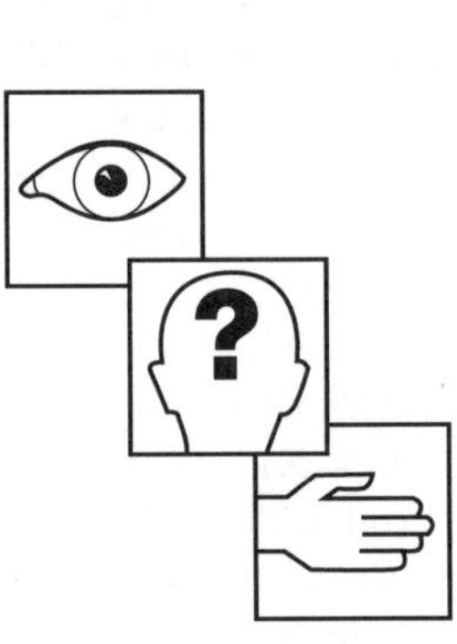

Abb. 40: Erkennen, Überlegen, Handeln

Notruf und Einleitung der Rettung
(K. Kupke)
Mit dem Notruf alarmiert der Helfer den Rettungsdienst.
Inhalte eines vollständigen Notrufs:

WO geschah es?
(Möglichst genaue Angabe des Unfallortes)
WAS geschah?
(Kurze Beschreibung der Unfallsituation)
WIEVIELE Verletzte?
(Angabe der Anzahl der Verletzten)
WELCHE Art der Verletzung?
(Soweit erkennbar)
WARTEN auf Rückfragen!

Ist außer dem Betroffenen und dem Retter keine weitere Person anwesend und der Notruf kurzfristig nicht absetzbar, geht die Einleitung der Rettung dem Notruf vor.

Vor der Durchführung der Rettung ist zunächst zu prüfen:
1. Ist eine Rettung vom Ufer aus möglich?
2. Ist ein Boot vorhanden?
3. Welches Rettungs(hilfs)mittel steht zur Verfügung?
4. Ist eine Rettung durch Schwimmen nicht zu vermeiden?

Erst nach Beantwortung dieser Fragen wird die Rettung durchgeführt.

Techniken der Wasserrettung

Rettung vom Ufer aus

Sofern die Möglichkeit hierzu besteht, sollte eine Rettung immer vom Lande aus erfolgen. Mitunter kann es ausreichen, dem Ertrinkenden zweckmäßige Verhaltensmaßnahmen zuzurufen. Ist der Verunglückte auf unmittelbare Hilfe angewiesen, so können eine Reihe von Gegenständen verwendet werden:

Zureichen von Gegenständen, z. B.
- Rettungsstange
- Ast oder andere Hilfsmittel.

Zuwerfen oder Zuschieben schwimmfähiger Gegenstände, wie insbesondere z.B.:
- Rettungsball (mit oder ohne Leine)
- Rettungsring
- Rettungssack
- Rettungsleine oder Rettungsschlauch
- Rettungsbrett oder andere Hilfsmittel
- Luftmatratzen, Gummireifen, -tiere usw.

Ufergebundene Gegenstände sind vorzuziehen, da die Gefahr des Abtriebs nicht gegeben ist!
Nach der Rettung sind vom Helfer die notwendigen Erste-Hilfe-Maßnahmen einzuleiten und die Weiterversorgung des Verunglückten sicherzustellen.

Markieren der Unfallstelle vom Ufer aus (stehende Gewässer)
Befindet sich ein Ertrinkender weit vom Ufer entfernt, so besteht die Gefahr, dass er bereits untergegangen ist, ehe ein Retter mit dem Boot, Schwimmbrett oder schwimmend die Unglücksstelle erreichen kann. Es droht ein Scheitern der Rettung, da der Verunglückte nicht oder erst viel zu spät aufgefunden werden kann.

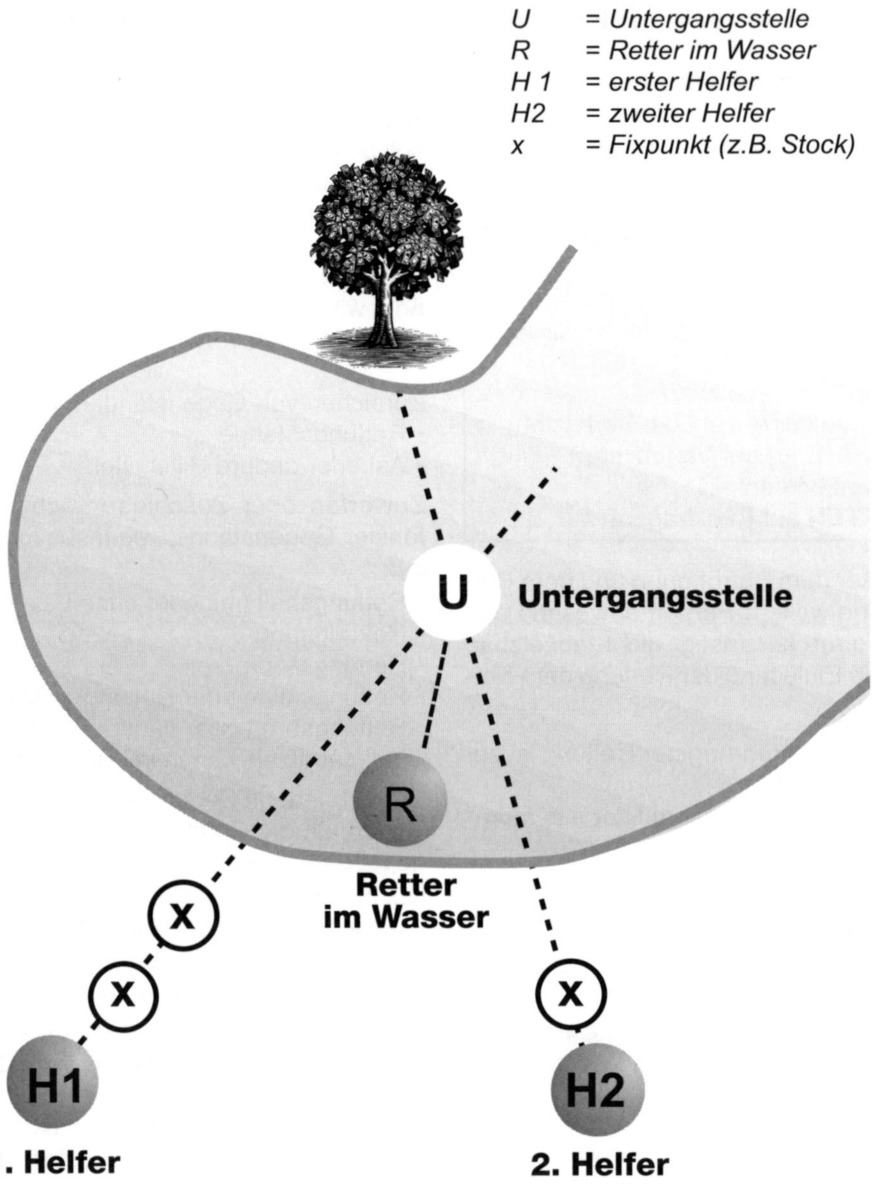

Abb. 41: Schnittpeilung zum Einweisen eines Retters, wenn der Ertrinkende untergeht

Für den Retter im Boot, auf dem Schwimmbrett oder im Wasser ist es unmöglich sich die Untergangsstelle nach dem Verschwinden des Ertrinkenden sicher zu merken, da ihm keinerlei Anhaltspunkte zur Verfügung stehen. Selbst wenn sich auf der gegenüberliegenden Uferseite ein markantes Zeichen (z. B. Baum, Kirchturm o. ä.) befindet, ist das Beibehalten der Richtung für den Retter sehr schwierig.
Eine zuverlässige Fixierung der Untergangsstelle ist nur vom Ufer aus – durch Helfer – möglich:

Mit einem Helfer
Es werden zwei Stöcke (Äste, große Steine) im Abstand von einigen Metern in den Boden gesteckt, so dass die Verlängerung der beiden Gegenstände möglichst exakt zur Unfallstelle zeigt. Sofern sich der Helfer nicht bewegt, kann auch er selbst den zweiten Fixpunkt bilden. Durch Handzeichen kann der Helfer dem Retter nun die Richtung zu erkennen geben.

Auf diese Weise lässt sich jedoch nur eine Linie fest halten, auf der die Untergangsstelle liegt.

Mit zwei Helfern
kann der genaue Untergangspunkt durch eine Kreuzpeilung fixiert werden.
Der zweite Helfer peilt – in einigem Abstand vom ersten (mindestens 10 m) – die Unglücksstelle auf die gleiche Weise wie oben beschrieben an. Dabei entstehen zwei Linien, auf deren Schnittpunkt sich die Untergangsstelle befindet. Je weiter die Untergangsstelle vom Ufer entfernt ist, um so größer muss auch der Abstand zwischen den beiden Helfern sein, damit eine möglichst genaue Peilung erreicht wird.
Der/die Retter werden durch Handzeichen oder Funk (wenn vorhanden) eingewiesen. Es muss auch in stehenden Gewässern damit gerechnet werden, dass der Ertrinkende durch Strömungen geringfügig abgetrieben wird. Dies sollte möglichst berücksichtigt werden.

Bootsrettung
Eine Rettung vom Land aus hat wenig Erfolgsaussichten, wenn der Verunglückte zu weit vom Ufer entfernt ist. In solchen Fällen muss geprüft werden, ob ein geeignetes Boot in erreichbarer Nähe zu finden ist.
Der vermeintliche Zeitverlust durch das Aufsuchen und Losmachen des Bootes lässt sich in den meisten Fällen durch die Möglichkeit ausgleichen, schneller mit der Weiterversorgung des Verunglückten beginnen zu können.

Ruderboot
Ruderboote eignen sich vor allem für die Rettung in stehenden Gewässern, die eine gewisse Größe (Zeitfaktor) nicht überschreiten. Der Umgang mit einem Ruderboot erfordert ein gewisses Maß an Übung. Folgende Techniken sollte jeder Rettungsschwimmer beherrschen: Vorwärts- und Rückwärtsrudern, schnelles Einsteigen, „Sich-ins Wasser-lassen“ (ohne Abtrieb des Bootes) sowie u. U. Wriggen und Stechen.
Beim Stechen wird das Boot mit nur einem Paddel oder Riemen (Ruder) vorangetrieben. Man führt den Riemen immer nur auf der einen Seite des Bootes senkrecht ins Wasser und zieht es dann nach hinten durch. Dies ist nur bei Booten möglich, die hierbei auf Grund ihrer besonderen Bauart die Richtung von selbst beibehalten. Die meisten Boote werden beim Stechen nach der anderen Seite ausgelenkt und fahren einen Bogen, was mit Hilfe des Wriggens ausgeglichen werden kann. Dabei wird der Riemen am

Ende des Durchziehens leicht gedreht und nach außen gedrückt, um die Richtungsabweichung des Bootes zu korrigieren. Das Boot bewegt sich beim Wriggen meist in einer leichten Schlangenlinie vorwärts.

Nur ein Retter im Boot
Der Einzelretter sitzt beim Rudern mit dem Rücken in Fahrtrichtung. Das erschwert
- das genaue Zufahren zu dem Ertrinkenden;
- das Finden der Untergangsstelle.

Deshalb ist es notwendig, in kurzen Zeitabständen Blickkontakt zum Ertrinkenden aufzunehmen. Im Einzelfall kann es zweckmäßig sein mit dem Heck voraus auf den Ertrinkenden zuzufahren und ihn dabei ständig im Auge zu behalten.
An der Unfallstelle wird das Boot durch Gegenrudern abgebremst und der Verunglückte mit dem Heck voraus angesteuert.

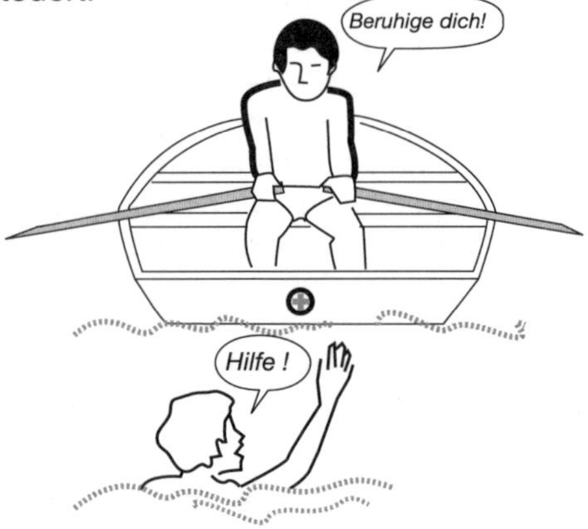

Abb. 42: Rettung durch einen Helfer

Mögliche Maßnahmen des Retters (abhängig von der jeweiligen Situation):
- Mit dem Heck an die in Not befindliche Person heranfahren, damit sie sich am Boot festhalten kann;

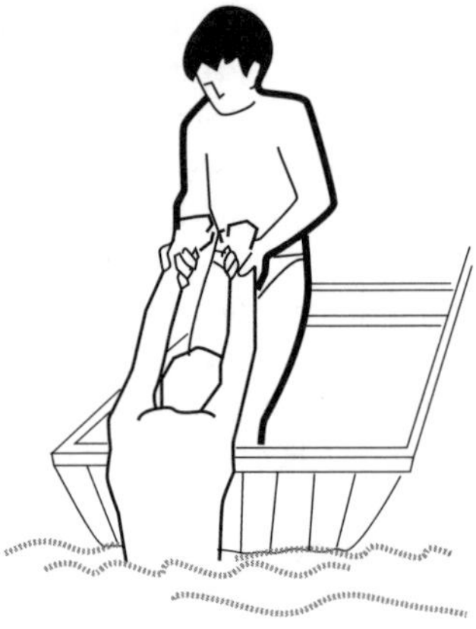

Abb. 43: Herausziehen durch einen Helfer

- Zuwerfen bzw. Zureichen von Rettungs(hilfs)mitteln;
- Hineinziehen des Ertrinkenden in das Boot über das Heck;
- Fixieren des Betroffenen (z.B. mit einer Leine) am Boot, wenn er zu schwer und der Weg zum Ufer zu weit ist;
- u. U. Transport des Betroffenen durch Schwimmen an Land (in Ufernähe; mit schwimmfähigen Rettungsmitteln; Achtung: Lebensgefahr für den Retter!);
- Nachtauchen und versuchen, den Ertrinkenden wieder an die Wasseroberfläche zu holen, falls er schon untergegangen ist; darauf achten, dass das Boot nicht abtreibt: „ins Wasser gleiten"; ggf. vorher schwimmfähiges Rettungsmittel am Boot befestigen und ins Wasser werfen;
- Wiederbelebung (wenn notwendig) schnellstmöglich beginnen (Wiederbelebung ist wichtiger als der Transport ans Land)!

Bootsrettung mit zwei oder mehr Rettern
Sind zwei oder mehr Retter im Boot, wird dieses mit dem Bug voraus gerudert, der zweite Retter behält den Ertrinkenden im Auge und bestimmt den Kurs des Bootes.

Die oben erwähnten Maßnahmen sind entsprechend anzuwenden bzw. durch folgende Möglichkeiten zu ergänzen:

- Festhalten des Ertrinkenden durch den am Heck knieenden zweiten Retter;
- Betroffener wird von beiden Rettern (wenn möglich über das Heck; Gewichtsausgleich bei „Seiteneinstieg“) in das Boot gezogen;
- Festhalten bzw. Fixieren des Betroffenen (z. B. mit einer Leine) am Boot durch den zweiten Retter, wenn man ihn nicht ins Boot bringt; der erste rudert an Land zurück;
- Beim Nachtauchen bleibt in der Regel ein Retter im Boot;
- Ggf. Fixieren des Betroffenen und des zweiten Retters am Boot, wenn man ihn nicht ins Boot bringt; der erste rudert an Land zurück;
- Schnellstmögliche Weiterversorgung des Geretteten (z. B. Wiederbelebung)!

Motorboot

In Notfällen wird auch ein nicht als Motorbootführer der Wasserwacht ausgebildeter Rettungsschwimmer mit einem privaten, geliehenen oder gemieteten Motorboot eine Rettung durchführen. Dabei gelten die o. a. Rettungsmaßnahmen analog.

Achtung: In der Nähe des Verunglückten, vor allem wenn dieser untergegangen ist, muss auf jeden Fall der Bootspropeller zum Stillstand gebracht werden, damit der Ertrinkende nicht verletzt wird!

Dic Motorrcttungsboote der Wasserwacht werden von Motorbootführern der Wasserwacht geführt, die hierfür besonders geschult sind. Rettungsschwimmer ohne Ausbildung als Motorbootführer können jedoch als Helfer auf Motorbooten mitfahren und sollten daher ihre Aufgaben an Bord (s. o.) kennen.

Transport von Verletzten mit Motorrettungsbooten

- Wird ein Verletzter auf einer Trage ein- oder ausgeladen, so ist er wegen der Gefahr des Herausfallens festzuschnallen!

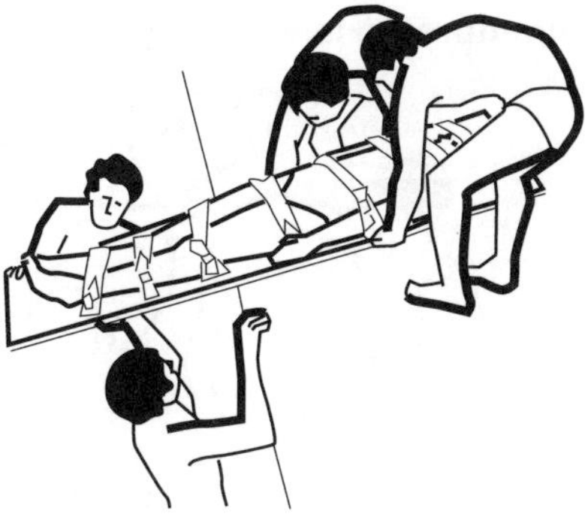

Abb. 44: Anlandheben vom Boot aus

- An Bord sind die Geretteten von den Tragen loszuschnallen. Im Falle des Kenterns des Bootes käme sonst der an die Trage fixierte Körper eines Verletzten sofort nach unten, der Verunglückte wäre zusätzlich seiner Bewegungsfreiheit beraubt und es bestünde akute Ertrinkungsgefahr. Das Losschnallen ist auch zweckmäßig, um eine Einengung der Atembewegungen zu vermeiden.
- Allen Geretteten, vor allem Nichtschwimmern, Bewusstlosen und Schwerverletzten sind an Bord Rettungswesten anzulegen. Dies ist ganz besonders unerlässlich bei durch äußere Umstände gefährlichen Bootstransporten (Wellengang, Wind, Strömung o. ä.). Im Notfall müssen die Helfer ihre eigenen Westen zur Verfügung stellen!
- Damit liegend zu transportierende Verletzte zum Anlegen der Weste nicht eigens angehoben werden müssen, legt man erst die geöffnete Rettungsweste

und dann erst den Verletzten auf die Trage. Ein nachträgliches Anheben darf nur dann erfolgen, wenn dem Verletzten hierdurch nicht unnötige Schmerzen oder weiterer Schaden zugefügt wird.

Schwimmbrett (Handhabung)

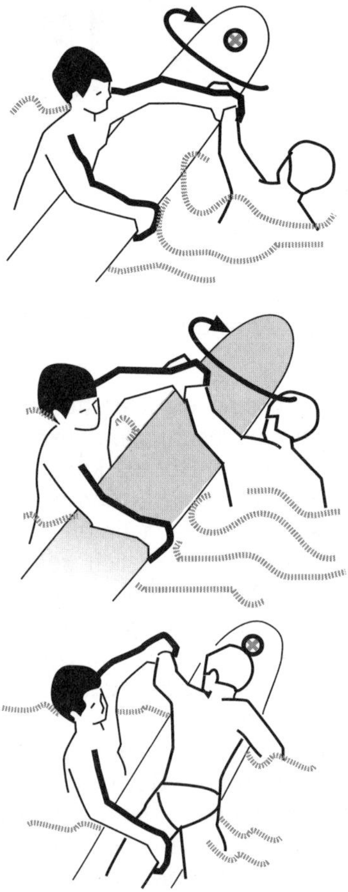

Abb. 45: Rettung mit Schwimmbrett

Das Schwimmbrett ist ein Rettungsmittel mit großer Tragfähigkeit. Es eignet sich besonders zum Einsatz auf kleineren Seen, Weihern und im näheren Badebereich auch größerer Gewässer (Binnenseen und Meer), bedingt auch auf Flüssen.

Im Einsatzfall

- nimmt der Retter das an Land liegende Schwimmbrett unter den einen Arm und fasst mit der anderen Hand weit am Brett nach vorne, um ein Schlingern zu verhindern und läuft zum Wasser;
- dort setzt er das Rettungsbrett, ohne seinen Lauf zu verlangsamen, bereits in etwa knietiefem Wasser auf,
- schwingt sich in voller Geschwindigkeit bäuchlings auf das Brett,
- sucht schnell Gleichgewicht herzustellen
- und treibt es mit Doppelarmschlag (wie beim Delfinschwimmen) vorwärts. Reicht das tiefe Wasser bis unmittelbar an das Ufer, so wird erst das Brett zu Wasser gelassen; dann legt sich der Retter bäuchlings auf das Brett; Rest wie oben.

Das Schwimmbrett kann auch schon einsatzbereit im Wasser liegen (auf Abtrieb achten!).

Da das Rettungsschwimmbrett ein Gleiter ist, muss es so ausgelastet werden, dass der Bug einige Zentimeter aus dem Wasser ragt. Bei richtiger Anwendung kommt man mit diesem Rettungsgerät ca. doppelt so schnell vorwärts wie ein guter Kraulschwimmer.

> Jeder Rettungsschwimmer sollte den Umgang und die Rettung mit dem Schwimmbrett beherrschen und durch häufiges Üben automatisieren!

Rettung mit dem Schwimmbrett

Ist der Verunglückte bei Bewusstsein, so wird das Rettungsschwimmbrett als „schwimmfähiger Gegenstand“ vom Heck her zugeschoben, damit sich der Ertrinkende daran fest halten kann. Der Retter befindet sich dabei im Wasser (möglichst weit vom Verunglückten entfernt).

Hat sich der Verunglückte erholt (bzw. beruhigt),

- hilft ihm der Retter auf das Brett (Bauchlage; vorderer Teil),
- dreht das Brett (noch vom Wasser aus) in die richtige Fahrtrichtung,
- schiebt sich hinter dem Verunglückten auf das Schwimmbrett (ggf. werden die Beine des Geretteten mit dem Oberkörper des Retters fixiert)
- und treibt das Rettungsschwimmbrett mit dem gewohnten Doppelarmzug zum Ufer zurück.

Das Schwimmbrett ist so auszulasten, dass der Bug nicht zu tief im Wasser liegt und das Gesicht (Mund und Nase) des Geretteten frei bleibt.
Ist der Hilfsbedürftige ohne Bewusstsein, so muss der Retter versuchen den Verunglückten auf das Brett zu legen.

Dazu

- erfasst der Retter (noch auf dem Brett liegend) die eine Hand des Verunglückten,
- fixiert sie auf der dem Verunglückten zugewandten Seite des Brettes,
- gleitet auf der anderen Seite ins Wasser ohne die Hand des Ertrinkenden freizugeben,
- wendet das Brett, so dass die Unterseite nach oben kommt (dadurch wird der Arm des Verunglückten über das Brett gezogen; Hand des Verunglückten weiter festhalten),
- greift mit der freien Hand zur gegenüberliegenden Seite des Bretts und wendet es noch einmal (auf diese Weise kommt der Verunglückte mit dem Oberkörper auf das Brett)
- und lagert den Ertrunkenen auf der vorderen Hälfte des Schwimmbretts in Bauchlage mit dem Kopf nach vorne (vom Wasser aus).

Hat der Verunglückte relativ kurze Arme, so muss ggf. der über das Brett gezogene Arm vor dem zweiten Wenden des Brettes etwas nachgelassen werden, damit der Rand des Brettes in der Achselhöhle des Hilfsbedürftigen zu liegen kommt und nicht unter dem Brustkorb, da dies bei dem zu Rettenden u. U. unnötige Rippenverletzungen verursachen könnte.

Ist der Verunglückte bewusstlos und ohne Atmung, so sollte der Retter versuchen an der Unglücksstelle sofort mit der Atemspende zu beginnen. Dies kann bei diesen schwierigen Verhältnissen nur vom Wasser aus gelingen: Der Kopf des sich in Bauchlage befindlichen Bewusstlosen wird seitlich nach hinten (in den Nacken) überstreckt, der Mund zugehalten und die Mund-zu-Nase-Beatmung angewandt.
Der Rücktransport erfolgt wie oben beschrieben.

War der Ertrunkene bereits untergegangen, so gleitet der Retter vorsichtig vom Brett (Abtrieb), taucht an der Unglücksstelle, bringt den Verunglückten an die Oberfläche und verfährt dann in der oben beschriebenen Weise.

Rettung durch Schwimmen
Die Rettung durch Schwimmen soll nur dann durchgeführt werden, wenn dem Verunglückten anders nicht zu helfen ist! Wegen der meist damit verbundenen Lebensgefahr für den/die Retter, stellt die Eigensicherung ein zentrales Problem bei jeder Wasserrettung dar. Grundsätzlich ist jeder unmittelbare Körperkontakt mit einem Ertrinkenden, der sich zwar noch bei Bewusstsein befindet, aber nicht auf Zurufe reagiert, zu vermeiden. Dies geschieht im Ernstfall durch Wegdrücken/Wegstoßen (auch in vehementer Form) des Ertrinkenden.

Die vorher beschriebenen Befreiungsgriffe sind kein sicheres Hilfsmittel, sich aus einer Umklammerung zu befreien; sie bieten aber eine Möglichkeit, die dem Betroffenen u. U. die Befreiung ermöglichen kann, z. B. beim Kentern eines Bootes oder einem anderen Wasserunfall mit mehreren Personen.

Jede Rettung muss überlegt, sicher und zügig durchgeführt werden.

Ein unüberlegtes Hineinspringen ins Wasser nach Hilferufen und/oder anderen Anzeichen der Not kann den Retter in unnötige Gefahr bringen und u. U. dazu beitragen, dass die Rettung misslingt.

Deshalb soll der akute Notfall sachgerecht beurteilt und erst dann gehandelt werden. Entscheidungskriterien können sein:

Eigene Situation

- Reicht meine Ausbildung für eine Rettung aus?
- Bin ich körperlich/gesundheitlich in der Lage die Rettung durchzuführen?

Situation des Ertrinkenden

- Ist mein Einsatz im Wasser zur Lebensrettung notwendig?
- Kann ich auf andere Weise helfen (z. B. Notruf)?
- Schließt das körperlich/kräftemäßige Ungleichgewicht eine Rettung durch Schwimmen von vorneherein aus?

Äußere Umstände

- Wie ist die Beschaffenheit des Gewässers?
- Jahreszeit/Wetter?
- Welche Rettungs(hilfs)mittel stehen zur Verfügung?

Kommt ein Retter nach Abwägung aller Aspekte zu der Erkenntnis, **dass nur eine Rettung durch Schwimmen erfolgreich sein kann, ist folgendermaßen vorzugehen:**

Abb. 46: Rettung durch Schwimmen

- Hinderliche Bekleidung ablegen (z. B. Mantel, Schuhe, Pullover; keine totale Entkleidung vornehmen, da Restbekleidung vor vorzeitiger Auskühlung im Wasser bewahrt).
- Ein geeignetes (greifbares) Rettungs(hilfs)mittel wählen und mitnehmen (z. B. Rettungsring, Ast, Brett, Ball oder notfalls ein Kleidungsstück oder eine Leine).
- Unglücksstelle genau merken.
- Günstigsten Ausgangspunkt für eine Rettung aussuchen (z. B. Strömungsverhältnisse beachten).
- Nicht in unbekanntes Gewässer hineinspringen, sondern vorsichtig hineingehen, dabei abkühlen.
- Mit zügiger, aber kräftesparender Schwimmart dem Betroffenen nähern (Empfehlung: Brustschwimmen, dabei Betroffenen ständig beobachten).
- In ausreichendem Abstand (3 – 5 m) halten und Zustand des Betroffenen prüfen (Feststellen, ob er Angst hat, ob das Gesicht blau gefärbt und ob er ansprechbar ist).
- Unter Abwägung von Sicherheits- und anderen Aspekten die Rettung durchführen.

Wenn möglich, wird der Ertrinkende an dem Rettungs(hilfs)mittel abgeschleppt und an Land gebracht.

In allen anderen Fällen werden Abschleppgriffe (Verletzter bewusstlos oder ruhig und ansprechbar) oder Fesselgriffe angewandt.

Den Verunfallten in unberechenbarem Zustand nicht mit der Hand berühren. In fortgeschrittenem Stadium ist eine Rettung gefahrloser.
Dabei immer Vorsicht vor plötzlichem und krampfartigen Zufassen des Betroffenen; darauf gefasst sein eine drohende Umklammerung durch geeignete Maßnahmen (z. B. Abstoßen unter Zuhilfenahme der Füße und Abtauchen) zu verhindern.
Jede Umklammerung durch einen Ertrinkenden ist zu vermeiden, denn sie kann tödlich enden.

Vermeiden von Umklammerungen

Die Befreiungsgriffe bieten eine (letzte) Möglichkeit, um bei einem Unfall mit mehreren Personen selbst mit dem Leben davonzukommen. Bei Fremdrettungen im Wasser sind Umklammerungen von vorneherein zu vermeiden. Damit dies im Einsatzfall auch gelingt, muss der Retter den Ablauf einer Wasserrettung kennen, immer wieder trainieren und seine Verhaltensweisen verinnerlichen. In diesem Kapitel sollen dem Retter Vorgehensweisen aufgezeigt werden, die bei einer Wasserrettung zur Anwendung kommen, damit die Sicherheit des Retters möglichst gewahrt bleibt.

Verhaltensregeln für jede Rettung

Der Retter soll

- vor Beginn der Rettung die Lage beurteilen;
- immer ein geeignetes Rettungs(hilfs)mittel bei der Rettung benutzen;
- beim Anschwimmen an einen Betroffenen Sicherheitsabstand wahren; sich rechtzeitig mit dem Zustand des Ertrinkenden vertraut machen (durch Ansprechen; wenn dies ohne Erfolg, durch Berühren mit einem mitgeführten Gegenstand die Reaktion des Ertrinkenden prüfen);
- bei der Rettung von Ertrinkenden, die ansprechbar sind (d. h. Anweisungen befolgen), die Rettung mit dem Rettungs(hilfs)mittel unter Mithilfe des Betroffenen oder die Rettung unter Anwendung eines Abschleppgriffs durchführen (Griff von hinten ansetzen);
- bei unklarem (unsicherem, chaotischem, panikartigem, unvernünftigem) Verhalten den Ertrinkenden am Rettungs(hilfs)mittel aber unter ständiger Beobachtung festhalten lassen;
- das Rettungs(hilfs)mittel loslassen und Sicherheitsabstand einnehmen, wenn sich eine gefährliche Situation für ihn anbahnt;
- bei der Rettung von Ertrinkenden, die auf Ansprache nicht mehr reagieren, durch Berührung mit dem Rettungs(hilfs)mittel den Betroffenen dazu bringen, sich an dieses anzuklammern (ständiges Beobachten, auch beim Abschleppen);
- auch bei einem vermeintlich Bewusstlosen noch mit Reflexbewegungen rechnen (Betroffenen auf Distanz halten; bei Angriff Lösen des Griffs und Wegstoßen mit beiden Füßen und Abtauchen);
- bei der Rettung von Ertrinkenden, die keine Reaktion zeigen, diese mit geeignetem Abschleppgriff retten;
- bei der Rettung von Ertrinkenden, die im Wasser versinken oder bereits untergegangen sind, ihnen nachtauchen, sie mit der Hand am Haar oder Kragen erfassen, an die Wasseroberfläche zurückbringen und mit geeignetem Abschleppgriff retten.

Schutzmaßnahmen

Zu seinem Schutz soll der Retter
- dem Betroffenen nie den Rücken zukehren;

- in der Nähe des Betroffenen stets eine Abwehrhaltung einnehmen (Wassertreten, um Hände frei zu haben);
- Hände und Füße zu Abwehr- bzw. Rückstoßbewegungen bereit halten;
- bei drohender Gefahr
  - .. sich mit dem Oberkörper nach hinten werfen und mit den Füßen nach vorne abstoßen;
  - .. sich mit Händen und Füßen ab- bzw. wegstoßen;
  - .. abtauchen und wegschwimmen;
  - .. nur von hinten erneut nähern.

Abschleppen

Mit nahezu jeder Rettung durch Schwimmen ist ein Abschleppen des Ertrinkenden verbunden. Hat der Retter ein schwimmfähiges Hilfsmittel dabei, so kann der Verunglückte damit abgeschleppt werden. Andernfalls muss der Retter den Verunglückten selbst fassen. Dabei wird zwischen Abschleppgriffen und Fesselgriffen unterschieden.

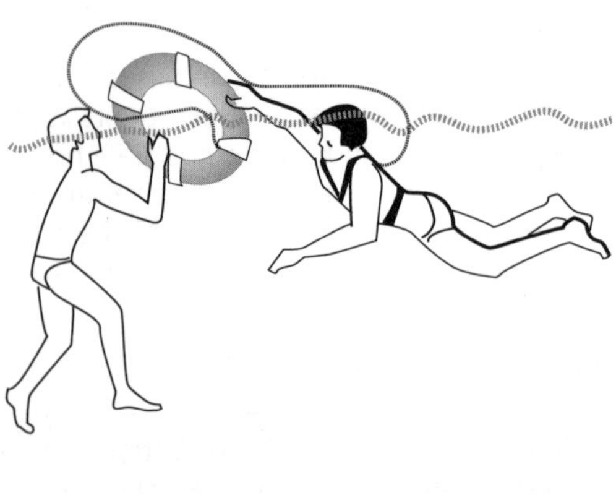

Abb. 47: Rettung durch Anschwimmen mit Rettungsring

Abschleppgriffe können nur bei Bewusstlosen und sich ruhig verhaltenden Verunglückten angewandt werden.
Fesselgriffe sind dann anzuwenden, wenn der zu Rettende unruhig ist und dadurch die Gefahr eines Angriffs besteht.
Die einhändigen Griffe bieten darüber hinaus den Vorteil, dass außer den beiden Beinen auch noch ein Arm zum Schwimmen zur Verfügung steht (größere Bewegungsfreiheit). Bei allen Rettungsgriffen muss darauf geachtet werden, dass das Gesicht des Verunglückten über Wasser ist.

Abschleppgriffe

Achselgriff

Der Retter
- greift von rückwärts dem Betroffenen unter die Achseln;
- hält den Betroffenen mit gestreckten Armen vor sich und schwimmt in Rükkenlage mit kräftigem Grätschschwung.

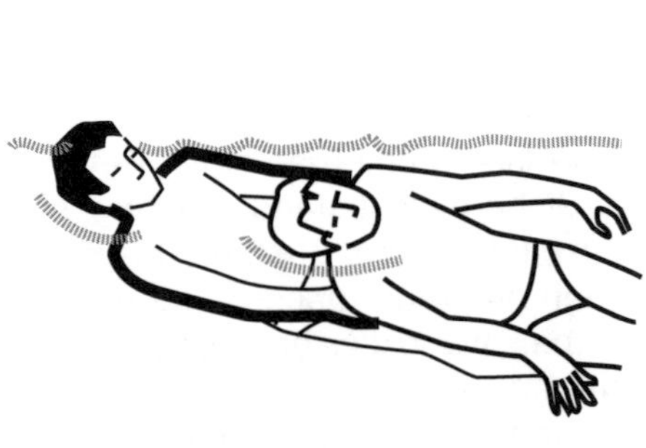

Abb.48: Abschleppen im Achselgriff

Kinngriff

Der Retter
- fasst den auf dem Rücken liegenden Betroffenen mit einer Hand am Kinn;
- schwimmt in Seitenlage vorwärts;
- benutzt dazu unterstützend die freie Hand.

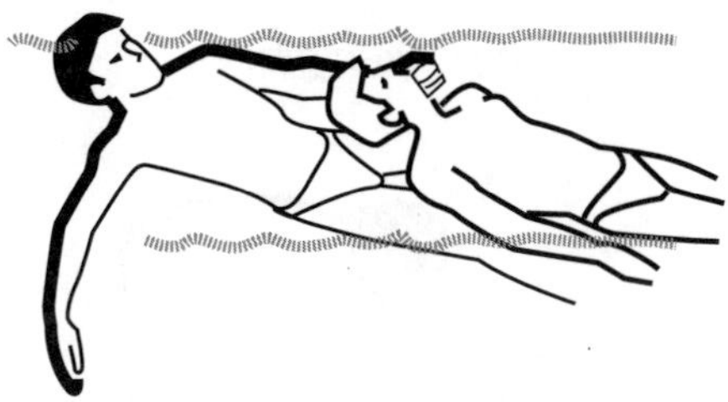

Abb. 49: Kinngriff

Kragengriff

Der Retter
- bringt den Verunglückten in Rückenlage
- überzeugt sich, dass die Knöpfe an der Kleidung geschlossen sind und packt den Ertrinkenden am Kragen;
- schwimmt in Seitenlage vorwärts;
- benutzt dazu unterstützend die freie Hand.

Abb. 50: Kragengriff

Haargriff

Der Retter
- fasst den auf dem Rücken liegenden Betroffenen am Haar;
- schwimmt in Seitenlage vorwärts;
- benutzt dazu unterstützend die freie Hand.

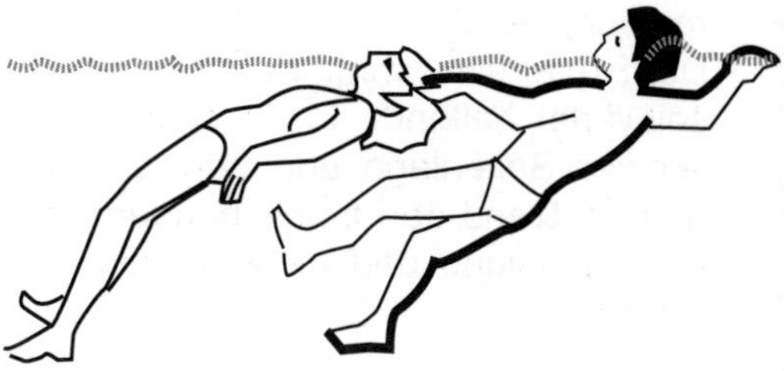

Abb. 51: Haargriff

Fesselgriffe

Fesselgriff nach Flaig
Der Retter
- fasst mit seiner rechten Hand das linke Handgelenk des Betroffenen hinter dessen Rücken und drückt den Unterarm nach oben;
- greift mit der linken Hand an dessen Kinn;
- schwimmt, den Betroffenen vor sich haltend, rückwärts mit kräftiger Schwunggrätsche.

Der Griff kann auch gegengleich ausgeführt werden.

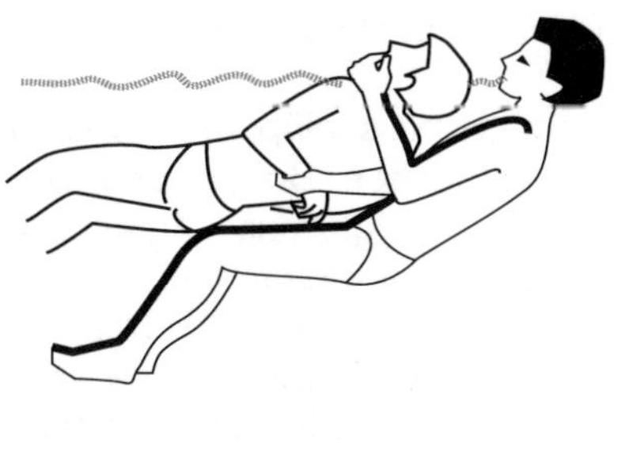

Abb. 52: Fesselgriff nach Flaig

Seemannsgriff

- Der Betroffene liegt in Rückenlage.
- Der Retter fährt mit einem Arm von vorne zwischen Körper und Arm des Betroffenen hindurch, weiter hinter dem Rücken vorbei und ergreift mit der Hand den Oberarm des zweiten Armes (Daumen angelegt).
- Der Retter schwimmt, den Betroffenen seitwärts haltend, in Rücken- oder leichter Seitenlage und benutzt dazu unterstützend den freibleibenden Arm. Die Fesselung darf nicht aufgegeben werden.

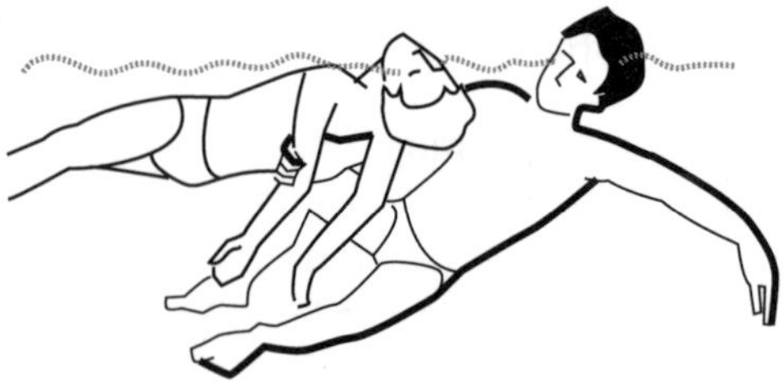

Abb. 53: Seemannsgriff

Anlandbringen

Das Anlandbringen ist notwendig, wenn der Betroffene bewusstlos ist.

In Ufernähe, bei schlüpfrigem oder sandigem und flachen Boden und bei Böschungen erfolgt das Anlandbringen durch den Rautek-Griff. Dabei ist zu beachten, dass der Rautek-Griff nur zur Rettung aus der Gefahrenzone (Wasser) und nicht zum Weitertransport des Verletzten benutzt wird.

Rautek-Griff

Durchführung:

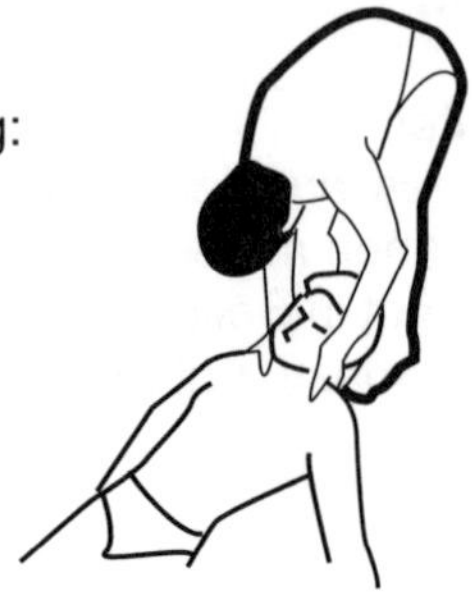

Abb. 54: In den Nacken greifen.

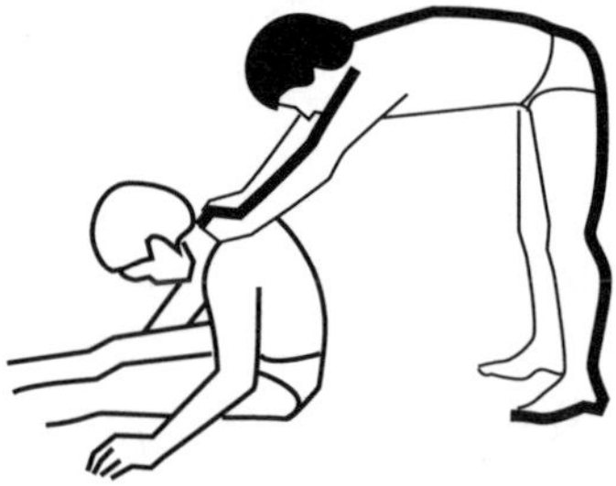

Abb. 55: Der Betroffene wird in eine sitzende Stellung gebracht.

Abb. 56: Ein Unterarm des Sitzenden wird vor dessen Leib gelegt; der Retter greift mit beiden Händen (unter den Achselhöhlen, zwischen Oberarm und Körper) den Unterarm von oben (Daumen angelegt).

Abb: 57: Der Retter streckt die Knie und verlagert das eigene Körpergewicht nach hinten.

- Er richtet sich im Kreuz auf und zieht dabei den Sitzenden auf seine Oberschenkel.
- Er geht mit gebeugten Knien rückwärts und schleift den Betroffenen weg; die Arme bleiben dabei gestreckt.

Ist ein weiterer Helfer anwesend,
- legt dieser die Beine des Betroffenen übereinander, erfasst das Fußgelenk des unten liegenden Beines und trägt mit.

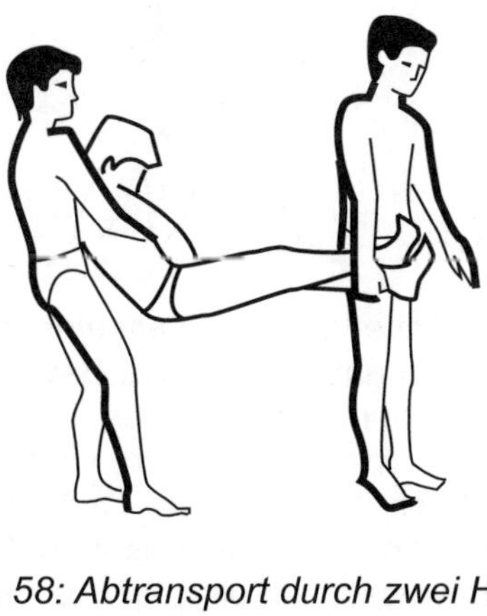

Abb. 58: Abtransport durch zwei Helfer

Schultertragegriff

Bei steinigem oder felsigen Ufer sowie bei Treppen kann der Betroffene mit dem Schultertragegriff an Land gebracht werden. Er ist nur dann anzuwenden, wenn die Kräfte des Retters problemlos zum Tragen des Betroffenen ausreichen.

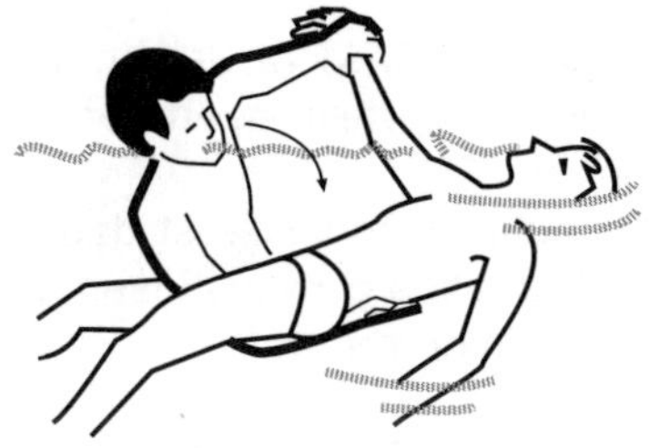

Abb. 59: Ansetzen zum Schultertragegriff

- In brusttiefem Wasser liegt der Bewusstlose in Rückenlage.
- Der Retter steht an dessen rechter Seite, greift mit dem rechten Arm zwischen dessen Oberschenkeln hindurch und legt seine Hand an den Rücken des Betroffenen.
- Seine linke Hand ergreift das rechte Handgelenk des Bewusstlosen.

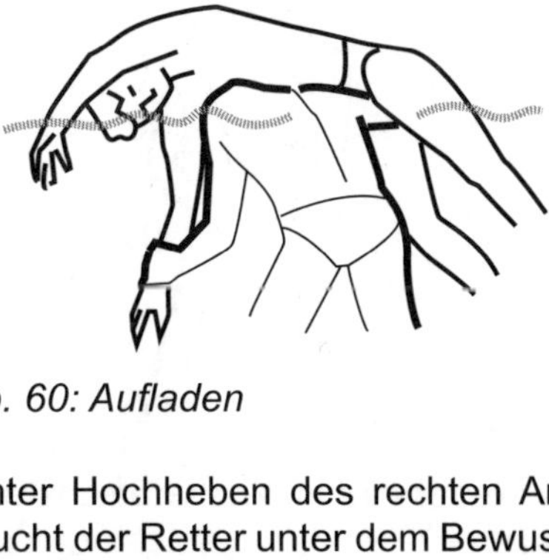

Abb. 60: Aufladen

- Unter Hochheben des rechten Armes taucht der Retter unter dem Bewusstlosen hindurch und wälzt ihn dabei auf seine Schultern.

Abb. 61: Schultertragegriff

- Nachdem das Gewicht gleichmäßig auf die Schultern verteilt ist, erhebt sich der Retter.
- Seine rechte Hand erfasst das rechte Handgelenk des Bewusstlosen, die linke Hand bleibt frei.

Ablegen aus dem Schultertragegriff (Abb: 62 – 65)

Das Ablegen aus dem Schultertragegriff ist sehr schwierig und sollte mit äußerster Vorsicht praktiziert werden. Beim Üben ist es unbedingt erforderlich, dass mindestens ein (besser zwei) Helfer zur Sicherung eingeteilt sind, v. a. um zu vermeiden, dass der Kopf auf den Boden schlägt. Wenn möglich, sollte das Ablegen auf einer weichen Unterlage (Turnmatte) durchgeführt werden.

Abb. 62

- Der Retter nimmt eine Grätschstellung ein.
- Er greift mit seiner linken Hand die rechte des Bewusstlosen.

Abb. 63

- Der Retter beugt sich leicht nach vorn, zieht dabei seinen rechten Arm zwischen den Beinen des Bewusstlosen heraus und umfasst die Beine von hinten.
- Nun beugt der Retter seinen Oberkörper (rechte Schulter nach unten, linke Schulter nach oben) so weit, dass die Beine des Bewusstlosen den Boden berühren. Die rechte Achsel des Betroffenen bleibt im Nacken des Retters eingeklemmt.
- Von dieser Stellung kann ein zweiter Helfer den Bewusstlosen durch Griff unter die Achsel übernehmen und vorsichtig absetzen.

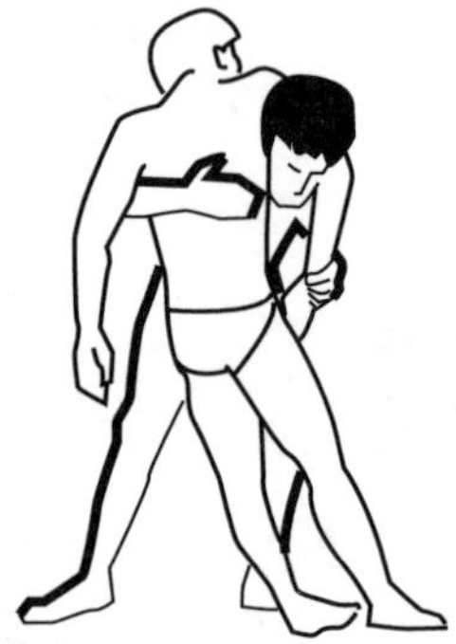

Abb. 64

- Ist der Retter allein, hält er seine rechte Hand nun am Rücken des Bewusstlosen, macht mit dem rechten Fuß einen weiten Ausfallschritt nach vorne und legt durch Beugen des Oberkörpers und des linken Beines (bis zum Knien) den Bewusstlosen bis zum Sitzen ab.

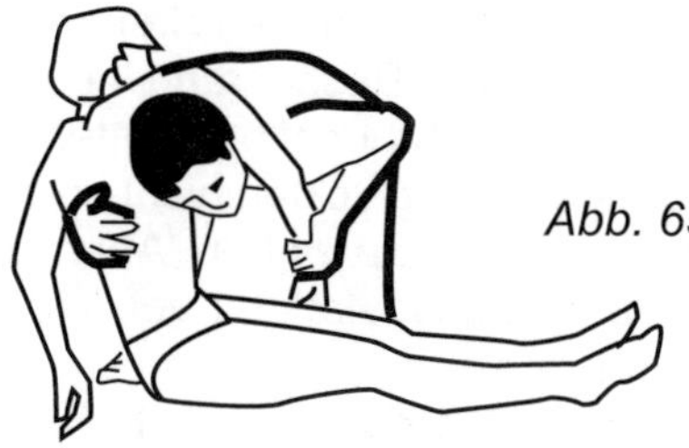

Abb. 65

- Der Retter löst nun die „Achselklemme“, hält den Bewusstlosen immer noch mit der rechten Hand am Rücken und legt ihn anschließend langsam auf den Rücken (Kopf sanft ablegen).
- Nun können weitere Maßnahmen, je nach Zustand, durchgeführt werden.

Je nach Umständen (Uferbeschaffenheit, Größe und Gewicht von Retter und Gerettetem usw.) können sich auch andere Arten des Heraustragens als zweckmäßig erweisen. Bei dem (allerdings umstrittenen) **Hüfttragegriff** zieht der Retter den Bewusstlosen in hüfttiefem Wasser quer über seinen Rücken und hält ihn bei beiden Armen fest.

Abb. 66: Hüfttragegriff

Kinder nimmt man einfach auf die Arme und trägt sie hinaus.

Anlandbringen über niedrige Becken-, Kai- oder Kanalmauern (Abb: 67 – 70)

Ist neben dem Retter ein Helfer ein Land vorhanden, so übernimmt er das Herausziehen.

Ist der Retter alleine, so geht er folgendermaßen vor:

- Der Retter zieht den Betroffenen zum Beckenrand, legt dessen Hände am Beckenrand ab und hält sie mit einer Hand fest.

Abb. 67: Beide Hände des Geretteten auf den Beckenrand!

- Der Retter schwingt sich, mit beiden Händen abstützend, auf die Beckenkante; eine Hand bleibt dabei immer auf den beiden Händen des Betroffenen aufgepresst.

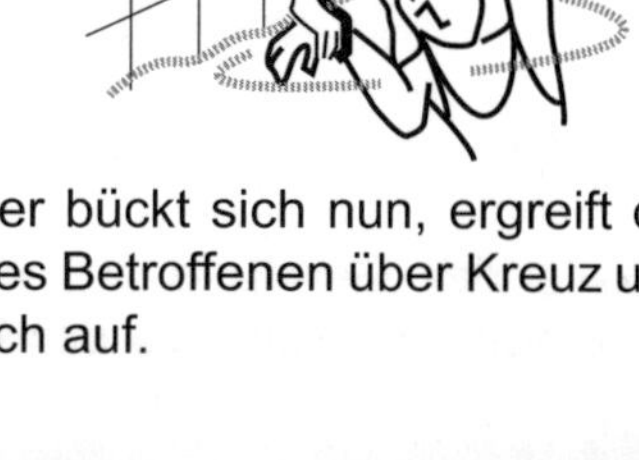

Abb. 68

- Der Retter bückt sich nun, ergreift die Hände des Betroffenen über Kreuz und richtet sich auf.

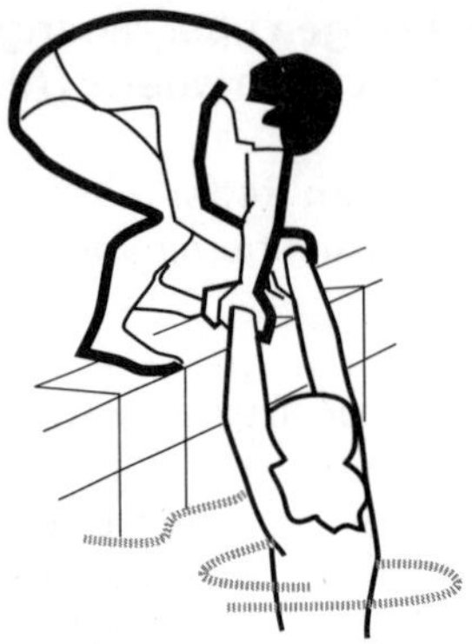

Abb. 69

versucht werden den Betroffenen mit dem Bauch zum Beckenrand herauszuheben. Dabei braucht der Retter den Körper des Verunglückten nicht so weit aus dem Wasser zu ziehen. Aber Vorsicht: Verletzungsgefahr für den Verunglückten!
- Während er den Kopf des Betroffenen unterstützt, legt der Retter den Oberkörper am Beckenrand ab.
- Der Retter zieht den Betroffenen mit dem Rautek-Griff vom Beckenrand weg.
- Weitere Maßnahmen je nach Zustand.

- Durch kurzes Schwungholen – durch Eintauchen des Betroffenen – zieht der Retter den Betroffenen mit einem kraftvollen Zug, unter gleichzeitiger Drehung des Körpers, aus dem Wasser und setzt ihn mit dem Gesäß auf die Kante des Gewässerrandes ab (Drehung entfällt, wenn Geretteter bereits mit dem Rücken am Beckenrand).

Abb. 70

- Sollte der Gerettete zu schwer sein und/oder der Retter zu schwach, kann

Anlandbringen über eine senkrechte Leiter

Das Anlandbringen über eine senkrechte Leiter kann vor allem bei Kanälen mit sehr hohem Uferrand, Kaimauern oder in Schleusenbereichen notwendig werden. Ein Kind kann sich der Retter auf die „Schulter laden“ und heraustragen.

Abb. 71: Rettung über eine senkrechte Leiter

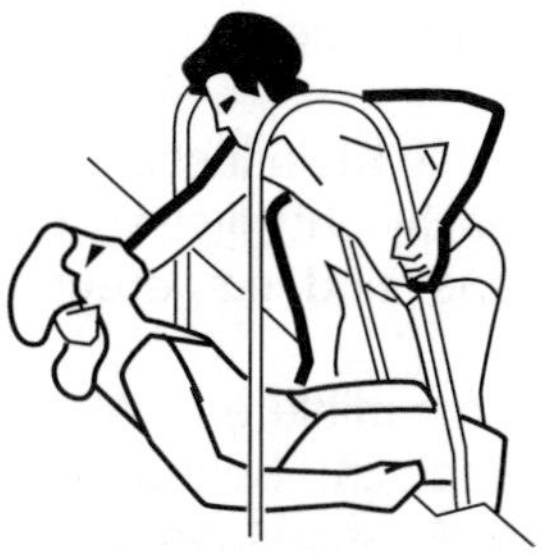

Abb. 72: Ablegen eines Verunglückten

Bei einem Erwachsenen ist dazu ein zweiter Helfer notwendig, der vom Uferrand aus (mit Leine, Gurt o. ä) die Rettung unterstützt.

Hochwassersituationen

Bei Hochwassersituationen kommen alle vorher geschilderten Rettungsmaßnahmen zum Einsatz, wenn das Hochwasser zum Stillstand gekommen ist. Bei Hochwasser an Flüssen oder beim Überfluten von Landstrichen kommt es u. U. zu sehr starken Strömungsgeschwindigkeiten (mit Hindernissen), die Ausführungen zu Fließgewässern gelten dann analog.

Fließgewässer

Rettung aus Fließgewässern

Im Vergleich zu einer Rettung aus stehenden Gewässern bringt die Rettung aus fließendem Gewässer zum Teil andere und zusätzliche Schwierigkeiten mit sich. Die Grundsätze für eine Rettung sind hier in gleichem Maße wie bei stehenden Gewässern zu beachten, unter besonderer Berücksichtigung der zusätzlichen Gefahren, die durch das fließende Wasser auftreten können (z. B. Abtrieb, Wasserwalze, Gegenströmung u. a).

Nahezu alle beschriebenen Rettungsmaßnahmen können grundsätzlich auch in Fließgewässern angewendet werden.

Zusätzlich muss beachtet werden:

- Strömungsgeschwindigkeit und -verhältnisse (Stromstrich, Abtrieb, z. B. beim Zuwerfen eines Gegenstandes) und die dadurch zusätzlich auftretenden Kräfte (z. B. beim Herausziehen des Verunglückten);
- Entfernung des Ertrinkenden vom Ufer;
- Uferbeschaffenheit, Anlande- und Ausstiegsstellen;

Das Anlandbringen des Verunglückten erfolgt an einer möglichst geschützten Stelle. Uferbefestigungen, glatte Wände, unzugängliche Ufer und die Strömung können das Aufnehmen und Heraustragen des Verunglückten wesentlich erschweren.

Auf verblockten Kleinflüssen ist eine Rettung infolge der sich noch in Grenzen haltenden Strömungskräfte relativ gut möglich, sofern die dazu notwendige Rettungsausrüstung vorhanden ist.

In wasserreichen, wuchtigen Flüssen (und bei Hochwasser) steigen die Strömungskräfte so enorm, dass sie bei einer Reihe von Unfällen nicht mehr zu bewältigen sind und so manche Rettungsmethode in Frage stellen.

Strömungstechnische Grundlagen

Um bei Unfällen wirksame Hilfe leisten zu können, muss man die Strömungsverhältnisse und die Kräfte des strömenden Wassers auf Mann und Boot kennen, sowie jene Kräfte, die von Helfern aufgebracht werden müssen, um erstere zu überwinden.

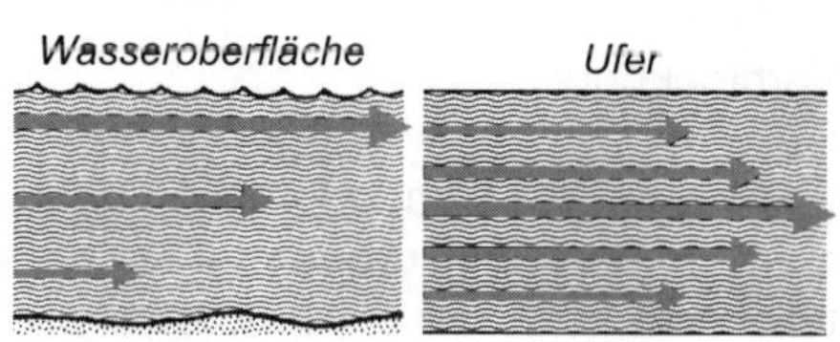

Abb. 73: Strömungsverhältnisse/Fließgewässer

Bei der Beurteilung der Strömungsverhältnisse muss berücksichtigt werden, dass sich der Stromstrich (Linie der höchsten Strömungsgeschwindigkeit und in der Regel der größten Wassertiefe) vor allem in Flussbiegungen stark verlagern kann.

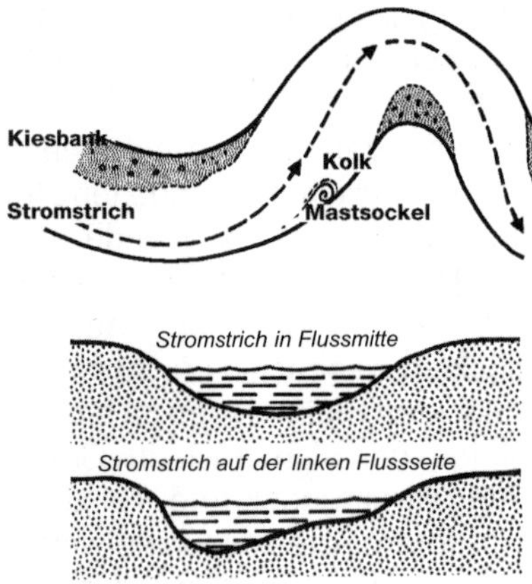

Abb. 74: Verlagerung des Stromstrichs in Flussbiegungen

Strömungsgeschwindigkeiten

Die genaue Kenntnis der Strömungsgeschwindigkeiten an verschiedenen charakteristischen Stellen im Fluss ist notwendig, weil die Strömungskräfte auf ein verklemmtes Boot oder einen Schwimmer sehr wesentlich davon abhängen.

Die ausschlaggebendsten Kriterien für die Strömungsgeschwindigkeit sind in Reihenfolge ihrer Wichtigkeit:

- Wassermenge in Verbindung mit Wassertiefe;
- Verblockung;
- Gefälle.

Die meisten (mit Boot oder Kanu befahrbaren) Flüsse in Europa haben kaum Stellen, die schneller als 15 km/h fließen. Ausgenommen sind künstliche Einbauten, wie Kanäle, Floßgassen und Wehre bzw. hohe Stufen und Wasserfälle.

Folgende Unterscheidung erscheint sinnvoll:

- Stark verblockte Kleinflüsse (z. B. Loisach-Griesenschlucht) fließen mit etwa 2 m/sek., das sind umgerechnet ca. 7 km/h.
- Die meisten mittleren Alpenflüsse (Salzach, Saalach, Sanna) erreichen bei mittlerem Wasserstand 3 m/sek. (11 km/h).
- Große, wasserreiche Flüsse (Inn, Main, Donau) und hochwasserführende Flüsse kommen an 4 m/sek. (15 km/h) heran.

Allgemein kann gesagt werden, dass unverblockte Flüsse mit geringerem Gefälle eher schneller fließen als gefällstarke Flüsse mit starker Verblockung.

Strömungskräfte auf Mann und Boot

Die Kenntnis dieser Kräfte ist notwendig, da sie bei vielen Unfällen überwunden werden müssen. Sie hängen, wie schon beschrieben, sehr stark von der Strömungsgeschwindigkeit ab und zwar in annähernd quadratischer Funktion: Doppelte Wassergeschwindigkeit erzeugt vierfache Kräfte, halbe Geschwindigkeit ergibt nur ein Viertel der Kraft.

Kräfte von Helfern

Die maximale Zugkraft an einem horizontalen Seil hängt in erster Linie vom Körpergewicht des Ziehenden ab. In wesentlich geringerem Maße spielt die Kraft der Person (gut trainiert oder untrainiert) eine Rolle. Die Grenze kommt dadurch zustande, dass man ausgehoben wird.

> Maximale, ruckartige Kraft einer Person = Körpergewicht x 1,2. Seil in Schultersicherung, wobei das Zugseil unter der Schulter herauskommen muss (Seildurchmesser 8 mm).

Dauerhaltekraft einer Person; Seil in Schultersicherung (Seildurchmesser 8 mm):

- 80 % des Körpergewichts hält man 1 Minute
- 50 % des Körpergewichts hält man 3 Minuten

Diese Kraft nimmt nicht durch Ermüdung ab, sondern kann eine bestimmte Zeit annähernd konstant gehalten werden, bis es infolge des Schmerzes zur plötzlichen Aufgabe kommt, weil das Seil an Händen und Schulter einschneidet.
Daher soll man das Seil möglichst ohne Reibung um die Schulter halten (Polsterung) und nicht mit den Händen fest umklammern.
In Ernstfällen sind durch den Stress und der daraus folgenden Unempfindlichkeit gegen Schmerzen wesentlich längere Zeiten wahrscheinlich.

Mehrere Personen hintereinander
Hinterste Person in Schultersicherung, die vorderen halten das Seil mit den Händen.

Abb. 75: Ziehen an einem Seil

Jeder zieht mit ca. 60%, 80%, 100% seines Körpergewichts
Folgerung: Die schwerste Person immer am hintersten Platz mit Schultersicherung ziehen lassen.

Mehrere Personen an eigenem Seil

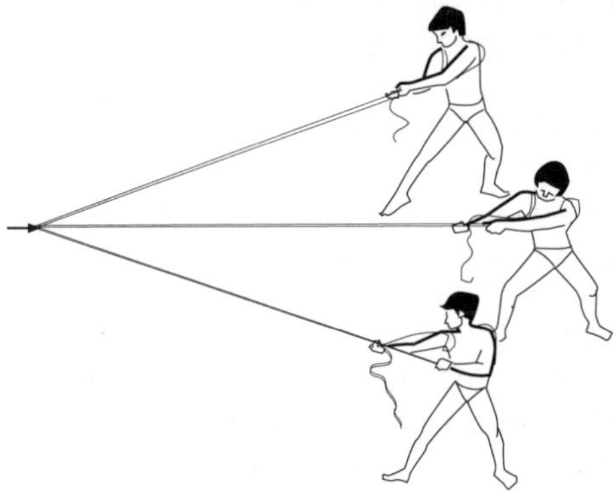

Abb. 76: Ziehen am eigenen Seil

Jede Person zieht an einem eigenen Seil in Schultersicherung mit ca. 100% des Körpergewichts.

Diese Methode ist daher wirkungsvoller als das Ziehen an einem Seil!

Rettungen am und im Meer
Grundsätzlich gelten alle beschriebenen Rettungsmaßnahmen auch für den Küstenbereich. Die besonderen Situationen am Meer (Gezeiten, Brandung, Strömungen, Unterwasserhindernisse, Buhnen, hohes Ufer, treibende Gegenstände usw.) sind entsprechend zu berücksichtigen.

Eisrettung

Verunglückter schwimmt an der Einbruchstelle im Wasser
Bei der Rettung eines in Eis eingebrochenen Menschen muss das Verhalten des oder der Retter(s) von der Erkenntnis geprägt sein, dass das offensichtlich nicht mehr genügend tragfähige Eis für die Helfer eine erhebliche Gefahr darstellt. Ein Höchstmaß an Vorsicht muss

geübt werden, wobei jedoch davon ausgegangen werden muss, dass sich der Eingebrochene wegen der raschen Erstarrung seiner Glieder nur kurze Zeit an der Oberfläche halten kann und daher höchste Eile geboten ist.
Sofern dies möglich ist, wird die Rettung von Land aus durchgeführt. Hierzu werden dem Verunglückten geeignete Hilfsmittel zugereicht, zugeworfen oder zugeschoben, mit deren Hilfe er sich entweder selbst aus dem Eisloch herausarbeiten oder an denen er herausgezogen werden kann. Durch Zurufen geeigneter Anweisungen kann der Eingebrochene unterstützt werden.
Als Hilfsmittel eignen sich Bretter, Stangen, Leitern, Gartentische und -bänke aus Holz, Türen, Leinen, Teile von Holzgartenzäunen, auch Äste, Strauchwerk usw. Beim Zuwerfen können natürlich auch der Rettungsball oder der Rettungsring mit Leine Verwendung finden. Das Zuwerfen einer Leine gelingt besser, wenn diese am Ende etwas beschwert wird (kleines Sandsäckchen oder notfalls Stock festbinden). Schwache Wäscheleinen und dergleichen halten die starke Belastung beim Herausziehen des Verunglückten u. U. nicht aus; sie können jedoch zur Unterstützung der Bemühungen des Eingebrochenen, selbst aufs Eis zu kommen, straff gehalten werden.

Gelingt es dem Verunglückten nicht selbst freizukommen, so muss der Retter ihm auf dem Eis zu Hilfe kommen. Hierbei darf sich der Helfer der Einbruchstelle nie stehend nähern.
Der Retter schiebt sich vielmehr liegend, möglichst mit ausgebreiteten Armen, zum Eisloch vor. Die Sicherheit für den Helfer erhöht sich noch, wenn er sich auf einer großflächigen Unterlage liegend an den Eingebrochenen heranschiebt. Hierzu verwendete Bretter sollen 3 m oder länger sein. Hat man zwei Hilfsmittel zur Verfügung, so schiebt man diese wechselweise zur Einbruchstelle vor, wobei sich der Retter jeweils auf einer Unterlage befindet.
Sind mehrere Retter an der Unfallstelle, so sollte der erste Retter möglichst mit einer Leine gesichert werden. Notfalls kann auch von mehreren Rettern eine Kette gebildet werden. Hierbei schieben sich die Helfer hintereinander liegend vor. Die Füße des Vordermannes werden jeweils vom Hintermann festgehalten

Abb. 77: Großflächige Gegenstände reichen

Hat sich der Retter der Einbruchstelle genügend genähert, so schiebt er vorhandene Hilfsmittel (Bretter oder/und Leitern) über die Einbruchstelle, um die Tragfähigkeit des Eisrandes zu erhöhen und um dem Eingebrochenen die Möglichkeit zu geben sich u. U. selbst daran herauszuziehen.

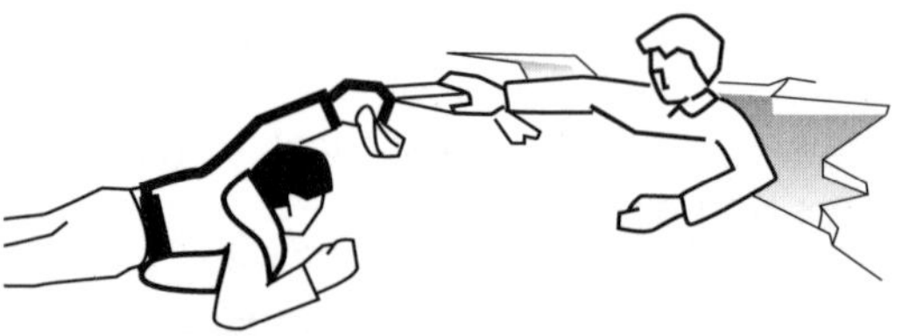

Abb. 78: Zureichen von Hilfsmitteln

Gelingt dies nicht, so reicht ihm der Retter einen Gegenstand (z. B. Leine, Schal, Mantel) zum Festhalten und zieht ihn rückwärts kriechend aufs Eis. Direkter Körperkontakt ist möglichst solange zu vermeiden bis sich Retter und Verunglückter an einem „sicheren" Ort (z. B. auf einem Hilfsmittel) befinden.
Sind keine Hilfsmittel zum Herausziehen des Verunglückten vorhanden oder kann sich dieser nicht mehr daran festhalten (was oft schon nach kurzer Zeit nach dem Einbrechen der Fall sein kann), so darf dem Eingebrochenen nur dann die Hand gereicht werden, wenn der Retter selbst durch eine Leine oder tragfähige Unterlage so gesichert ist, dass er nicht in das Eisloch gezogen werden oder einbrechen kann. Ist die Eisdecke verhältnismäßig dünn, so werden auf dem Rückweg vorhandene Unterlagen wechselweise gebraucht. Dabei sollen sich nie beide Personen gleichzeitig in der Mitte einer Unterlage aufhalten, sondern vielmehr an je einem Ende, während die freie Unterlage Richtung Ufer geschoben wird. Auf diese kriechen dann beide und so wiederholt sich der Vorgang, bis die Gefahr des Einbrechens gebannt ist.

Eisrettungsschlitten

Für die Fremdrettung bei Eisunfällen haben sich auch Eisrettungsschlitten bewährt.

Abb. 79: Eisrettungsschlitten „Chiemsee"

Diese bestehen aus einem auf Kufen montierten flachen Boot oder aus Plattformen. Sie besitzen eine große Auflagefläche auf dem Eis und sind schwimmfähig.

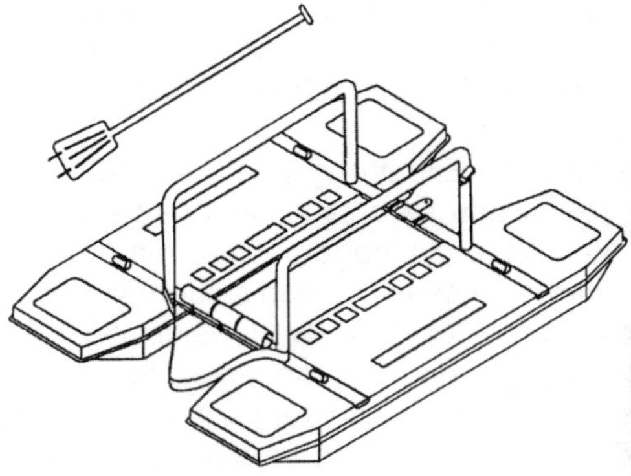

Abb. 80: Eisrettungsplattform

Das Rettungspersonal muss immer angemessene Wasser- und Kälteschutzkleidung tragen. Ein Schwimm-, Tauch- oder Thermoanzug ist genauso notwendig wie die Sicherung des Eisrettungsschlittens durch Leinen vom Land her.

Rettungstechniken (A. Dachs)
Der Retter muss den Zustand der Oberfläche und des Eises kennen und wissen, wie diese sich während der Rettungsaktion verändern kann. Wenn er während der Aktion paddelt, muss er schaukeln vermeiden. Durch die entstehenden Wasserbewegungen kann das Eis brechen. Wenn die Eisfläche, an die sich ein Verunglückter klammert, bricht, kann dieser untertauchen. In dem Fall muss die Rettungsmannschaft unverzüglich die Maßnahmen ändern und Taucher zum Einsatz bringen. Wenn der Retter eine größere Strecke über Eis zurücklegen muss (mehr als 100 m), empfiehlt es sich

die Sicherungsleine auszurollen. Das verhindert, dass der Retter auch noch die Sicherungsleine vom Ufer aus bewegen muss. Der Retter nähert sich dem Verunglückten so, dass er zwischen den vorderen Kufen (Plattform) liegt und fasst ihn mit festem Griff an den Handgelenken. Dann zieht er den Verunglückten beim großen Eisrettungsschlitten in das Boot.

Bei der Eisrettungsplattform zieht der Retter den Verunglückten aus dem Wasser ohne zu heben. Der Verunglückte wird mit einem Gurt von beiden Seiten gesichert. Der Gurt wird beidseitig nach oben geschoben, so dass der Verunglückte in der Mitte der Plattform zum Liegen kommt. Nachdem der Verunglückte an Bord ist, wird das Signal zum Zurückziehen der Eisrettungsplattform gegeben. Bei Übergang von Wasser zu Eis müssen die Retter das Gewicht nach hinten verlagern, um die Vorderseite des Eisrettungsschlittens leicht anzuheben. Dadurch wird der Übergang auf die Eisfläche erleichtert.

Handelt es sich nicht nur um einen Verunglückten, müssen die Retter den Zustand der einzelnen Personen abschätzen und entscheiden, welche Person zuerst gerettet werden soll. So kann es vorkommen, dass die Person im schlechtesten Zustand auch jene ist, die am weitesten vom Ufer entfernt ist. Das bedeutet gleichzeitig, dass die Retter an den näher vom Ufer entfernten Verunglückten erst vorbei müssen. In diesem Fall ist zu empfehlen, dem ersten Verunglückten Rettungshilfsmittel zuzuwerfen und mit ihm Sprechkontakt aufzunehmen.

Der Retter informiert die Person, wie die Rettungsaktion abläuft und dass er schnell zur Bergung zurückkommen wird.

Rettung von unter das Eis Geratenen in stehenden Gewässern

Ist der Eingebrochene unter dem Rand des Eisloches verschwunden, so ist eine Rettung wesentlich schwieriger und der Erfolg unsicherer. Die Rettung kann durch Tauchen nach dem Untergegangenen versucht werden. Hierbei sind jedoch folgende Grundsätze unbedingt zu beachten:

- Der Retter taucht in voller Kleidung (ohne Schuhe), um einer Unterkühlung zu begegnen. Am besten trägt der Retter einen Kälteschutzanzug (Tauchanzug).
- Der Retter muss durch eine kräftige Leine, die von einem zweiten Helfer gehalten wird, gesichert sein (Fixieren des Leinenendes, aber nicht am Handgelenk).

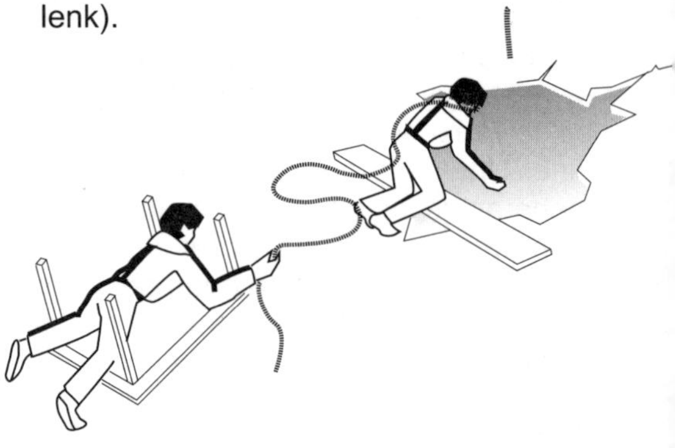

Abb. 81: Eisrettung mit Rettungs(hilfs)-mitteln

Der zweite Retter hat darauf zu achten, dass sich die Leine nicht am scharfen Eisrand durchscheuert. Die Leine soll beim Retter mit einem festen Knoten (z. B. einfacher oder besser doppelter Palstek, siehe Seite 82) am Körper befestigt sein. Der zweite Retter soll die Leine ständig auf leichtem Zug halten, um den Taucher sofort herausziehen zu können.

- Wenn der Taucher nicht mit Tauchgerät und Tauchanzug ausgerüstet ist, darf nicht länger als 20 Sekunden getaucht werden. Nach Ablauf dieser Zeit muss der Taucher (auch gegen seinen Willen) herausgezogen werden.

Weitere Tauchversuche dürfen von demselben Taucher nur durchgeführt werden, wenn er einen Tauchanzug trägt. Ansonsten muss ein anderer Retter tauchen. Zur Verständigung zwischen Taucher und Leinenführer können Zeichen mit der Leine vereinbart und gegeben werden.

Wird ohne Beachtung dieser Grundsätze getaucht, so ist höchste Gefahr für den Retter die Folge. Das Eisloch ist vom Tauchenden nur schwer zu erkennen und ein zu langes Verweilen in dem eiskalten Wasser stellt eine Gefahr für die Gesundheit, wenn nicht gar für das Leben des Retters dar.

Der Retter muss sich vor seinem Taucheinsatz bereits darüber im Klaren sein, dass das Tauchen im Eiswasser ohne Wärmeschutzanzug höchste Willensanstrengung verlangt.

Ist der Verunglückte unter eine sehr dünne Eisdecke geraten (2 – 3 cm), z. B. durch einen Sturz von einer Brücke oder einem Steg, so kann der Retter auch versuchen, die Eisdecke auf einer möglichst großen Fläche zu zertrümmern, um dem Untergegangenen die Möglichkeit zum Auftauchen zu verschaffen. Dies ist natürlich nur dann Erfolg versprechend, wenn geeignete Gegenstände sofort zur Verfügung stehen.

Rettung von unter das Eis Geratenen in fließenden Gewässern

Das Tauchen unter das Eis bei fließenden Gewässern ist lebensgefährlich und zudem ohne Erfolgsaussichten, da der Untergegangene abtreibt. Sind die Strömungsverhältnisse gut bekannt, so kann versucht werden, in hinreichender Entfernung flussabwärts Löcher in das Eis zu schlagen, um den dort vorbeitreibenden Verunglückten herausholen zu können.

Weiterversorgung von aus dem Eis Geretteten

Bei der Weiterversorgung von aus dem Eis Geretteten ist in Betracht zu ziehen, dass neben einer als sicher zu unterstellenden Unterkühlung auch Erfrierungen, Knochenbrüche, Gehirnerschütterungen und weitere innere und äußere Verletzungen vorliegen können. Einem aus dem Eis Geretteten dürfen die nassen Kleider erst ausgezogen werden, nachdem er in einen warmen Raum gebracht wurde (Vermeidung von weiterem Wärmeverlust).

Rettungsmittel – Rettungshilfsmittel (Ch. Langer)

Allgemeines

Rettungsmittel sind technische Hilfsmittel, die speziell für Rettungsaufgaben entwickelt und angeschafft wurden.

Rettungshilfsmittel sind alle anderen Gegenstände, die zu einer (Wasser-) Rettung geeignet sind, z. B. Leitern, Bälle, Äste.

Rettungsmittel können verschiedenen Zwecken dienen:

Rettungsmittel zum Werfen dienen zur Bergung des Verunfallten von Land, Eis oder vom Boot aus. Zu ihnen gehören die leinengebundenen Systeme Wurfsack, Rettungsball, Rettungsring mit Leine und die Wurfleine.

Die Rettungsstange wird dem Verunglückten zugereicht.

Rettungsmittel mit eigenem Auftrieb sollen den zu Rettenden über Wasser halten, dienen aber auch zum Eigenschutz des Retters, da er Distanz zum Ertrinkenden wahren kann und kein direkter Körperkontakt nötig ist. Zu ihnen zählen Rettungsring, Rettungsball, Rettungsboje sowie der Rettungsschlauch.

Zur Sicherung des Retters werden die Leinensysteme mit einem Rettungsgurt oder einer Rettungsweste kombiniert. Notfalls kann der Retter auch mit einem doppelten Palstek eingebunden werden. Rettungsbrett, Eisschlitten und persönliche Schutzausrüstung wie Rettungswesten und Neoprenanzüge können auch im Sommer (v. a. als Auftriebshilfen) zur Sicherheit des Retters beitragen.

Handhabung

Bei den Rettungsmitteln zum Werfen unterscheidet man drei verschiedene Wurftechniken

Abb. 82: Pendelwurf

- Mit dem Pendelwurf ist ein zielgenaues Werfen des Wurfsacks und Rettungsballs bis zu Distanzen von ca. 20 m möglich.

Abb. 83: Schleuderwurf

- Mit dem Schleuderwurf werden Rettungsring und Rettungsleine geworfen.
- Mit dem Druckwurf lassen sich alle Rettungsmittel auf kurze Distanz schnell und zielgenau werfen. Er entspricht dem Druckpass beim Basketball.
- Rettungs(hilfs)mittel können auch mit dem Kernwurf zugeworfen werden. Er entspricht dem Wurf beim Handball.

Wichtig: Es soll immer über den zu Rettenden hinausgeworfen werden.

Bei allen Rettungsmitteln, die geworfen werden, ist es sehr wichtig, dass die Leinen richtig laufen. Am einfachsten zu handhaben ist hier das „chaotische“ System, bei dem die Leine einfach Hand über Hand in den Wurfsack, einen Kübel o. ä. eingefüllt wird. Die Leine darf dabei nie einfach als Knäuel hineingestopft werden. Als weitere Möglichkeit bietet sich das Aufschießen an. Die Praxis zeigt jedoch, dass dabei die Leinen meist nicht „klar“ sind, wenn man sie braucht.

Kommen Leinen zu Anwendung, sollte immer ein Messer oder eine Reißklinge zur Hand sein. Rettungsleinen möglichst nicht am Körper des sichernden Retters befestigen und nicht auf das Seil oder in Seilschlingen treten, da der Retter sonst leicht ins Wasser gezogen werden könnte (Fließgewässer!).

Ein Retter kann für ca. eine Minute etwa 80% seines Körpergewichtes an einem waagrecht verlaufenden Seil, das er um seine Schulter führt, halten. Ruckartig lassen sich ca. 120% erzielen. Die mittlere Strömungsgeschwindigkeit auf Flüssen liegt bei ca. 3 m/sec. Hier kann ein gleich schwerer Rettungsschwimmer noch gehalten werden, wenn er sich in einer günstigen Lage im Wasser befindet. Ein Rettungsschwimmer, der einen Verunglückten hält, kann bei dieser Strömungsgeschwindigkeit keinesfalls von einer Person gehalten werden!

Rettungsschwimmer werden bevorzugt mit sogenannten Ausklinkwesten oder Gurten eingehängt, um sich notfalls vom Seil lösen zu können (Reißklinge am Mann!).
Kenntnis der wichtigsten Knoten ist unbedingte Voraussetzung!

Die wichtigsten Knoten:

Abb. 84: Palstek, wird zum Herstellen eines Auges verwendet das nicht zuschlippt.

Abb. 85: Achtknoten (wichtigster Stopperknoten). Der Knoten wird am Ende der Leine geknüpft, um ein Durchschlippen zu verhindern.

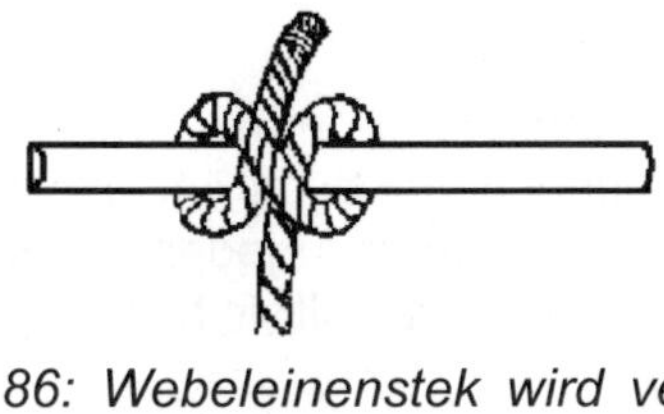

Abb. 86: Webeleinenstek wird verwendet, um eine Leine an einem Pfosten (Poller, Reling, Ring usw.) zu befestigen.

Abb. 87: Kreuzknoten dient zum Verbinden zweier gleichstarker Enden

Abb 88: einfacher Schotstek

Abb 89: doppelter Schotstek. Der Schotstek dient zum Verbinden zweier Enden, die auch ungleiche Stärken haben dürfen. Es empfiehlt sich, ihn immer als doppelten Schotstek auszuführen.

Rettungsmittel: die Technik der Handhabung im Einzelnen
Hier sollen folgende Rettungsmittel behandelt werden:
Rettungsring, Rettungsball, Wurfsack, Rettungsleine, Rettungsboje, Rettungsstange, Rettungsweste (Rettungsgurt) mit Leine.

Wurfsack
Der Wurfsack ist eine Weiterentwicklung der Rettungsleine, des Rettungsballes und des Rettungsringes mit Leine.
Die schwimmfähige 17 – 25 m lange Rettungsleine befindet sich beim Wurfsack zusammen mit dem Auftriebskörper in einem Sack. Dies hat den Vorteil, dass die Leine bei richtiger Handhabung immer „klar“ ist und vor schädlichen Umgebungseinflüssen geschützt ist.
Der Wurfsack wird wie der Rettungsball im Pendelwurf (vertikales Schleudern) geworfen (Abb. 82)

Abb. 90

Beim Pendelwurf umfasst man den oberen Teil des Wurfsackes mit der Wurf-

hand, während die andere Hand das aus dem Sack hängende Seilende fest hält.
Um einen möglichst geraden Wurf zu erzielen, stellt man am besten das der Wurfhand gegenüberliegende Bein nach vorne.
Es ist wichtig, dass der Wurfsack nicht „überrissen" wird, also rechtzeitig loslassen.
Für Entfernungen bis ca. fünf Meter kommt noch der Druckwurf in Frage.
Keinesfalls darf man die Leine am Körper des Werfers befestigen, da sonst – speziell in fließenden Gewässern – die Gefahr besteht, dass der Retter vom Opfer ins Wasser gezogen wird. Es empfiehlt sich über den zu Rettenden hinaus zu werfen, was die Chance vergrößert, dass er die Leine zu fassen bekommt. Außerdem muss dann nicht die ganze im Sack verbliebene Leine herausgezogen werden, bevor der zu Rettende den Zug spürt.
Nach Verwendung soll der Wurfsack möglichst an einem lichtgeschützten Ort getrocknet werden.
Zum Wiederbefüllen krempelt man den Wurfsack am besten etwas um, stellt ihn zwischen die Beine und füllt die Leine Hand über Hand ein. Keinesfalls darf die Leine auf einmal hineingestopft werden, da sie sonst nicht ausläuft. Die Schlaufe am Ende der Leine soll immer aus dem Wurfsack hängen. Nach dem Füllen Wurfsack so schließen, dass die Leine gut auslaufen kann.
Der Wurfsack kann wie eine Rettungsleine auch zur Sicherung eines Rettungsschwimmers bzw. eines Tauchers verwendet werden. Hierbei ist es zweckmäßig, den Rettungsgurt mit einem Bergsteigerkarabiner am Wurfsack einzuhängen.

Selbstverständlich ist auch ein Einbinden mittels Palstek möglich. Leinenlängen nach GUV 10.7 bzw. VBG 39 beim Tauchen beachten!

Rettungsball, Rettungsring, Rettungsleine

Sie erfüllen im Grunde den gleichen Zweck wie der Wurfsack.
Rettungsball und Rettungsring haben gegenüber Rettungsleine und Wurfsack den Vorteil, dass sie über genügend Auftrieb verfügen, um einen Verunglückten selbstständig über Wasser zu halten. Allerdings stellt sich immer wieder heraus, dass gerade wenn Rettungsmittel gebraucht werden, die Leinen nicht „klar" sind. Hier spielt der handliche Wurfsack wieder seine Vorteile aus.
Der Rettungsball wird in der gleichen Technik geworfen wie der Wurfsack.
Beim Werfen des Rettungsringes und der Rettungsleine hat sich eine waagrechte Drehbewegung des Wurfarmes bewährt (Schleuderwurf, Abb. 83).

Rettungsstange

Die Rettungsstange muss, weil sie sehr schwer und unhandlich ist, als veraltet gelten. Da sie aber in jedem Schwimmbad vorhanden ist, soll sie hier vorgestellt werden.
Bei der Rettungsstange handelt es sich um eine lange Stange, die an einem Ende einen Ring hat, der dem zu Rettenden zugereicht wird. Ist der zu Rettende nicht mehr in der Lage, sich festzuhalten, kann man versuchen ihm den Ring überzustreifen und ihn so herauszuziehen.
Die enorme Verletzungsgefahr ist dabei unbedingt zu bedenken. Darum empfiehlt es sich ein bewusstloses Opfer schwimmend und tauchend zu bergen, was in der Regel auch erheblich schneller geht.

Rettungsboje (M. Ott)
Die Rettungsboje besteht aus Plastik, hat großen Auftrieb und ist mit Griffen für den sicheren Gebrauch versehen.
An ihr ist eine schwimmfähige Leine und ein Schulterriemen angebracht, womit sie der Retter leicht handhaben kann. Keinesfalls darf die Rettungsboje am Retter angebunden sein, damit sich dieser bei einem evtl. Angriff des Ertrinkenden befreien kann.
Bei den nachfolgend beschriebenen Rettungsmöglichkeiten wird davon ausgegangen, dass die zu rettende Person bewusstlos ist.
Bei ansprechbaren Verunglückten wird die Rettungsboje wie der Rettungsball verwendet; mit einer Ausnahme: Das Werfen der Rettungsboje soll unterbleiben, da durch ihre Festigkeit und das verwendete Hartplastik erhebliche Verletzungen beim Treffen einer Person verursacht werden können.

Rettung einer bewusstlosen Person von hinten (Abb. 91 – 93)
Der Retter schwimmt von hinten an und fasst mit seiner rechten Hand in die rechte Achselhöhle des Bewusstlosen. Die Boje schwimmt dabei hinter dem Retter.

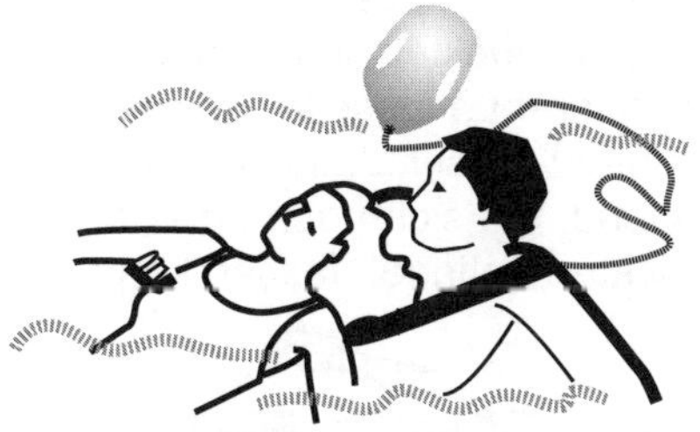

Abb. 91

Mit seiner linken Hand greift er über den linken Arm des Verunglückten auf dessen Rücken und hält ihn so über Wasser.

Abb. 92

Dann greift der Retter mit seiner rechten Hand die Boje und schiebt sie neben den Ertrinkenden, bis er sie mit der linken Hand fassen kann (ähnlich Seemannsgriff).

Abb. 93

Die rechte Hand des Retters greift zum Überstrecken des Kopfes an die Nase des Bewusstlosen. Der Retter bringt den Verunglückten an Land und kann dabei ggf. mit der Atemspende beginnen.

Rettung einer bewusstlosen Person von vorne (Abb. 94 – 100)
1. Variante: Boje unter dem Rücken des Bewusstlosen
Der Retter hält die Boje mit der linken Hand auf der ihm abgewandten Seite (er greift also darüber) so, dass sie sich zwischen ihm und dem Bewusstlosen befindet.

Abb. 94

Dann greift der Retter mit seiner rechten Hand über die Boje und fasst das rechte Handgelenk des Verunglückten, um diesen dann mit einer Rechtsdrehung auf den Rücken zu drehen.

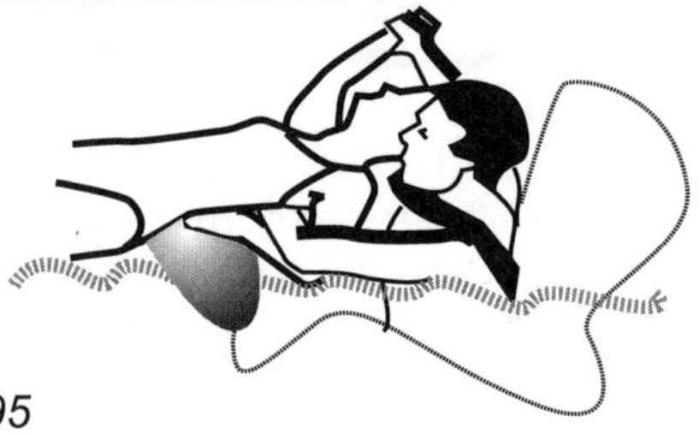

Abb. 95

Daraufhin schiebt der Retter die Boje, die er noch mit der linken Hand hält, unter den Rücken des Bewusstlosen. Sie soll quer zum Rückgrat gerade unter den Schulterblättern liegen, weil diese Position das Überstrecken des Kopfes des Bewusstlosen zum Freihalten der Atemwege unterstützt.

Abb. 96

Dann lässt der Retter das rechte Handgelenk des Verunglückten los und fasst über dessen Schulter die Boje unterhalb von ihm. Die linke Hand des Retters kann nun die Boje loslassen.
Er greift zum Überstrecken des Kopfes an die Nase des Bewusstlosen. Der Retter bringt den Verunglückten an Land und kann dabei ggf. mit der Atemspende beginnen.
2. Variante: Boje an der Seite des Bewusstlosen

Der Retter schwimmt von vorne an und fasst mit seiner rechten Hand das rechte Handgelenk des Bewusstlosen. Die Boje schwimmt dabei hinter dem Retter.

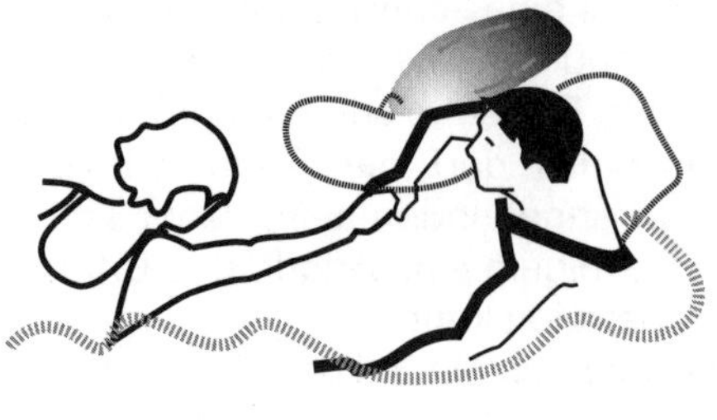

Abb. 97

Die bewusstlose Person wird mit einer Rechtsdrehung auf den Rücken gedreht und vom Retter, mit seiner rechten Hand über die linke Schulter des Verunglückten an dessen Rücken greifend, über Wasser gehalten.

Abb. 98

Der Retter lässt das rechte Handgelenk des Verunglückten los und ergreift die Boje an ihrer Längsseite. Er drückt sie so weit unter Wasser, dass er sie mit der linken Hand, die sich noch unter dem Verunglückten befindet, fassen kann.

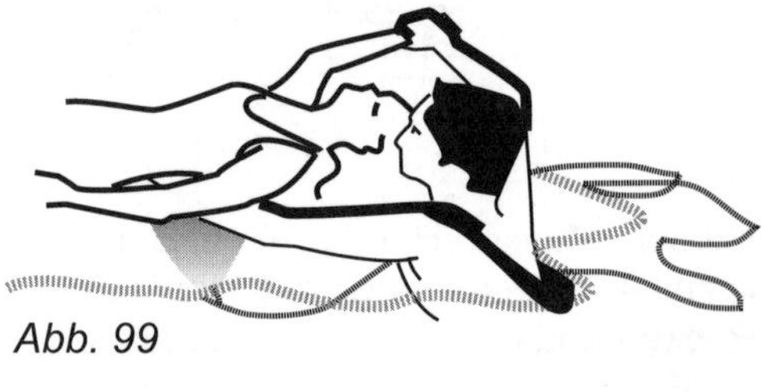

Abb. 99

Die Boje wird dann auf die rechte Seite des Bewusstlosen geschoben, aber natürlich noch mit der linken Hand des Retters gehalten (ähnlich Seemannsgriff).

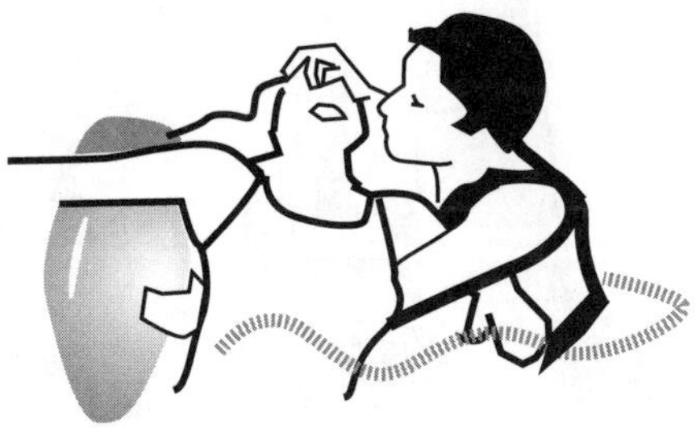

Abb. 100

Die rechte Hand des Retters greift zum Überstrecken des Kopfes an die Nase des Bewusstlosen. Der Retter bringt den Verunglückten an Land und kann dabei ggf. mit der Atemspende beginnen.

Rettungsgurt mit Leine
ist ein Gurtsystem, welches an einer Leine befestigt wird.

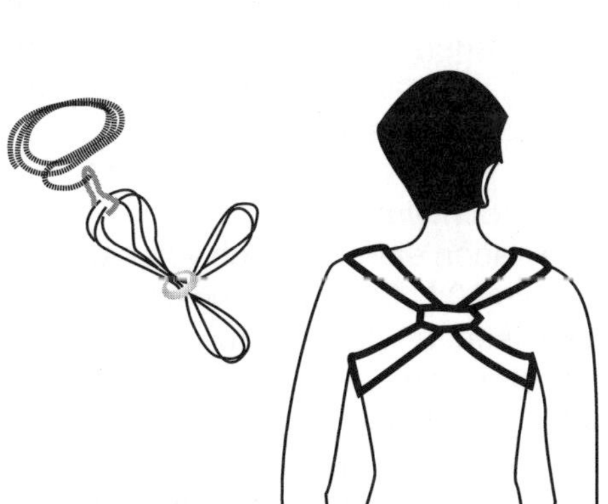

Abb. 101: Rettungsgurt mit Leine

Der Retter streift sich den Gurt über und nähert sich in der schnellsten Schwimmart dem Betroffenen, ergreift diesen und wird von weiteren Helfern an Land mit dem Verunglückten zum Ufer zurückgezogen.

Pflege und Aufbewahrung der Rettungsmittel

- Vollständigkeit prüfen (Checkliste);
- Beschaffenheit prüfen (Leinen auf Bruch- und Scheuerstellen; Überprüfungszyklen beachten!)
- Pflege (Die Sonne ist der Feind der Kunststoffe; schwimmfähige Kunststoffe sind nur bedingt UV-stabil!)

Persönliche Schutzausrüstung (PSA) (Ch. Langer)

Oberstes Gebot jeder Rettungsaktion ist der Eigenschutz. Das heißt, dass der Retter immer versuchen muss, das Risiko für die eigene Person möglichst gering zu halten. Neben umsichtigem Handeln ist hier der Einsatz von persönlicher Schutzausrüstung besonders wichtig. In der Wasserrettung sind als erstes Rettungswesten und Kälteschutzanzüge zu erwähnen. Aber auch Helme, Sicherungsgurte, Sicherheitshandschuhe, Sicherheitsschuhe, Warnwesten usw. mindern Verletzungsgefahren erheblich und sollten darum bei Bedarf unbedingt getragen werden.
Nur bei guter Anpassung an den Träger und der Auswahl der richtigen Größe der PSA erfüllen diese ihren Zweck. Besonders wichtig ist es sich rechtzeitig mit dem Gebrauch der PSA vertraut zu machen, da nur so im Einsatz eine optimale Anwendung möglich ist.

Empfehlung für die Wasserwacht

Für den **Wasserrettungsdienst** in Binnengewässern und an der Küste wählt man üblicherweise eine Weste der **150-N-Klasse nach EN 396**, da sie auch beim Tragen von Schlechtwetterkleidung und bei Sturm genügend Auftrieb bietet.

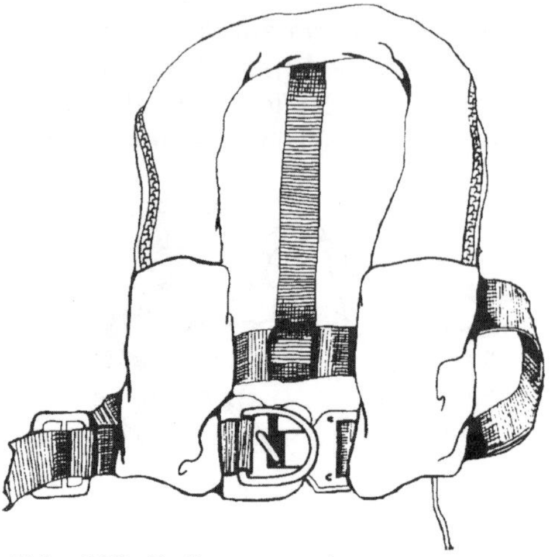

Abb. 102: Rettungsweste

Rettungswesten

Für Einsatzkräfte der Wasserrettung ist das Tragen von Rettungswesten grundsätzlich vorgeschrieben.

Rettungswesten haben die Aufgabe ihren Träger über Wasser zu halten und ihn in eine ohnmachtsichere Lage zu drehen. Da die normalen Feststoffwesten den Träger oft behindern, empfehlen sich so genannte Automatikwesten, die an Land nur wenig auftragen und sich erst bei einem Sturz ins Wasser selbstständig aufblasen. Es werden in Europa vier Typen klassifiziert:

1. *275-N-Rettungswesten*
Diese verfügen über einen Auftrieb von mindestens 275 N für den normalen Erwachsenen und sind für die Verwendung im Meer unter extremen Bedingungen oder für den Fall, dass schwere Schutzkleidung oder Lasten wie z. B. Werkzeuggürtel getragen werden, vorgesehen (siehe EN 399).

2. ***150-N-Rettungswesten***
Diese haben einen Auftrieb von 150 N für den durchschnittlichen Erwachsenen und sind für den Gebrauch in Küstengewässern, oder wenn Schlechtwetterkleidung getragen wird, bestimmt (siehe **EN 396**).

3. *100-N-Rettungswesten*
Diese haben einen Auftrieb von mindestens 100 N für den durchschnittlichen Erwachsenen und sind zur Verwendung in verhältnismäßig geschützten Gewässern bestimmt (siehe EN 395).

4. *50-N-Schwimmhilfen*
Diese haben einen Auftrieb von nicht weniger als 50 N für den durchschnittlichen Erwachsenen und sind zur Verwendung in geschützten Gewässern bestimmt, wo Hilfe in der Nähe ist und der Benutzer Schwimmer ist, das heißt unter Bedingungen, in denen auftragendere oder größere Auftriebsmittel den Benutzer behindern oder gefährden würden.

Da Rettungswesten relativ großvolumig sind und ihren Träger in eine vorgegebene Lage zwingen, eignen sie sich für einige Bereiche nicht. Nur dann empfiehlt es sich auf Schwimmhilfen nach EN 393 auszuweichen. Da sie erheblich weniger Auftrieb erzeugen und den Träger nicht in eine ohnmachtsichere Lage drehen, unterstützen sie einen Schwimmer nur und bieten ihm dabei den nötigen Schutz bei größtmöglicher Bewegungsfreiheit.
Typische Einsatzgebiete sind Rettungsaktionen, bei denen Rettungskräfte bewusst im Wasser eingesetzt werden, z.B. als Helfer bei Bootsbergungen oder an Fließgewässern. Um dem Retter zusätzliche Sicherheit zu geben, sollte er nach Möglichkeit angeleint werden. Schwimmwesten mit entsprechenden Gurtsystemen bringen hier Sicherheit und Komfort.

Kälteschutzkleidung

In der Wasserrettung herrschen oft Bedingungen, die ein Auskühlen des Körpers stark begünstigen. Weicht die Körpertemperatur des Menschen nur geringfügig von der Norm ab, sinkt seine Leistungsfähigkeit rapide. Insbesondere bei Extrembedingungen, wie an winterlichen Gewässern, aber auch bei Sturm entstehen so leicht lebensbedrohliche Situationen. Grundsätzlich sollte man darum entsprechende Kleidung auswählen, die einerseits das Auskühlen, andererseits einen Wärmestau verhindert. Im Bergsport hat sich schon vor vielen Jahren das sogenannte Layering durchgesetzt, welches von der Idee ausgeht, dass durch intelligente Kombination verschiedener Bekleidungslagen stets ein optimales Befinden erzeugt werden kann. Im Wasserrettungsbereich könnte das folgendermaßen aussehen:

1. Funktionsunterwäsche (transportiert Schweiß vom Körper weg)
2. Kälteschutzlage z. B. Fleecebekleidung eventuell in mehreren Lagen (verhindert Auskühlen)
3. Wind- und Wasserschutzlage z. B. Parka und Hose möglichst aus atmungsaktivem Material (verhindert das Eindringen von Wind und Wasser).

Je nach Witterung und Tätigkeit kann man dann die Lagen so kombinieren, dass sich optimaler Tragekomfort ergibt.
Wichtig ist es auch entsprechende Kopfbekleidung zu tragen, da der Körper ca. 20% der Wärme über den Kopf abgibt. Bei Sonnenschein schützen Schirmmützen vor Überhitzung, Sonnenbrand und Blendung.
Das Schuhwerk muss neben den Anforderungen der normalen Kleidung noch zusätzliche Aufgaben erfüllen: es soll rutschhemmend sein und so sicheren Halt geben. Weiterhin ist bei den Schuhen der Schutz vor Verletzungen (Glasscherben, schwere Gegenstände) sehr wichtig.
Neben der normalen Einsatzbekleidung werden in der Wasserwacht spezielle Kälteschutzanzüge wie Neoprenanzüge und Trockenanzüge verwendet, die ein Auskühlen im Wasser verhindern sollen und zusätzlich Verletzungsschutz bieten.

4. Medizinische Grundlagen des Rettungsschwimmens

Bestimmte Kenntnisse über den Körperbau (Anatomie) und die Lebensvorgänge (Physiologie) des Menschen sind unentbehrliche Voraussetzungen für die sinnvolle Durchführung der verschiedenen Erste-Hilfe-Leistungen bei Verletzungen und der nötigen Sofortmaßnahmen bei lebensbedrohlichen Zuständen, die mit der Wasserrettung zusammenhängen.
Das nötige Wissen und Können zur Erstversorgung Verletzter, Verunfallter und ernsthaft Erkrankter vermitteln die besonderen Lehrgänge des Roten Kreuzes und anderer Hilfsorganisationen nach gemeinsamen Richtlinien. Im Rahmen dieses Buches werden nur die zur Erfüllung der speziellen Aufgaben des Aktiven der Wasserwacht erforderlichen theoretischen und praktischen Grundlagen vermittelt.

4.1 Stoffliche Zusammensetzung und Aufbau des Körpers

Der menschliche Körper besteht durchschnittlich aus 64% Wasser, 20% Eiweiß, 10% Fett, 5% Mineralsalzen (vor allem Kalk) und 1% Zuckerstoffen (Kohlenhydraten).
Seine kleinsten Bauelemente sind an die 35 Billionen sehr verschiedenartiger Zellen, die alle für das Leben wichtige Sonderaufgaben zu erfüllen haben.
Zahlreiche gleichartige Zellen bilden jeweils Zellverbände, die so genannten Gewebe, in denen in der Regel zwischen den Zellen ein fein verästeltes Netz von Blutgefäßen und Nerven, Gewebsflüssigkeit (Lymphe) und bestimmte Grundsubstanzen eingebettet sind.
Mehrere Gewebearten vereinigen sich zu baulichen und funktionellen Einheiten, die man Körperteile oder Organe nennt. Die lebenserhaltende Teilaufgaben erfüllenden Organe sind wiederum eingegliedert in Funktionsgemeinschaften, die sogenannten Organsysteme. Zusammen bilden diese den seelisch belebten Leib, den Organismus.
Zu unterscheiden sind acht Organsysteme:
Das Blutkreislauf-, Atem- und Nervensystem, der Bewegungsapparat, das Verdauungs-, Harn- und Geschlechtssystem und das Hormonsystem. Die dreischichtige Haut ist das größte, vielseitige Aufgaben erfüllende Organ.
Die Gliederung, bauliche Beschaffenheit und funktionellen Aufgaben der einzelnen Organsysteme sind im folgenden entsprechend der Bedeutung, die ihnen im Hinblick auf die speziellen Aufgaben der Lebenserhaltung und Lebensrettung zukommt, mehr oder weniger genau dargestellt.

4.2 Zellen und Gewebe

Aufbau der Zelle

Der menschliche Körper setzt sich aus Zellen zusammen, die die kleinsten Baueinheiten jedes Lebewesens sind.

Trotz ihres mikroskopisch kleinen Aufbaus – die Größe menschlicher Zellen reicht von 0,002 mm eines Blutplättchens bis zu 0,10 mm einer Eizelle – sind die Zellen ein vollsunktionierender Organismus, ausgestattet zur Bewegung, zu Wachstum und Vermehrung.
Auch im Hinblick auf ihren Aufbau kann man Parallelen zum Körper in seiner Gesamtheit ziehen, denn die Bausubstanz der Zelle ist von einer Hülle umgeben und in ihrem Inneren finden sich Gebilde, die spezielle Aufgaben erfüllen – die Zellorganellen.

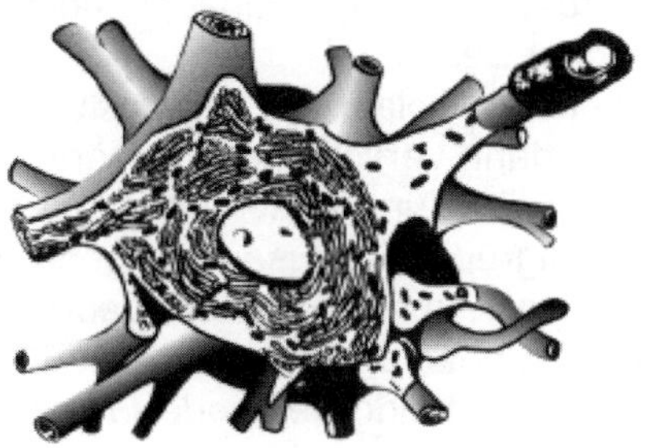

Abb. 103: Die Zelle

Im einzelnen finden sich:

Zellleib
Der Zellleib wird aus Protoplasma gebildet, einer halbflüssigen Masse, die die chemischen Bestandteile der Zelle erhält. Mengenmäßig wesentlichste Substanz ist Wasser, das mindestens 65%, durchschnittlich jedoch 80% des Protoplasmas ausmacht. Daneben finden sich Eiweißkörper, Fette, Kohlenhydrate und Salze.

Zellmembran
Die gesamte Zelle ist umgeben von der Zellmembran, die gleichsam als „Haut" der Zelle diese von der Umgebung abgrenzt.
Bei größeren Zellverbänden dienen die Membranen dem Aneinanderhaften der einzelnen Zellen – ihre wichtigste Fähigkeit ist jedoch die regulierbare Durchlässigkeit für verschiedene Stoffe.
Diese Durchlässigkeit (Permeabilität) ermöglicht neben dem Zellstoffwechsel eine Fülle von Funktionen des Gesamtorganismus, da durch sie die chemische wie physikalische Beschaffenheit des im Körper herrschenden Milieus verändert werden kann.

Zellkern
Der Zellkern mit einer durchschnittlichen Größe von 0,005 m ist vor allem Träger eines Gerüsts von Eiweißkörpern, in denen die Erbinformationen der Zelle gespeichert ist.

Weitere Zellorganellen
Sie dienen u.a. dem Aufbau von Eiweißverbindungen (Ribosomen), der Sekretion z. B. von Hormonen (Golgi-Apparat) und der Energiegewinnung unter Sauerstoffverbrauch (Mitochondrien).

Funktion der Zelle

Voraussetzung des Lebens und damit wesentlichste Funktion der Zelle ist der Zellstoffwechsel. Die Nährstoffe, die zum Aufbau ihrer eigenen Substanz und als Energiequelle für ihre Tätigkeit notwendig sind, sowie den stets erforderlichen Sauerstoff entnimmt die Zelle dem Blut.
Sinn der im Zellinneren ablaufenden chemischen Stoffwechselvorgänge ist die Energiegewinnung. Neben chemisch

gebundener Energie wird vor allem Wärmeenergie erzeugt, die zur Erhaltung der Körpertemperatur notwendig ist.

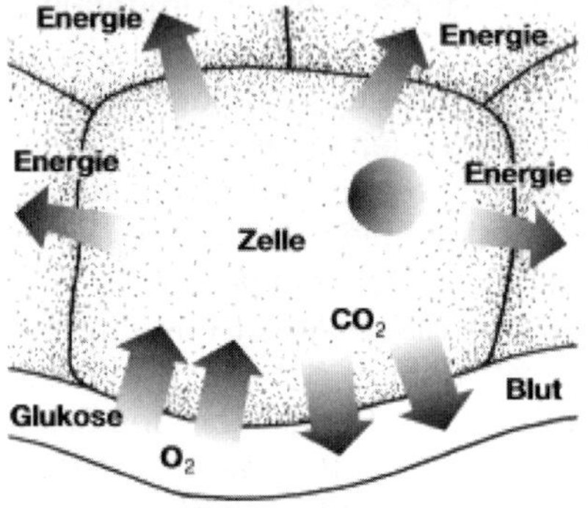

Abb. 104: Zellstoffwechsel

Die Intensität des Zellstoffwechsels ist den Bedürfnissen des Körpers angepasst – er reguliert sich zum einen nach der vom Körper erbrachten Leistung, zum anderen aber auch nach den äußeren Gegebenheiten, denen sich der Körper anzupassen hat. So reduziert z. B. Kälte den Stoffwechsel, während Wärme ihn steigert.
Entstehende Restprodukte wie Kohlendioxid, Wasser und Schlackenstoffe werden wieder an das Blut abgegeben und durch die Lunge und die Nieren aus dem Körper ausgeschieden.
Die Vermehrung der Zellen geschieht durch Zellteilung, wobei sich innerhalb des Körpers die Zellen identisch verdoppeln.
Dieser Vorgang ermöglicht ein Wachstum des Körpers oder ergänzt Gewebsverluste, die z. B. durch Verletzungen entstanden sind. Einige Zellarten haben jedoch zu Gunsten anderer hochspezialisierter Funktionen die Fähigkeit zur Reproduktion verloren, was bedeutet, dass der Körper z. B. zerstörtes Nervengewebe nicht mehr ersetzen kann oder, wie im Fall der Muskelzellen, entstandene Verluste durch minderwertige Zellen lediglich auffüllt.

Die Lebensdauer der Körperzellen ist sehr unterschiedlich, denn neben nicht ersetzbaren Zellarten, auf die der Körper „ein Leben lang" angewiesen ist, gibt es Stellen, wie z. B. die Hautoberfläche, an denen regelmäßiger Ersatz der Zellen vorgesehen ist, die damit nur eine kurze Lebensdauer haben.
Grundsätzlich stirbt jedoch jede Zelle, wenn ihr Stoffwechsel zum Erliegen kommt. Dies ist der Fall, wenn die Zufuhr von Sauerstoff und Nährstoffen unterbrochen ist oder durch andere Einflüsse wie Hitze, Kälte oder Gifteinwirkung zerstört wird.

Gewebe

Die Kernzelle des menschlichen Körpers und Ausgangspunkt aller verschiedenen Zellarten ist die befruchtete Eizelle.
Sie vermehrt sich durch fortlaufende Teilung zu einer Menge zunächst noch einheitlicher Zellen.
Im weiteren Ablauf der Entwicklung entstehen dann verschiedene Zellarten, die sich zur Erfüllung bestimmter Aufgaben zu Zellgruppen zusammenschließen. Diese nach ihrer Funktion geordneten Einheiten bezeichnet man als Gewebe.
Man unterscheidet folgende Gewebearten:

Oberflächengewebe
Oberflächengewebe sind flächenhafte Zellverbände, die alle inneren und äußeren Oberflächen des Körpers überziehen. Die Zellen dieses Gewebes sitzen auf einer einheitlichen Grundfläche auf und liegen eng aneinander, so dass sie einen sehr dichten Zellverband bilden.

Binde- und Stützgewebe
Das Binde- und Stützgewebe hat mit wenigen Ausnahmen, wie der Name schon

sagt, die Aufgabe einzelne Bestandteile des Organismus mehr oder weniger stark zu verbinden oder dem Körper als Stütze zu dienen.
Dazu verfügen die Zellen dieses Gewebes über eine reichhaltige Menge Zwischen-zellsubstanz, aus deren Beschaffenheit sich die Festigkeit des Gewebes ergibt. Je nachdem, ob diese Substanz weich oder fest, einheitlich oder in Fasern angeordnet ist, ergibt sich die Funktion des Gewebes als Binde-, Knorpel- oder Knochengewebe.

Muskelgewebe
Das Muskelgewebe besteht aus Zellen, die, ausgelöst durch Nervenreize, die Fähigkeit haben sich zusammenzuziehen. Muskelbewegung ist also stets ein Zusammenziehen (Kontraktion), und auch Streckbewegungen des Körpers resultieren nur aus Kontraktionen entsprechend plazierter Muskeln.

Nervengewebe
Das Nervengewebe ist das höchstentwickelte Gewebe des Körpers. Es besitzt die Fähigkeit, Reize aus der Außenwelt und dem Inneren des Körpers aufzunehmen, zu verarbeiten und Impulse an andere Teile des Körpers weiterzuleiten.

Körperorgane als Zellverband

So wie sich einzelne Zellen zur Erfüllung einer Aufgabe zu Gewebe zusammenschließen, finden sich im Körper auch verschiedene Gewebearten zu funktionalen Einheiten – den Organen – zusammen. Und auch die Organe bilden Einheiten, sog. Organsysteme wie das Atmungs-, das Kreislauf- und Verdauungssystem. Kleinste Elemente sind und bleiben jedoch auch in diesen hochspezialisierten Systemen die einzelnen Zellen.
Hauptvorteil der Vernetzung der Einzelzellen zu Geweben, Organen und Organsystemen ist die Möglichkeit mit relativ wenigen Einzelelementen eine Fülle von Funktionen zu übernehmen.
Dies bedingt andererseits aber eine starke Abhängigkeit der einzelnen Teile des Systems voneinander. Für die Praxis bedeutet das die ständige Notwendigkeit den menschlichen Körper und seine Organsysteme als Einheit zu betrachten, denn auch scheinbar abgegrenzte Störungen haben in vielen Fällen Einfluss auf den Gesamtorganismus. Nur aus Kenntnis der Zusammenhänge heraus ist es daher auch möglich einen Verletzten oder Erkrankten wirklich umfassend zu versorgen.

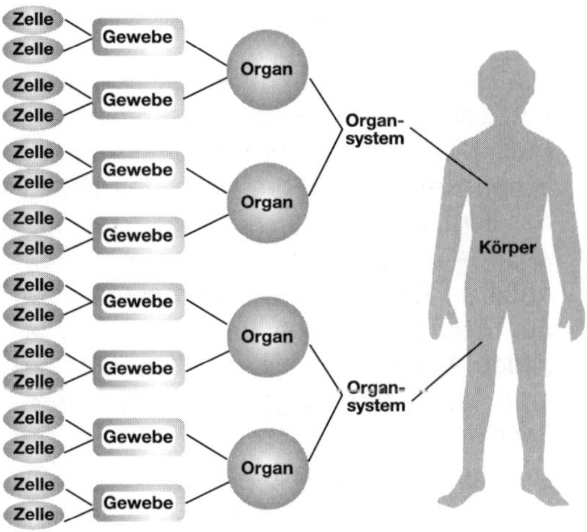

Abb. 105: Zusammensetzung des Körpers aus Zellen, Geweben und Organen

4.3 Das Nervensystem

Das Nervengewebe

Das Nervengewebe lenkt durch Reizaufnahme, -verarbeitung und -verteilung alle Lebensvorgänge des Organismus. Es bildet das Gehirn, das Rückenmark und das weit verzweigte periphere Nervensystem und besteht aus Nervenzellen und Nervenfasern.
Seiner Funktion nach unterteilt es sich in einen willkürlichen (somatischen) und unwillkürlichen (vegetativen) Teil.

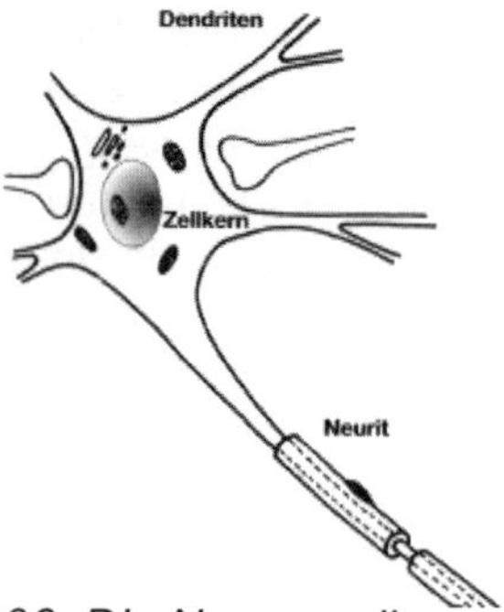

Abb. 106: Die Nervenzelle

Die Nervenzellen gehören zu den größten Zellen des menschlichen Organismus. Sie haben in der Regel einen rundlichen Kern, der in der Mitte des Zellleibes liegt. Die eigentliche Nervenzellmasse, das Zytoplasma, enthält gleich jeder anderen Zelle die zum Aufrechterhalten der Zellfunktion notwendigen Zellorganellen. Sie ist jedoch zusätzlich von feinsten Fäden durchzogen, den sog. Neurofibrillen.
Das entscheidende Merkmal jeder Nervenzelle sind ihre unregelmäßig geformten Fortsätze.
Mit den sogenannten Dendriten, einer Reihe von Verzweigungen, die an die Äste eines Baumes erinnern, steht die Nervenzelle in Kontakt mit anderen, sie umgebenden Nervenzellen.
Die Weiterleitung des Reizes wird durch die Nervenfaser, den sogenannten Neurit, übernommen. Dieser Fortsatz kann bis zu einem Meter lang sein und stellt eine fortlaufende Leitung von der Nervenzentrale im Gehirn oder Rückenmark entweder bis zur Nervenendigung am Erfolgsorgan oder zu einer anderen Nervenzelle dar.
Durch Bindegewebe zusammengefasste Nervenfasern bezeichnet man als Nerven.

Das zentrale Nervensystem (ZNS)

Gehirn und Rückenmark bilden das „zentrale Nervensystem“.

Gehirn

In der knöchernen Schädelhöhle liegt das Gehirn von den Hirnhäuten umgeben. Es besteht aus zwei Großhirnhälften, die unten an das Zwischenhirn angrenzen. Dieses geht in den Hirnstamm mit verlängertem Mark über und steht mit dem Kleinhirn in Verbindung. Zwischen den Hirn- und Rückenmarkhäuten, sowie in den Hirnkammern (Hohlräume in der Hirnmasse = Ventrikel) befindet sich eine klare, wässrige Flüssigkeit, der sog. Li-

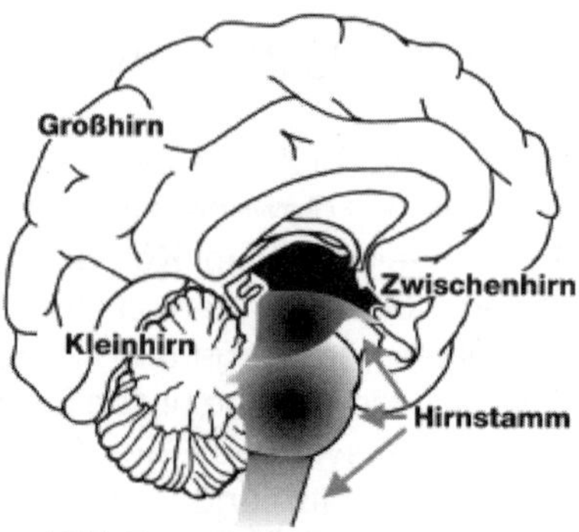

Abb. 107: Das Gehirn

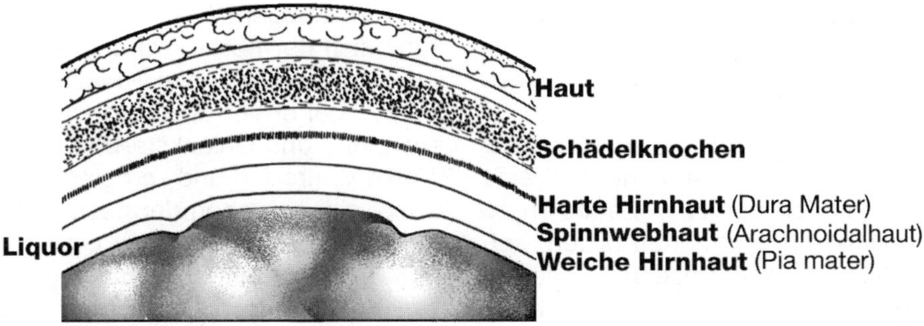

Abb. 108: Aufbau der Schädeldecke

quor, die Gehirn und Rückenmark umspült und dadurch schützt und ernährt.

Im Großhirn lokalisiert man den Sitz des Bewusstseins, es ist der Ort jeglicher geistiger Leistung. Hier werden die Sinneswahrnehmungen aufgenommen, verarbeitet und gespeichert und die willkürlichen Bewegungen des Körpers gesteuert.

Das Kleinhirn ist die Koordinationszentrale der unwillkürlichen Bewegungsabläufe. Es leistet einen wesentlichen Beitrag zur Orientierung im Raum und kontrolliert Muskelspannung und Muskelkraft. Es übt jedoch keinen Einfluss auf die Bewusstseinslage aus.

Der Hirnstamm und dort speziell das verlängerte Mark sind übergeordnete Zentren des unwillkürlichen Nervensystems (vegetatives Nervensystem).

Das Zwischenhirn ist einerseits Schaltstelle zwischen Großhirn und den tieferen Regionen des zentralen Nervensystems und andererseits zwischen Großhirn und dem vegetativen Nervensystem. Auch die hormonale Steuerung des Körpers hat hier in der Hirnanhangdrüse (Hypophyse) ihr übergeordnetes Zentrum.

Rückenmark

Das Rückenmark bildet als 40 bis 50 cm langer Nervenstrang die Fortsetzung des verlängerten Marks. Es reicht vom großen Hinterhauptloch bis zur Höhe des ersten Lendenwirbels.

Das Rückenmark liegt im Wirbelkanal und ist von drei Häuten umgeben, die den Hirnhäuten entsprechen, wie es auch durch den Liquor des Gehirns ernährt und geschützt wird.

Den Hauptabschnitten der Wirbelsäule entsprechend gliedert man das Rückenmark in einen Hals-, Brust-, Lenden- und Kreuzbeinabschnitt. Hals- und Lendenteil sind spindelförmig verdickt, weil hier besonders viele Nervenzellen für die zahlreichen Arm- und Beinnerven liegen. Das untere Ende des Rückenmarks läuft spitz zu und geht in einen bindegewebigen Haltefaden über, der zur Befestigung des Rückenmarks am Kreuzbein dient.

Peripheres Nervensystem

Beidseitig treten aus dem Rückenmark 31 bis 32paarig angelegte Nervenwurzeln, die sich aus einer vorderen, d. h. bauchwärts gelegenen und einer hinteren, d. h. rückenwärts gelegenen Reihe feiner Nervenfasern zusammensetzen, den sogenannten vorderen und hinteren Rückenmarkwurzeln.

Alle Nervenbahnen, die eine Leitung vom Empfänger zum Zentrum darstellen, bezeichnet man als empfindungsleitend, afferent (= heranführend) oder sensibel. Bei den Rückenmarkwurzeln erfüllen diese Funktion die hinteren Nervenfasern, die daher sensible Wurzeln genannt werden. Alle Nervenbahnen, die umgekehrt eine Leitung von den nervösen Zentralen zu den ausführenden Organen bilden, heißen bewegungsauslösend, efferent (= wegführend) oder motorisch bzw., wenn sie an dem Organ eine Absonderung bewirken, sekretorisch. Bei den Rückenmarkwurzeln sind die vorderen Fasern die motorischen Wurzeln.

Vordere und hintere Wurzeln vereinigen sich beim Austritt aus dem knöchernen Wirbelkanal zu gemischten, d. h. motorischen, sensiblen und z. T. vegetativen Rü-ckenmark- oder Spinalnerven.

Diese schon erwähnten 31 bis 32 Nervenpaare unterteilen sich, den Abschnitten der Wirbelsäule entsprechend, in 8 Paare Halsnerven, 12 Paare Brustnerven, 5 Paare Lenden-, 5 Paare Kreuzbein- und 1 – 2 Paare Steißbeinnerven. Ihre vorderen Äste bilden nach dem Austritt aus der Wirbelsäule Geflechte (Plexus), aus denen dann die peripheren Körpernerven hervorgehen, so z.B. der Ischiasnerv aus dem Kreuzbeingeflecht.
Rückenmarkreflexe

Der Reflex ist die einfachste und schnellste „Schaltmöglichkeit“ im Nervensystem. Durch Reizung eines sensiblen Nervs wird ein Signal durch die afferente Bahn zu einem nervösen Zentrum mit Schaltstelle im Rückenmark geführt und dort unmittelbar und ohne Einschaltung des Großhirns in einen Reiz eines motorischen Nervs umgesetzt und auf der afferenten Bahn zum Erfolgsorgan gesendet. Diesen Weg vom Empfänger (Rezeptor) über die Schaltstelle zum ausführenden Organ (Effektor) bezeichnet man als Reflexbogen. Durch diese Reflexe kann sich der Körper schnell und unbewusst einer gegebenen Situation anpassen, wobei er vor allen Dingen Muskelspannung und Gelenkstellung auf diese Weise kontrolliert und korrigiert.

Dabei gibt es neben der beschriebenen einfachen Schaltung über eine Schaltstelle auch Mehrfachschaltungen, die das Zusammenspiel mehrerer ausführender Organe bedingen.

Vegetatives Nervensystem

Das vegetative Nervensystem besorgt in Verbindung mit dem bereits erwähnten Zwischenhirn und dem Hirnstamm die Regelung der Organfunktion des Körpers. Es passt sie der jeweiligen Situation des Menschen an, indem es die nicht dem Willen unterworfenen Körperfunktionen wie z. B. die Herztätigkeit, den Kreislauf, die Atmung, die Verdauung und die Körpertemperatur beeinflusst.

Es besteht aus den übergeordneten Zentren und einem Netzwerk von Nervenbahnen, das sich über den ganzen Körper ausbreitet. Nach seiner Funktion gliedert man dieses Netzwerk in zwei Teile, den Nervus Sympathikus und den Nervus Parasympathikus.

Der Sympathikus beschleunigt Herzschlag und Atmung, wobei Herzkranzgefäße und Bronchien erweitert werden. Die peripheren Gefäße ziehen sich zusammen, der Blutdruck steigt. Drüsentätigkeit und Darmbewegung sowie Blasen- und Darmentleerung werden gehemmt. Weiterhin steuert der Sympathikus die Ejakulation und führt am Auge zur Pupillenerweiterung.

Der Parasympathikus verlangsamt Herzschlag und Atmung, Herzkranzgefäße und Bronchien ziehen sich zusammen. Drüsentätigkeit und Darmbewegung werden gesteigert. Durch Einwirkung des

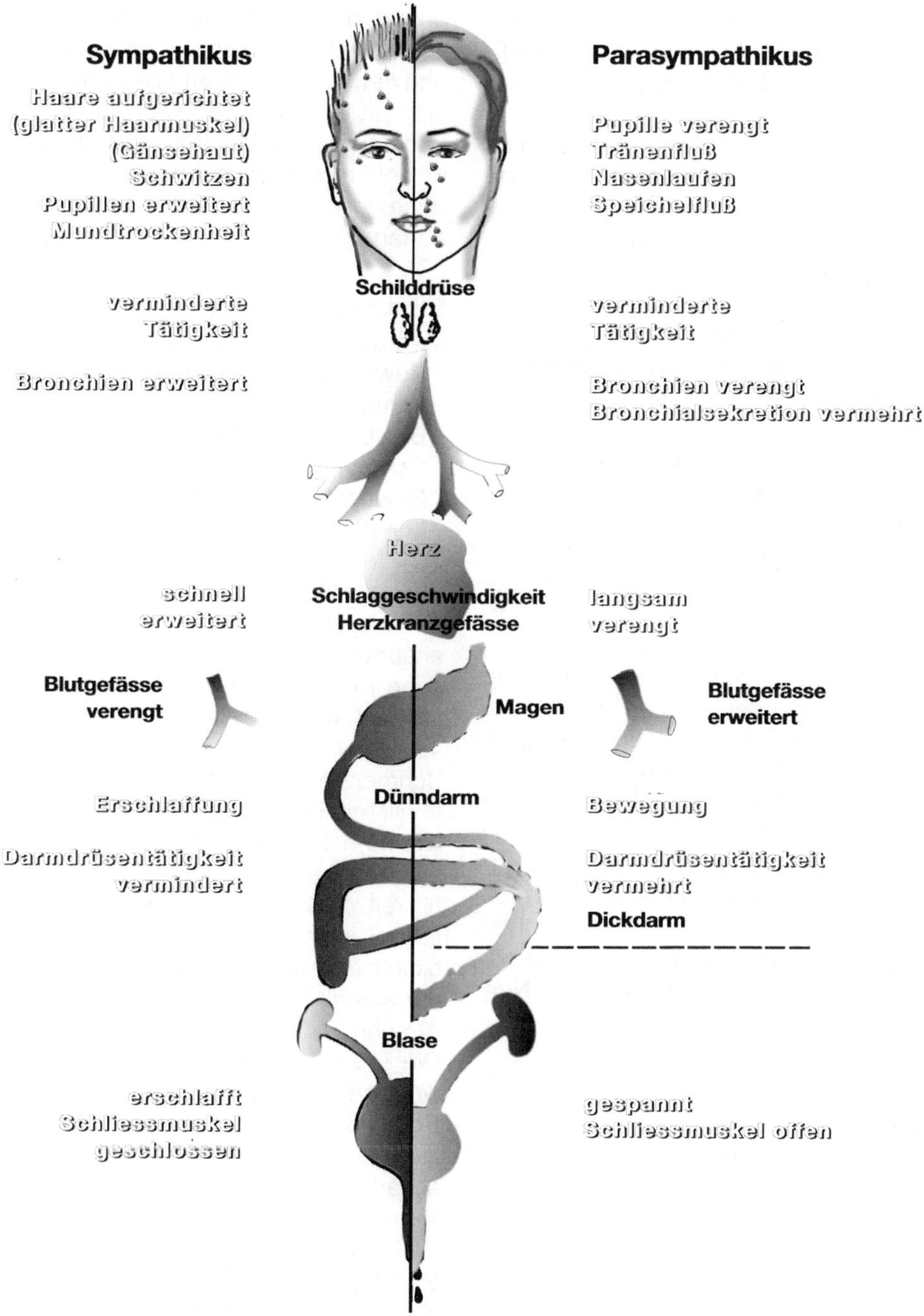

Abb. 109: Parasympatikus/Sympatikus

Parasympathikus kommt es zur Entleerung von Blase und Darm und zur Erektion, am Auge werden die Pupillen verengt.

Der Sympathikus hat seinen Ursprung im Brust- und oberen Lendenmark, während seine Fasern ausgehen vom sogenannten Grenzstrang, d. h. den sympathischen Nervensträngen und den diesen Strang bildenden Nervenknoten (Ganglien). Dieser Grenzstrang verläuft parallel zur Wirbelsäule und ist unterteilt in Hals-, Brust-, Lenden-, Kreuzbein- und Steißbeinteil.
Die Zentren des Parasympathikus finden sich teils im Hirnstamm, teils im Kreuzbeinmark. Beide Teile des vegetativen Nervensystems bilden im Brust-, Bauch- und Beckengebiet sog. vegetative Geflechte, von denen aus die einzelnen Organe und Gefäße enerviert werden.
Denn wie schon aus der Beschreibung der Funktion der beiden Teile des vegetativen Nervensystems zu ersehen war, betätigen sie sich an den einzelnen Organen als Gegenspieler, so dass sich die normale Organtätigkeit in den meisten Fällen aus dem Gleichgewicht von Sympathikus und Parasympathikus ergibt. Eine Ausnahme stellen die Geschlechtsorgane dar, deren Funktion teilweise nur von einem Element des vegetativen Nervensystems gesteuert wird.

Bewusstsein

Arbeiten die verschiedenen Bereiche des zentralen und peripheren Nervensystems ungestört zusammen, so ist der Mensch bei Bewusstsein. Seine sinnlichen Wahrnehmungen wie sehen, hören, fühlen, schmecken und riechen funktionieren ebenso wie sein Denk-, Merk- und Reaktionsvermögen. Er kann geordnete Bewegungsabläufe ausführen und ist orientiert hinsichtlich seiner eigenen Person, der Situation, in der er sich befindet und den räumlichen und zeitlichen Gegebenheiten. Auch der wichtige Kontroll- und Schutzmechanismus der Reflexe ist, obwohl nicht bewusst gesteuert, von der ungestörten Funktion des Bewusstseins abhängig.

Störungen des Bewusstseins

Man unterscheidet zwischen:
- Bewusstseinstrübung mit bedingter Ansprechbarkeit,
- Bewusstseinstrübung mit Reaktion auf Schmerzreiz (Sopor),
- Bewusstlosigkeit, aus der ein Erwekken nicht mehr möglich ist (Koma).

Bei einer Bewusstseinstrübung ist der Betroffene schläfrig, teilnahmslos, aber noch ansprechbar. Bei einer Bewusstseinstrübung mit Reaktion auf Schmerzreiz (Sopor) ist der Betroffene nicht mehr ansprechbar, er reagiert lediglich auf stärkste Schmerzreize und liegt in einem tiefschlafähnlichen Zustand. In der Bewusstlosigkeit (Koma) ist der Betroffene ebenfalls nicht ansprechbar, er besitzt keine Reaktionsfähigkeit auf Schmerzreize und er ist aus diesem Zustand nicht erweckbar, wobei oft gleichzeitig als Ursache oder Auswirkung ein Ausfall oder eine Einschränkung der Atmung und Kreislauffunktion vorliegt.
Die Ursachen für eine Störung des Bewusstseins können Schädelverletzungen, Entzündungen des zentralen Nervensystems (ZNS) oder gefäßbedingte Hirnschädigungen wie z. B. ein Schlaganfall sein.
Weiterhin wird das Bewusstsein beeinträchtigt durch Gifte, Sauerstoffmangel, Störungen des Stoffwechsels bzw. der Entgiftung des Körpers und durch Ausfälle oder Fehlfunktionen der Körperdrüsen

mit innerer Sekretion (Bauchspeicheldrüse, Schilddrüse, Nebennieren, Hirnanhangdrüse und Leber).

Folgende Gefahren können dabei auftreten:

- Aspiration, unzureichende Atmung (Ateminsuffizienz),
- Verlegung der Atemwege,
- Atemstillstand,
- Herz-Kreislauf-Stillstand.

Maßnahmen

Bei Bewusstlosigkeit und vorhandener Atmung wird der Betroffene in die Seitenlage gebracht. Voraussetzung hierfür ist jedoch das

Feststellen der Atmung

- Bewusstseinskontrolle (lautes Ansprechen und Anfassen)
- Mund öffnen,
- Fremdkörperkontrolle,
- Hals überstrecken,
- Atemkontrolle: **sichtbare** Atembewegungen (beobachten des Brustkorbes) Atem fühlen mit der Wange. Atemgeräusch hörbar an Mund und Nase
- Kreislaufkontrolle (Pulsfühlen)

Seitenlage

Bei vorhandener Atmung erreicht man bei Bewusstlosigkeit mit der Seitenlage durch Überstrecken des Halses ein Freihalten der Atemwege. Flüssigkeiten wie Blut, Schleim und Erbrochenes, die sich in Mund und Rachen sammeln, können nach außen abfließen und die Aspirationsgefahr wird dadurch reduziert. Dennoch sollte, falls vorhanden, ein Absauggerät bereitgehalten werden.
Aspiration ist das Anatmen von flüssigen oder festen Substanzen in die Atemwege auf Grund fehlender Schutzreflexe. Diese bewirken z. B. den unwillkürlichen Hustenreiz beim Verschlucken. Mit zunehmender Bewusstlosigkeit schwinden diese Schutzreflexe, so dass z. B. Wasser beim Ertrinken, Mageninhalt beim Erbrechen und Blut bei Blutungen im Mund- und Nasenraum eingeatmet (aspiriert) werden können.
Zum Ausführen der Seitenlage seitlich an den Bewusstlosen herantreten oder knien und ihn in Hüfthöhe anheben.

1. Den nahen Arm des Bewusstlosen gestreckt so weit wie möglich unter dessen Körper schieben.

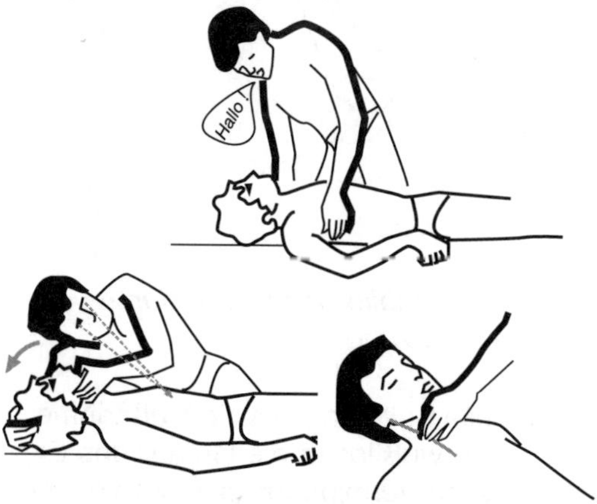

Abb. 110: Feststellung der Atmung

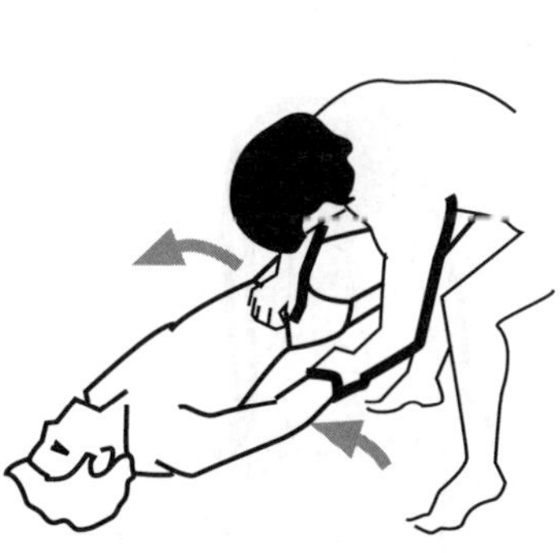

Abb. 111: Seitenlage

2. Das nahe Bein des Bewusstlosen beugen und den Fuß an das Gesäß stellen.

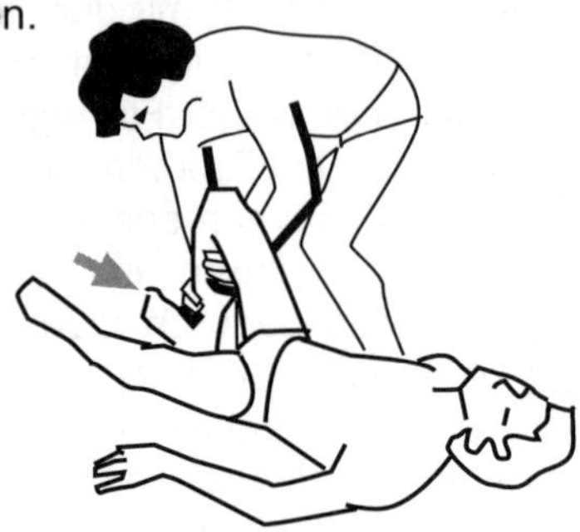

3. Schulter und Hüften der fernen Seite fassen.

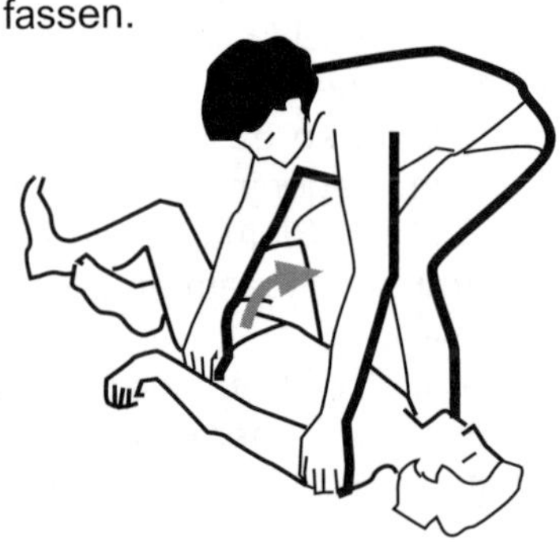

4. Den Bewusstlosen behutsam zu sich herüberziehen und mit dem Bein stützen, damit er nicht in die Bauchlage gerät. Dann den unter dem Körper des Bewusstlosen liegenden Arm vorsichtig am Ellenbogen etwas nach hinten hervorziehen.

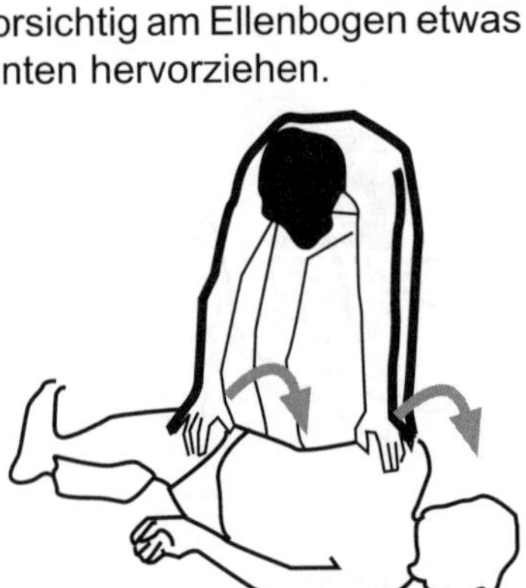

5. Den Kopf des Bewusstlosen in den Nacken überstrecken und das Gesicht etwas erdwärts drehen – der Mund soll der tiefste Punkt des Kopfes sein.

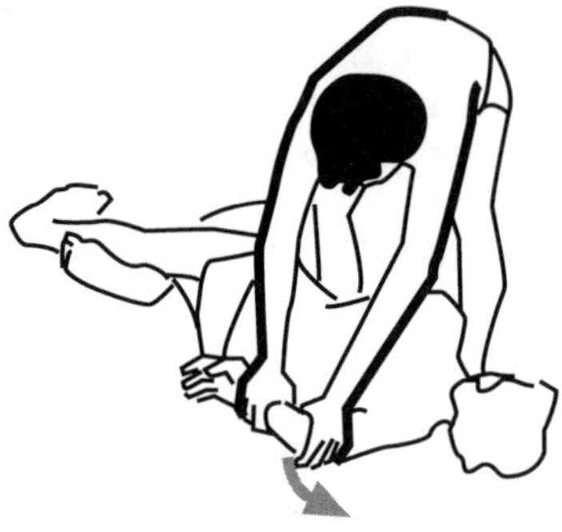

6. Seine Finger an die Wange schieben und darauf achten, dass der Mund geöffnet ist.

Abb. 112: Stabile Seitenlage durch vierfache Abstützung

Die stabile Seitenlage ist die Maßnahme, um bei Bewußtlosen die Gefahr des Erstickens zu vermindern bzw. zu verhindern.

4.4 Atmung

Unter Atmung versteht man den Transport von Sauerstoff (O_2) zu den Körperzellen und den Abtransport von Kohlendioxid (CO_2) (äußere Atmung) sowie die Verbrennungsvorgänge, die mit Hilfe des Sauerstoffs in den Zellen ablaufen (innere Atmung).

Im Rahmen der äußeren Atmung unterscheidet man ein luftleitendes und ein gasaustauschendes System der Atmungsorgane. Das luftleitende System reicht vom Naseneingang bis zum Ende der Bronchiolen.

Es wird auch Totraum genannt, weil es am Gasaustausch nicht aktiv beteiligt ist.

Im Naseneingang fängt die dort befindliche Behaarung groben Staub aus der Einatemluft ab. In der Nasenhöhle und im Nasen-Rachen-Raum wird die eingeatmete Luft durch feine Härchen (Flimmerepithel) der Nasenschleimhaut gereinigt, angefeuchtet und zugleich durch ihre besonders reichliche Durchblutung erwärmt. Die Einatmung kann auch durch den Mund erfolgen, vor allem dann, wenn die Passage der Luft durch die Nase behindert ist.

Nach Nase oder Mund folgt als nächster Teil des luftleitenden Systems der Rachen (Pharynx). Hier treffen Atem- und Speiseweg zusammen. So ist es die wesentliche Funktion des auf den Rachen folgenden Kehlkopfes (Larynx) die anschließende Luftröhre und damit die unteren Luftwege beim Schlucken mit Hilfe des Kehldeckels (Epiglottis) abzudichten und so das „Verschlucken" zu verhindern. Ist dennoch einmal ein Fremdkörper in die Luftröhre gelangt, so kommt als zusätzlicher Schutz der Hustenreflex zur Wirkung. Mit reflexartig ausgelöstem Hustenstoß können zumindest kleine Fremdkörper aus den Luftwegen herausbefördert werden. Die Schutzreflexe und damit auch der Hustenreflex funktionieren jedoch nur, solange das Bewusstsein erhalten ist.

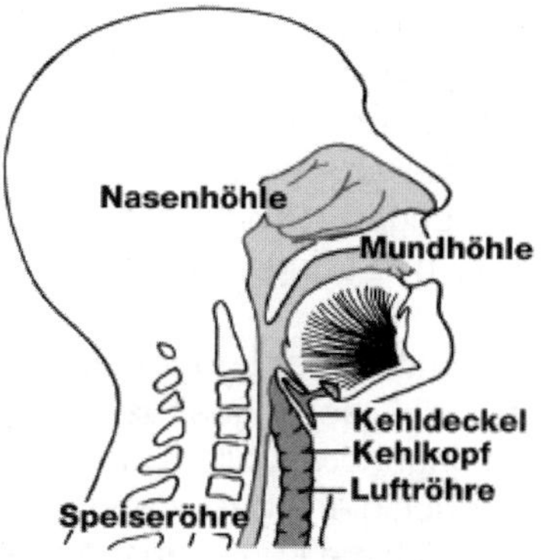

Abb. 113: Obere Luftwege

Weiterhin dient der Kehlkopf der Lautbildung. Die durchstreichende Luft versetzt die Stimmbänder in Schwingungen. Die Gestaltung der Töne (Artikulation) wird durch verschiedenartige Stellung der Zunge, Lippen und des Gaumensegels erreicht.

Die Luftröhre (Trachea), ein aus Knorpeln gebildetes elastisches Rohr, reicht bis zur vierten Rippe, d.h. etwa bis zur Brustkorbmitte. Sie gabelt sich in einen

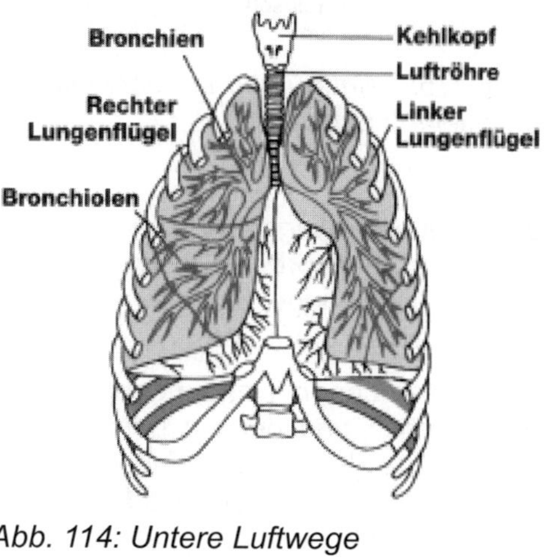

Abb. 114: Untere Luftwege

rechten und einen linken Hauptbronchus, die an der Lungenwurzel zusammen mit Blutgefäßen und Nerven in das Lungengewebe führen und sich dort in feinste Verzweigungen (Bronchiolen) verästeln, die bis zu den Lungenbläschen führen.

Die Gesamtheit der Lungenbläschen (Alveolen), die dem gasaustauschenden System angehören, bildet zusammen mit den Bronchiolen das Lungengewebe, aus dem sich die Lunge zusammensetzt. Sie besteht aus zwei Teilen, dem rechten und linken Lungenflügel, die in einzelne Abschnitte, sog. Lungenlappen unterteilt

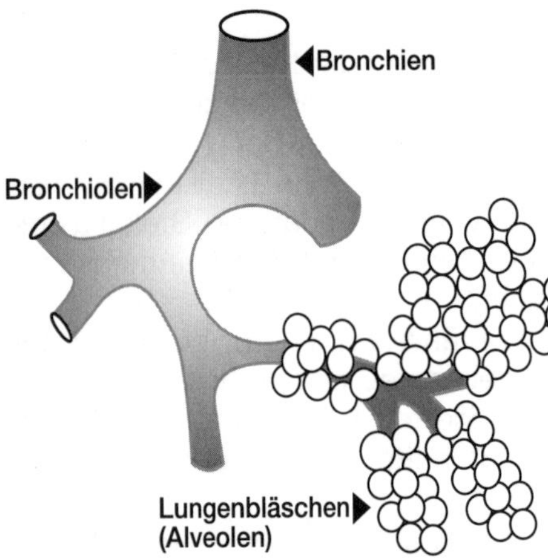

Abb. 115: Feinbau von Lungenbläschen und kleinen Luftweg

sind, wobei, bedingt durch die Raumaufteilung im Brustkorb, die rechte Lunge in drei, die linke Lunge dagegen nur in zwei Lungenlappen geteilt ist.

Durch die dünnen Wandungen der Lungenbläschen und der sie umgebenden Haargefäße (Kapillaren) hindurch findet der Austausch von Sauerstoff und Kohlendioxid statt.

Mengenmäßig ergibt sich dabei folgendes Bild:

Bestandteile der Luft ca.		
Einatemluft		Ausatemluft
78%	Stickstoff	78%
1%	Edelgase	1%
21%	Sauerstoff	17%
0,03%	Kohlendioxid	4%

Lunge und Brustkorb

Der Brustraum ist der Teil des Körpers, der fast vollständig von der Lunge ausgefüllt wird. Umschlossen ist er durch den knöchernen Brustkorb mit Brustwirbelsäule, Rippen und Brustbein. Vom Bauchraum trennt ihn das Zwerchfell.
Das Brustfell (Pleura) ist eine feuchte Haut, die den Brustraum innen auskleidet und die Lunge umgibt.
Je nach Lage und Segment wird das Brustfell bezeichnet als Rippenfell, das die Brustwand innen auskleidet, als Lungenfell, das die Lungenoberfläche überzieht, oder als Mittelfell, das den Brustraum in zwei Räume trennt.
In diesem durch das Mittelfell von der Lunge abgegrenzten Raum liegen die Speiseröhre, die Luftröhre, das Herz und große Gefäße.

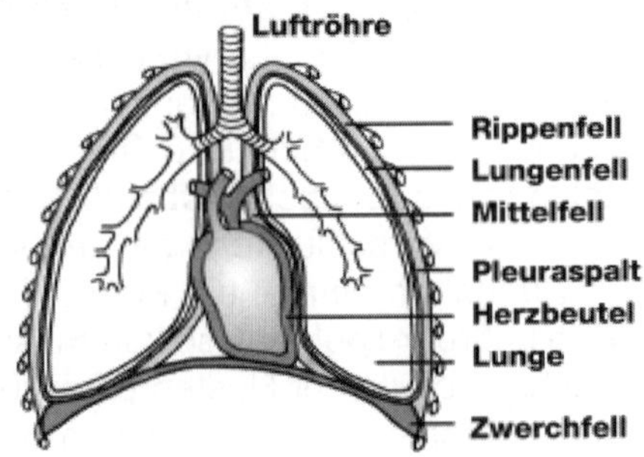

Abb. 116: Lungenflügel

Zwischen Rippen- und Lungenfell findet sich ein feiner, allseitig geschlossener Spalt (Pleuraspalt), der einige Milliliter Flüssigkeit enthält. Im Pleuraspalt herrscht Unterdruck, so dass sich die Oberfläche der Lunge nicht von der Innenfläche des Brustraums lösen kann. Die Lunge folgt der Bewegung des Brustkorbes, wobei die feuchten Häute aufeinander gleiten.

Atemmechanik

Infolge von Zusammenziehen (= Senken) des Zwerchfells und Heben der Rippen vergrößert sich der Brustraum. Die Lungen folgen diesen Bewegungen des Brustraums, das Lungengewebe dehnt sich aus und die Luft strömt durch die Atemwege in den vergrößerten Lungenraum ein (Blasebalgsystem); der Mensch atmet ein.

Beim Ausatmen erschlafft das Zwerchfell (Wölbung nach oben) und die Rippen senken sich. Dadurch werden die Lungen zusammengedrückt (Verkleinerung des Brustraums). Die Atemluft strömt nach außen.

Der Rhythmus der Atembewegungen und die Atemtiefe werden vom Atemzentrum im verlängerten Mark gesteuert, das zur Erfüllung dieser Aufgabe von verschiedenen Punkten im Körper über den jeweiligen Gehalt des Blutes an Sauerstoff und Kohlendioxid informiert wird.

Wichtige Größen der Atmung

Die Atemfrequenz:
Unter Atemfrequenz versteht man die Zahl der Atemzüge pro Minute.

Atemzüge in Ruhezustand	
Säugling	ca. 40 Atemzüge/Min.
Kleinkind	ca. 30 Atemzüge/Min.
Kind	ca. 25 Atemzüge/Min.
Jugendlicher	ca. 20 Atemzüge/Min.
Erwachsener	ca. 15 Atemzüge/Min.

Das Atemzugvolumen:
Als Atemzugvolumen bezeichnet man die Menge an Luft, die pro Atemzug eingeatmet wird.

Das Atemzugvolumen beträgt bei	
Erwachsenen	500 ml
Säuglingen	15 – 40 ml

Das Atemminutenvolumen:
Diese Größe errechnet sich aus dem Produkt von Atemzugvolumen und Atemfrequenz. Geht man z.B. von einem Atemzugvolumen von 500 ml und einer Atemfrequenz von 16 Atemzügen in der Minute aus, so ergibt sich als Atemminutenvolumen:
500 ml. x 16/min = 800 ml/min
Der Totraum: Der Totraum ist das gesamte luftleitende System – in ihm wird zwar Luft bewegt, es findet jedoch kein Gasaustausch statt.

Der Totraum beträgt beim	
Erwachsenen	ca. 150 ml
Säugling	ca. 5 ml
ca. 2 ml/1 kg/Körpergewicht	

Methoden der Beatmung

Ist die Eigenatmung eines Patienten unzureichend oder setzt sie ganz aus, so ist unverzüglich mit der Beatmung zu beginnen. Man unterscheidet dabei zwei Arten der Beatmung – die assistierende und die kontrollierende Beatmung, wobei in der Beatmungstechnik selbst kein Unterschied besteht.

Assistierende Beatmung
Hier wird mit oder ohne Hilfsmittel die vorhandene, aber ungenügende Atmung des Betroffenen unterstützt. Dieser Fall tritt ein, wenn der Betroffene eine zu flache Atmung hat oder mit zu geringer Atemfrequenz, d.h. mit weniger als 10 Atemzügen pro Minute atmet. Die assistierende Beatmung kann bei erhaltenem Bewusstsein und bei Bewusstlosigkeit erforderlich sein, wobei bei erhaltenem Bewusstsein der zu Beatmende auf die bevorstehende Beatmung hinzuweisen ist.

Kontrollierte Beatmung
Hierunter versteht man alle Verfahren, von der Atemspende bis zur Gerätebeatmung, bei denen einem Verletzten mit nicht vorhandener Eigenatmung Atemluft unter Druck eingeblasen wird (Insufflation). Durch den hierbei entstehenden Überdruck werden die Lungen entfaltet, d.h. bei der Beatmung von Verletzten ist deren Einatmungsphase stets passiv; Atemrhythmus und Atemvolumen sind durch den Helfer vorgegeben.

Der Atemstillstand

Bei einem Atemstillstand ist der Betroffene nicht ansprechbar und bewegungslos, er ist bewusstlos.
Es sind weder Atembewegungen sicht- und fühlbar, noch kann man ein Atemgeräusch hören.

Maßnahmen bei Atemstillstand
Schnellstmöglich ist einen Notarzt hinzuzuziehen.
Freimachen der Atemwege durch Überstrecken des Kopfes in den Nacken
Man kniet dazu am Kopf des Betroffenen, fasst mit einer Hand an seine Stirn und mit der anderen Hand unter sein Kinn. Nun beugt man mit beiden Händen den Kopf nackenwärts und schiebt das Kinn nach oben und vorne, so dass die untere Zahnreihe vor die obere zu liegen kommt.

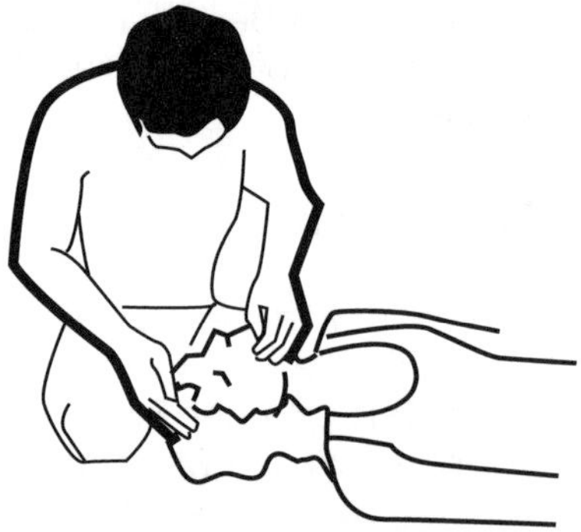

Abb. 117: Überstrecken des Kopfes

Durch diese Maßnahme werden Unterkiefer und Zungengrund angehoben, nach vorne geschoben und so die Atemwege freigehalten.

Atemspende
Setzt die Eigenatmung nach dem Überstrecken nicht von selbst wieder ein, erfolgt die Pulskontrolle an der Carotis, fehlt Puls zweimal beatmen.
Folgende Grundregeln gelten dabei allgemein für die Durchführung der Atemspende:
Je eher mit der Beatmung begonnen wird, desto größer sind die Aussichten auf Erfolg. Der Helfer muss daher die drohende Gefahr rasch erkennen und sich ohne Zögern zur sofortigen Atemspende entschließen.
Man beginnt daher die Atemspende unverzüglich, sobald man an den Kopf des Betroffenen herankommt und diesen in den Nacken beugen kann. Lage und Haltung des Betroffenen spielen dabei praktisch keine Rolle.

Alle anderen Maßnahmen, wie zeitraubender Transport ans Ufer, Retten aus Trümmern, Auslaufenlassen oder Absaugen von Wasser aus den Atemwegen, Ausziehen nasser Bekleidung und Bereiten eines ausreichenden Kälteschutzes erfolgen erst, nachdem die Atemspende eingeleitet wurde. Entscheidend ist allein, dass der Sauerstoffbedarf des zu Beatmenden so schnell wie möglich gedeckt wird.
Alle oben genannten zusätzlichen Maßnahmen müssen, um den Erfolg der Beatmung nicht in Frage zu stellen, parallel durch weitere Helfer erfolgen.

Durchführung der Atemspende
Die Atemspende kann erfolgen als Mund-zu-Nase, Mund-zu-Mund oder Mund-zu-Tubus-Beatmung.
Die Mund-zu-Nase-Beatmung hat dabei den Vorrang vor der Mund-zu-Mund-Beatmung, die nur bei Verlegung oder Verletzung der Nase angewendet werden soll.

Beatmung Mund-zu-Nase
Bei dieser Beatmung stellen die Hände des Helfers die richtige Kopf- und Kieferhaltung des zu Beatmenden her. Wie beschrieben wird sein Kopf in den Nacken gebeugt und der Unterkiefer nach vorne gezogen.
Mit dem Daumen schiebt der Helfer die Unterlippe gegen die Oberlippe und verschließt so den Mund. Nach tiefem Atemholen umschließt er mit seinem weit geöffneten Mund fest die Nase des Bewusstlosen.
Dann bläst er seinen Atem zweimal rasch hintereinander in dessen Lunge.
Stellt der Helfer nach den nun getroffenen Maßnahmen bei dem Bewusstlosen weiterhin einen Atemstillstand bei vorhandenem Puls fest, dann beatmet er ruhig und gleichmäßig im eigenen Rhythmus, d.h. ca. 15 mal in der Minute.
Nach jedem Atemstoss ist Luft zu holen und die Ausatmung des Beatmeten zu beobachten. Der Helfer muss sich überzeugen, dass sich der Brustkorb des Bewusstlosen deutlich senkt und die Luft hörbar und fühlbar wieder ausströmt.

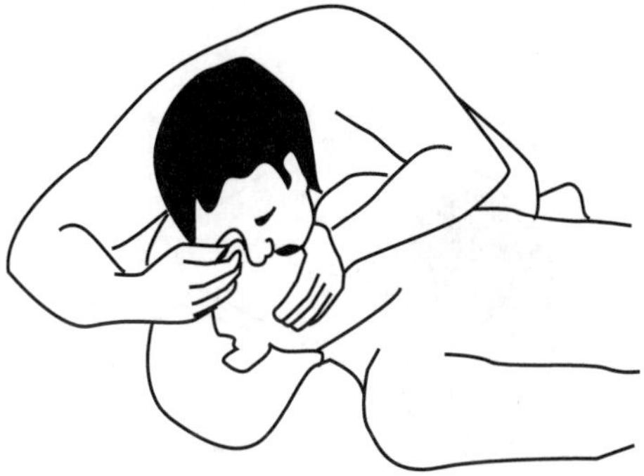

Abb. 118: Mund-zu-Nase-Beatmung

Spürt der Helfer im Verlauf der Atemspende einen Widerstand beim Einblasen der Luft, so kann er versuchen ihn durch verstärkten Beatmungsdruck zu überwinden. Gelingt dies nicht, so muss er rasch überprüfen, ob der Kopf des Bewusstlosen wirklich in die richtige Beatmungslage gebracht worden ist, ob er nicht von dieser Lage gewichen ist und ob die Mund- und Rachenhöhle von flüssigen oder festen Substanzen frei ist. Wenn auch nach erfolgter Überprüfung der Beatmungssituation die Mund-zu-Nase-Beatmung nicht möglich ist, wird der Helfer unverzüglich zur Mund-zu-Mund-Beatmung übergehen.

Beatmung Mund-zu-Mund
Bei gleicher Beatmungslage wie bei der Mund-zu-Nase-Beatmung verschließen nun Daumen und Zeigefinger der Hand, die bisher an der Stirn lag und jetzt in

Richtung Nase geschoben wird, die Nase des Verletzten. Die Hand am Unterkiefer öffnet dessen Mund etwa 1 cm breit. Die Beatmung erfolgt so dann in gleicher Weise wie bei der Mund-zu-Nase-Beatmung, wobei der Helfer mit seinem weit geöffneten Mund den Mund des zu Beatmenden umschließt und im oben angegebenen Rhythmus hineinbläst.

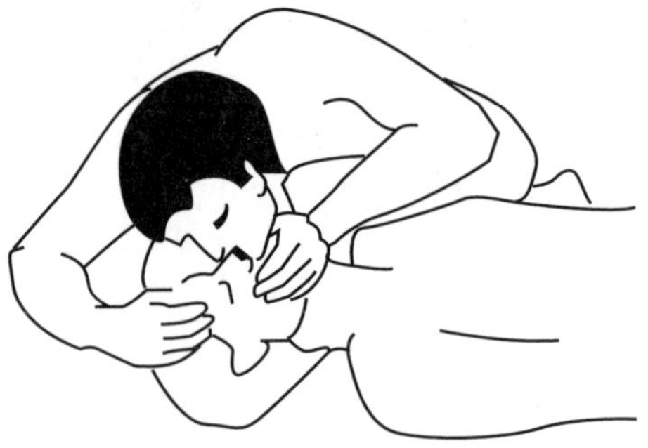

Abb. 119: Mund-zu-Mund-Beatmung

Bei der Atemspende ist das gleichzeitige Heben des Brustkorbes das Kriterium für die richtige Durchführung. Hebt sich lediglich der Oberbauch, dann ist dies ein Zeichen dafür, dass der Eingang in die Luftröhre verschlossen oder der Kopf zu wenig nach rückwärts gebeugt ist und dass die eingeblasene Luft in den Magen gelangt.
Bei älteren Menschen mit starrem Brustkorb hingegen wird bei der Atemspende oft nur eine geringe Bewegung des Brustkorbes beobachtet, dafür eine Bewegung im Oberbauch, die jedoch nicht durch Luft im Magen bedingt sein muss.

Kleinkinder und Säuglinge
werden gleichzeitig über Mund-zu-Mund und Nase beatmet. Dabei liegt das Kind auf dem Rücken. Der Kopf ist nur leicht in den Nacken gebeugt, da es bei zu starkem Überstrecken zu Verletzungen im Halswirbelbereich kommen kann.
Die Atemspende erfolgt besonders vorsichtig, d.h. mit einem Volumen von nur 15 bis 40 Milliliter, da zu kräftige Atemstöße zum Platzen von Lungenbläschen führen können.
Der Rhythmus der Beatmung ist jedoch auf bis zu 40 Atemstöße in der Minute zu erhöhen.
Liegt ein Atemstillstand auf Grund einer Vergiftung mit Kontaktgiften, z.B. mit Pflanzenschutzmitteln vor, so ist die Beatmung ohne Hilfsmittel zu unterlassen, da bei der Atemspende eine Gefährdung für den Helfer gegeben sein kann.

Abb. 120: Beatmung eines Kleinkindes, über Mund-zu-Mund und Nase gleichzeitig

Beatmungshilfen
Um die durch den direkten Körperkontakt mit dem zu Beatmenden gegebene Hemmschwelle abzubauen, vor allem aber zur Vermeidung der möglichen Übertragung von Infektionskrankheiten, gibt es eine Reihe von Beatmungshilfen.

Ausgebildete Rettungsschwimmer benutzen im Einsatz schon aus Gründen des Infektionsschutzes Beatmungshilfen, z.B. Beatmungsmasken. Diese werden bei überstrecktem Kopf/Hals über Mund und Nase des Betroffenen aufgesetzt. Der Helfer befindet sich dazu hinter dem Kopf des Betroffenen. Die Beatmung erfolgt über ein Ventil, das die Atemspende ohne direkten Kontakt mit der Ausatemluft des Beatmeten ermöglicht.

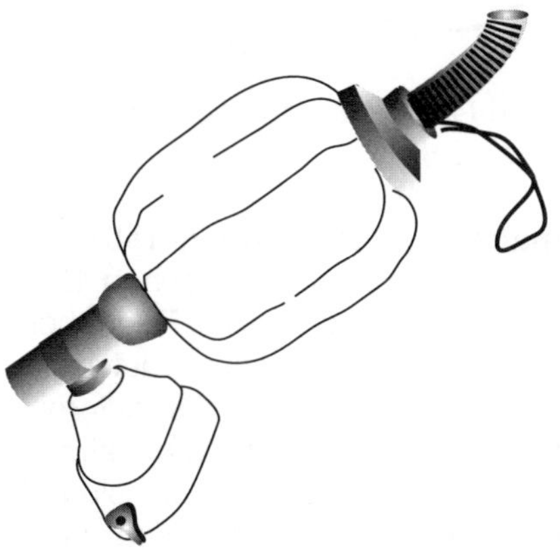

Abb: 121: Beatmungsbeutel

Sobald ein Beatmungsbeutel oder ein Beatmungsgerät zur Verfügung steht, wird die Beatmung damit fortgeführt.

Beatmung mit dem Beatmungsbeutel im Notfall bei einer Wiederbelebung

Der Beatmungsbeutel ist ein Frischluftbeatmungsgerät. Zur Anreicherung der Beatmungsluft mit Sauerstoff wird am jeweiligen Einlassstutzen ein Sauerstoffgerät angeschlossen und 4 – 5 l/Min. O_2 zugeführt (höhere O_2-Gaben müssen vom Arzt angeordnet werden). Es gibt Beatmungsbeutel für Erwachsene, Kleinkinder und Säuglinge und solche mit verschiedenen Griffschalengrößen für Erwachsene und Kleinkinder/Säuglinge.

Zum Gebrauch ist das Beatmungsventil mit dem Beutel und der Gesichtsmaske verbunden, ggf. wird der Wulst der Gesichtsmaske aufgeblasen. Bei intubierten Patienten wird der Beatmungsbeutel direkt mit dem Ansatzkonnektor des Tubus verbunden.

Um einen optimalen Maskensitz zu gewährleisten, gibt es verschiedene Größen von Beatmungsmasken.

Folgende Größen werden verwendet:
- bei Erwachsenen: Größen 3 – 4 – 5
- bei Kindern: Größe 2
- bei Säuglingen und Kleinkindern: Größen 000-00-0-1

Um die Beatmungsmaske aufzusetzen, befindet sich der Helfer oberhalb des Kopfes und setzt die Maske so auf das Gesicht des Patienten, dass Mund und Nase bedeckt sind. Dazu wird die Maske mit Daumen und Zeigefinger im sog. „C-Griff" auf das Gesicht gepresst und mit den anderen drei Fingern der Unterkiefer leicht hochgezogen. Der Kopf wird in dieser (überstreckten) Position gehalten.

Abb. 122: Beatmung mit Beatmungsbeutel

Durch Zusammenpressen des Beatmungsbeutels wird die Beatmung durchgeführt. Bei kontrollierter Beatmung geschieht dies beim Erwachsenen ca. 15mal in der Minute, bei assistierter Beatmung, wie beschrieben, in Anpassung an die noch vorhandene Eigenatmung.
Es ist darauf zu achten, dass nicht mit zu starkem Druck beatmet wird.

Guedeltubus
Bei Maskenbeatmungen ist das vorherige Einführen eines Guedeltubus empfehlenswert. Der Guedeltubus wird in den Mund-Rachenraum eingeführt. Er verhindert, dass die Zunge und der Zungengrund die Atemwege verlegen.

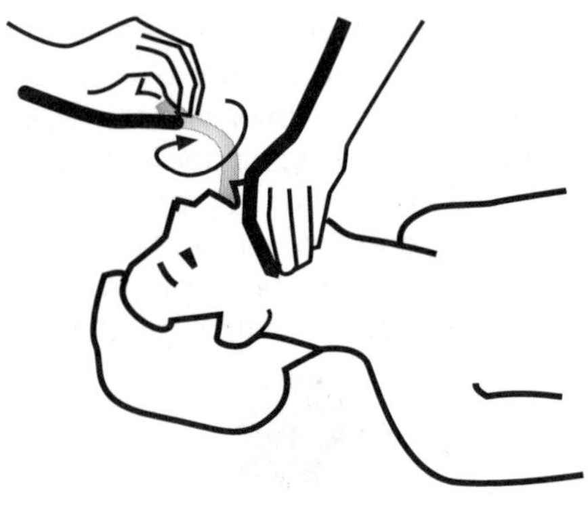

Abb. 123: Guedeltubus

Guedeltuben gibt es in den Größen 000 für Säuglinge bis 6 für Erwachsene (vergleichbar mit den Maskengrößen). Die richtige Auswahl der Tubengröße ergibt sich durch Abmessung am Patienten zwischen Mundwinkel und Ohrläppchen.
Der Guedeltubus wird, mit der Spitze zum Gaumen zeigend, zunächst ca. $^2/_3$ seiner gesamten Länge eingeführt. Danach wird er unter Drehung von 180 Grad ganz hineingeschoben. Sollte der Patient dabei würgen, ist der Tubus u.U. zu groß, er muss entfernt, ggf. durch einen kleineren Tubus ersetzt werden.

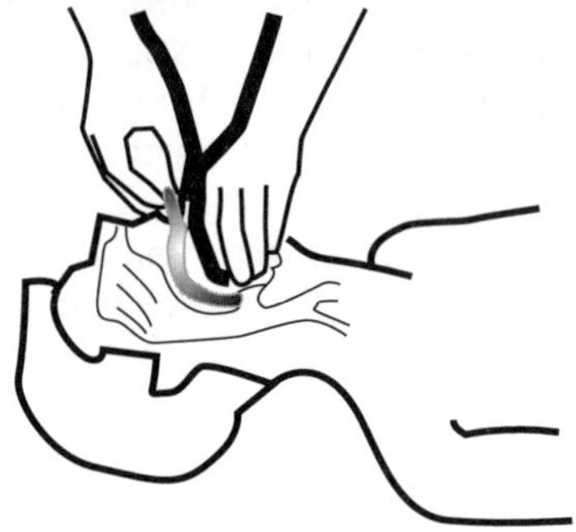

Abb. 124: Lage des richtig plazierten Tubus

Automatische Beatmungsgeräte
Die Beatmung mit automatischen Beatmungsgeräten erfolgt in aller Regel beim intubierten Patienten und somit auf Anordnung des Notarztes. Da alle automatischen Beatmungsgeräte die Eigenatmung des Menschen ersetzen sollen, sind sie der körpereigenen Atemfunktion angepasst. Sie gewährleisten, dass genügend Luft mit ausreichendem Druck bis in die Alveolen gelangt. Die Geräte steuern, für den jeweiligen Patienten individuell eingestellt, das Beatmungsvolumen, den Beatmungsdruck und die Beatmungsfrequenz. Die Ausatmung erfolgt passiv durch den Thoraxwiderstand des Patienten und die Eigenelastizität der Lunge.
Bei den mechanischen Beatmungsgeräten werden die Steuermechanismen durch den Helfer auf Anweisung des Arztes eingestellt.
Da diese Geräte in die *MPG* (Medizin-Produkte-Gesetz) Klasse IIb gehören, dürfen sie nur von Helfern eingesetzt werden, die in die Gerätebedienung eingewiesen sind. Die Geräte werden daher an dieser Stelle nicht genauer beschrieben.

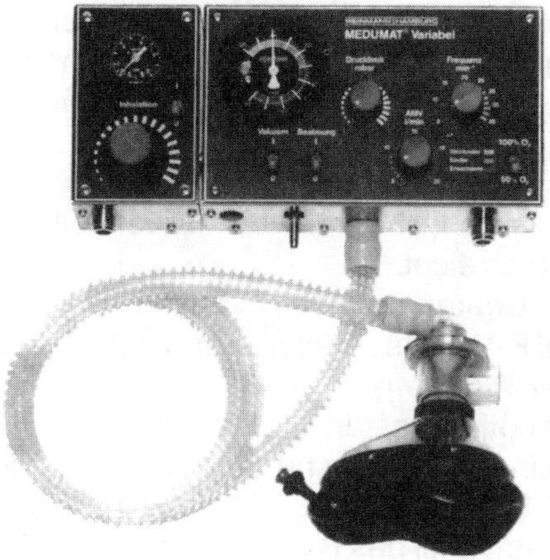

Abb. 125: Medumat

Abb. 126: Oxylog

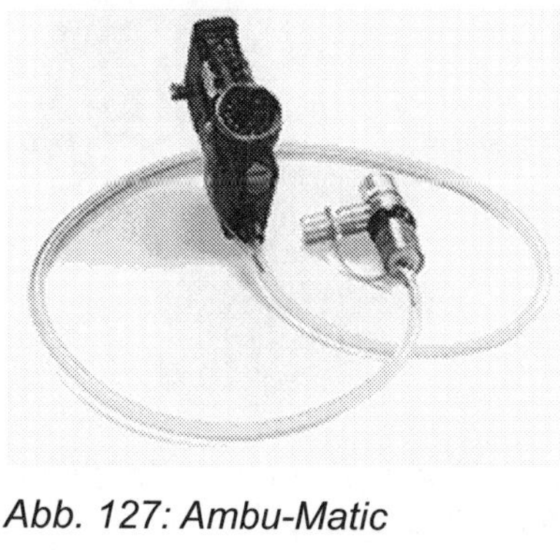

Abb. 127: Ambu-Matic

Die Beatmung ist so lange durchzuführen, bis der Patient selbst wieder atmet oder bis ein Arzt die Beendigung der Maßnahme anordnet. Der Patient ist während der Beatmung ständig zu beobachten. Sollte sich die Hautfarbe des Patienten normalisieren und sich die Blaufärbung, besonders an Nagelbett, Ohrläppchen und Lippen, verringern, bedeutet dies, dass die Beatmung ausreichend ist.

Zeigt der Beatmete eigene Atembewegungen, unterbricht der Helfer die Beatmung und überprüft die eventuell einsetzende Atemtätigkeit, dabei sind die Atemwege weiter freizuhalten.

Bei nicht ausreichender Eigenatmung wird assistiert beatmet.

Entfernen von Fremdkörpern

Wenn beim Versuch des Beatmens die Luft offensichtlich nicht bis in die Lungen gelangt, muss mit einer groben Verlegung der Atemwege durch Fremdkörper gerechnet werden.

Mund und Rachen müssen daraufhin kontrolliert und die Fremdkörper entfernt werden.

Oft ist es jedoch nicht ohne weiteres möglich den Mund des Betroffenen zu öffnen. In diesem Fall bietet sich dem Helfer folgende Methode an: z.B. Esmarsch Handgriff.

Absaugen

Sekrete im Bereich der oberen und unteren Atemwege werden am wirkungsvollsten mit Hilfe von Absauggeräten entfernt. Zur Anwendung gelangen mechanische und elektrische Absauggeräte.

Unabhängig vom Gerätetyp wird an den Saugschlauch des jeweiligen Gerätes ein Absaugkatheter angeschlossen. Da der Helfer nur im Mund-, Nasen- und Rachenraum absaugen darf, ist die Länge

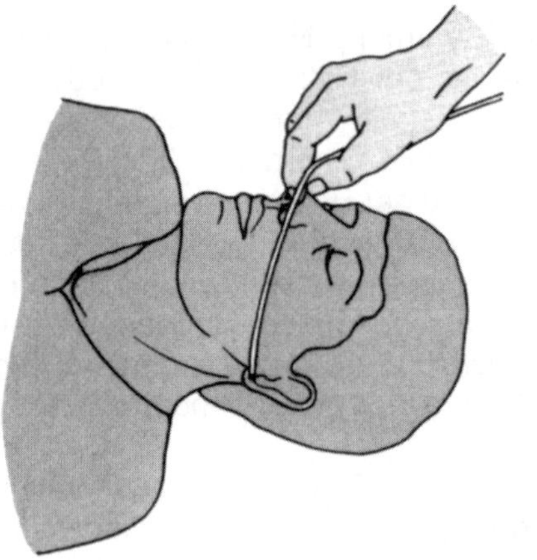

Abb. 128: Abmessen der Katheterlänge

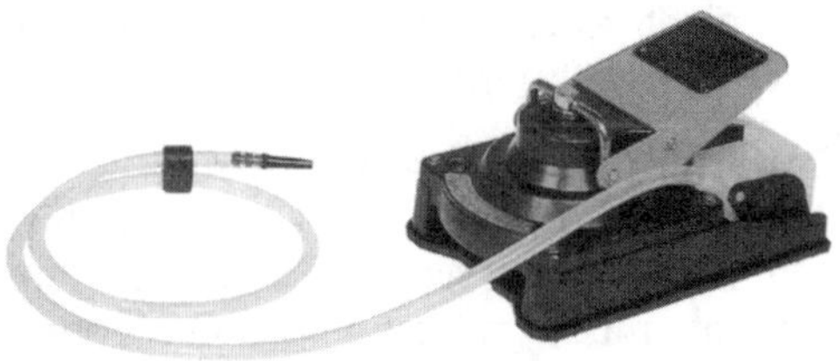

Abb. 129: Absauger

des Katheterteils, der zum Absaugen eingeführt wird, am Patienten abzumessen. Die Länge entspricht der Entfernung von der Nasenspitze bis zum Ohransatz des Betroffenen. Der Katheter wird ohne Sog in den Mund-Rachenraum eingeführt. Der Absaugvorgang erfolgt beim Zurückziehen des Katheters. Es ist darauf zu achten, dass sich der Katheter nicht an den Schleimhäuten festsaugt. Im Bedarfsfall ist das Absaugen auch mit dem Absaugschlauch möglich.

Beatmung mit Beatmungsbeutel und PEEP-Ventil

PEEP-**P**ositive **E**nd **E**xpiratory **P**ressure
(Positiver Ausatem-Enddruck)

Durch den Einsatz des PEEP-Ventiles wird in der Ausatemphase (Exspirationsphase) ein Restdruck in der Lunge belassen. Hierdurch wird bei bestimmten Krankheitsbildern, z. B. Lungenödem, Brustkorbverletzungen, Ertrinken, Reizgasvergiftungen, eine Verbesserung der Diffusion (Übertritt von Sauerstoff ins Blut) erreicht.

Die Beatmung unter Verwendung des **PEEP-Ventils** erfolgt **nur** nach **ärztlicher Weisung.**

Der nötige Restdruck ist am Ventil mit Hilfe einer Graduierung in Millibar einstellbar. Sofern das PEEP-Ventil nicht bereits in das Ventil des Beatmungsbeutels integriert ist, ist folgendermaßen zu verfahren:

Zum Anbringen des Ventils am Beatmungsbeutel sind Ausgangskappe bzw. -stutzen zu entfernen. Man schraubt weiterhin den Konnektor auf und steckt den Eingangsstutzen des PEEP-Ventils auf die Ausgangsseite des Paedi-Ventils.

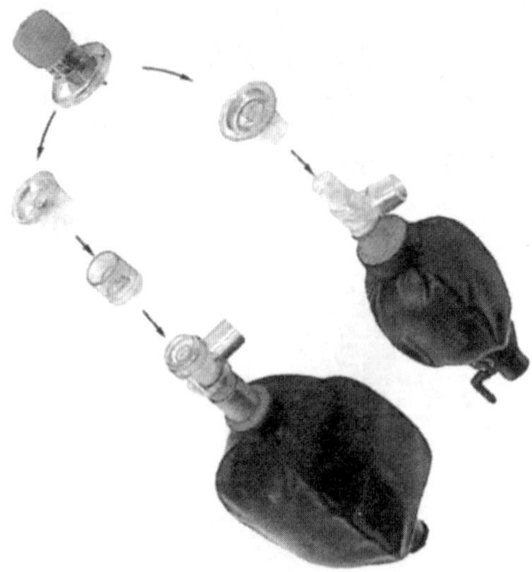

Abb.130: Beatmungsbeutel in Kombination mit dem PEEP-Ventil

Mögliche Fehler bei der Beatmung
Unzureichende und damit wirkungslose Beatmung ist auf folgende, häufig auftretende Fehler zurückzuführen:

Der Kopf des zu Beatmenden wird nicht genügend weit in den Nacken gebeugt und dadurch die Atemwege nicht freigemacht.

Die Ausatemluft des Helfers wird mit zu geringem Druck eingeblasen.
Der Mund bzw. die Nase werden nicht zugehalten und die eingeblasene Luft kann wieder entweichen.

Dauer der Beatmung
Die Beatmung ist solange durchzuführen bis der Beatmete selbst wieder zu atmen beginnt oder bis ein Arzt die Beendigung der Maßnahme anordnet.
Während der Beatmung sollte sich die Hautfarbe des Beatmeten normalisieren und die Blaufärbung, besonders an Nagelbett, Ohrläppchen und Lippen verringern.
Zeigt der Beatmete schwache Lebenszeichen wie leichte Bewegungen im Halsbereich oder schwache, keuchende Atmung, unterbricht der Helfer die Beatmung und überprüft die eventuell einsetzende Atemtätigkeit.
Bei nicht ausreichender Eigenatmung ist assistierend weiter zu beatmen.
Doch selbst wenn diese Zeichen fehlen, kommt es durch die Atemspende zu einer Stabilisierung der vorgefundenen Situation, auf die weitere ärztliche Maßnahmen aufbauen können.

4.5 Herz-Kreislauf

Blut

Aufgabe des Blutes
Das Blut ist eine körpereigene Flüssigkeit, die in erster Linie Transportfunktionen übernimmt, da sie, verteilt durch das Kreislaufsystem, alle Körperzellen erreicht.
So wird durch das Blut der Sauerstoff von der Lunge zu den Zellen befördert, die dabei gleichzeitig mit Nährstoffen versorgt werden. Auf umgekehrtem Wege übernimmt das Blut von den Zellen die Endprodukte ihres Stoffwechsels wie Kohlendioxid und Stoffwechselschlacken und bringt sie zu den Ausscheidungsorganen, so zur Lunge oder zu den Nieren.
Mit Hilfe des Blutes reguliert der Körper weiterhin seine Temperatur und seinen Wasser-Elektrolyt-Haushalt.
Darüber hinaus spielt es eine wesentliche Rolle bei der Abwehr von in den Körper eingedrungenen Fremdstoffen und Krankheitserregern.
Die Blutmenge beträgt beim Erwachsenen 80 ml je Kilogramm Körpergewicht, insgesamt also ca. 5 bis 6 Liter.

Blutbestandteile
Das Blut besteht zu ca. 45% aus festen und zu 55% aus flüssigen Bestandteilen.
Der feste Bestandteil setzt sich zusammen aus roten Blutkörperchen (Erythrozyten), die den roten Blutfarbstoff Hämoglobin als Träger für den im Blut gelösten Sauerstoff enthalten, weißen Blutkörperchen (Leukozyten) zur Abwehr von Krankheitserregern und Fremdstoffen, Blutplättchen (Thrombozyten), die zusammen mit anderen Faktoren für die Blutgerinnung notwendig sind.

Der flüssige Bestandteil des Blutes (Blutplasma) besteht zu über 90% aus Wasser sowie folgenden gelösten Substanzen: Fibrinogen, das für die Blutgerinnung von Bedeutung ist, anderen Eiweißstoffen und gelösten Salzen (Elektrolyten), Nährstoffen, Hormonen, Vitaminen, Stoffwechselprodukten und gelösten Fetten.

Blutgerinnung

Sobald das Blut die Blutgefäße verlässt, beginnt es zu gerinnen. Hierbei spielen die Blutplättchen, das im Blutplasma enthaltene Fibrinogen und weitere Faktoren eine Rolle. Im Verlauf der Blutgerinnung bildet sich in vier bis sieben Minuten ein Blutpfropf, der die Wunde verschließt.
Bei bestimmten Krankheiten, z.B. der Bluterkrankheit, ist das Blut durch fehlende Gerinnungsfaktoren mehr oder weniger ungerinnbar, so dass schon kleinste Wunden zu schwer stillbaren Blutungen führen können.
Die Maßnahmen der Blutstillung werden jedoch auch bei Verletzten mit keiner oder verminderter Blutgerinnung unverändert durchgeführt.

Herz-Kreislauf-System

Herz

Das Herz befindet sich im Mittelraum (Mediastinum) zu zwei Drittel links und zu einem Drittel rechts hinter der unteren Brustbeinhälfte und der angrenzenden Brustkorbwand; seine Spitze liegt auf dem Zwerchfell.

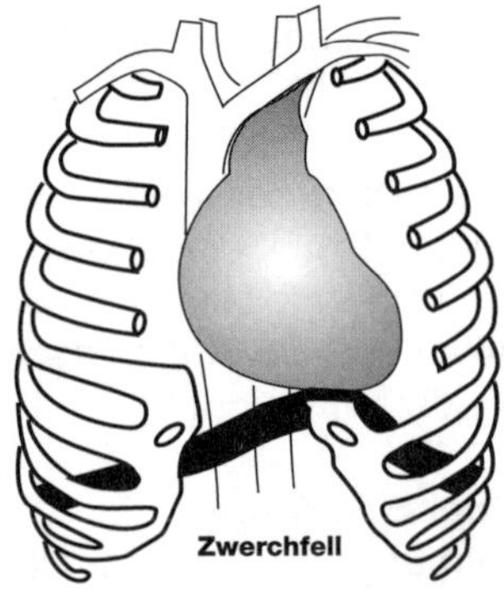

Abb. 131: Lage des Herzens im Brustraum

Seine Größe entspricht etwa der Faust des betreffenden Menschen; sie ist aber auch alters- und leistungsabhängig - so kann z.B. sportliches Training die Größe des Herzens steigern.

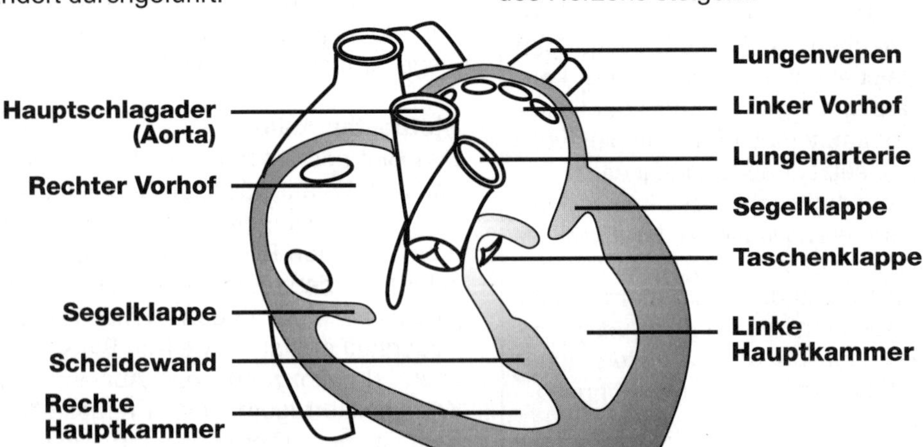

Abb. 132: Querschnitt des Herzens

Durch die Scheidewand wird das Herz in zwei etwa gleich große Teile, auch „rechtes" und „linkes" Herz genannt, getrennt. Jeder Herzteil besteht aus einem Vorhof und einer Kammer. Vorhöfe und Kammern sind durch Segelklappen voneinander getrennt, durch sie kann das Blut aus den Vorhöfen in die Kammern strömen. An den Austrittsöffnungen der vom Herzen ausgehenden Arterien befinden sich Taschenklappen.

Alle Klappen verhindern ventilartig den Rückstrom des Blutes und bestimmen damit die Richtung des Blutflusses.

Herzkranzgefäße

(= Koronargefäße)

Herzkranzgefäße sind Blutgefäße, die das Herz kranzförmig umgeben und der Versorgung des Herzmuskels dienen. Man unterscheidet zwischen Koronararterien und Koronarvenen.

Die Koronararterien entspringen direkt oberhalb der Aortenklappe der Aorta. Die linke Koronararterie versorgt im wesentlichen die Muskulatur des linken Herzens, die rechte Koronararterie die Muskulatur des rechten Herzens und die Hinterwand beider Herzkammern.

Die Koronarvenen verlaufen gemeinsam mit den Arterien, sammeln das Blut aus dem Koronarkreislauf und münden direkt in den rechten Vorhof.

Aufbau der Herzwand

Die Herzwände bestehen aus drei Schichten: der Herzinnenhaut (Endokard), die die Innenflächen des Herzens überzieht, dem Herzmuskelgewebe (Myokard), das aus der Arbeitsmuskulatur, einem Netzwerk von Muskelfasern sowie aus speziellen Fasern, dem so genannten Reizleitungssystem besteht, und der Außenhaut (Epikard), die das Herz überzieht.

Die Muskulatur des linken Herzens ist dicker als die des rechten, weil mit der linken Seite zur Versorgung des großen Körperkreislaufs ein höherer Druck erzeugt werden muss.

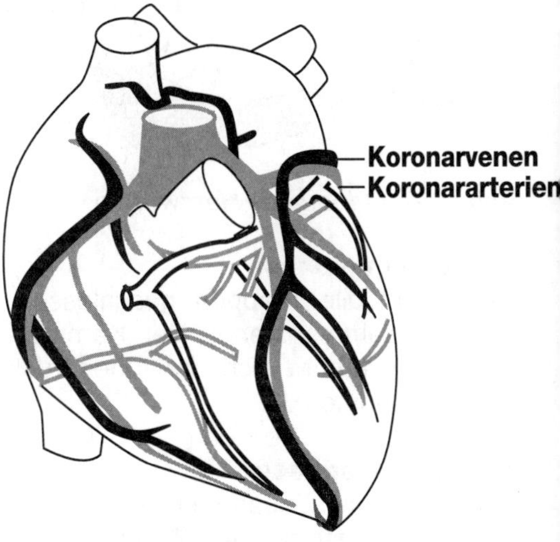

Abb. 133: Herzkranzgefässe

Das Herz befindet sich im Herzbeutel (Perikard), einem straffen Sack aus Bindegewebe, der allseitig das Herz sowie die Austrittstellen der großen Gefäße an der Herzbasis umschließt.

Funktion des Herzens

Das Herz dient als Pumpe des Kreislaufsystems.

Herzaktionen

Die Aktionen des rechten und linken Herzens erfolgen gleichzeitig. Beim Ablauf einer Herzaktion unterscheidet man vier Phasen.

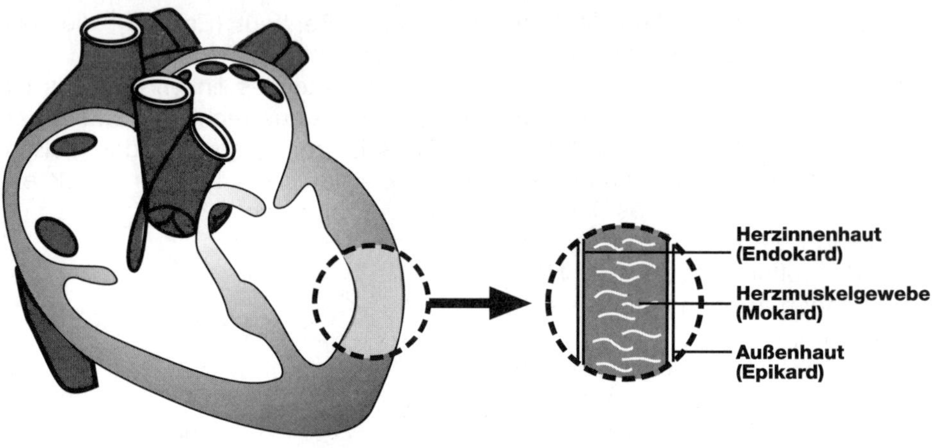

Abb. 134: Aufbau der Herzwände

Anspannungsphase
In ihr sind alle Klappen geschlossen. Durch Zusammenziehen der Kammermuskulatur erhöht sich der Innendruck der Herzkammern.

Austreibungsphase
Bei weiterem Zusammenziehen des Herzmuskels steigt der Innendruck, bis die Taschenklappen sich öffnen. Das Blut wird aus der rechten Kammer in die Lungenarterie und aus der linken Kammer in die Aorta gepumpt. Anspannungs- und Austreibungsphase der Kammern bezeichnet man als Systole.

Entspannungsphase
In ihr erschlafft der Herzmuskel und der Druck in den Kammern sinkt, die Taschenklappen schließen sich.

Füllungsphase
Nun sinkt der Druck in den Kammern noch weiter ab, die Segelklappen öffnen sich und das Blut strömt aus den Vorhöfen in die Kammern. Entspannungs- und Füllungsphase der Kammern bezeichnet man als Diastole.

Reizbildungs- und Reizleitungssystem des Herzens

Das Herz bildet, im Gegensatz zu anderen durch Nerven gesteuerten Muskelzellen, die für seine Muskelkontraktion notwendigen Reize selbst, denn es ver-

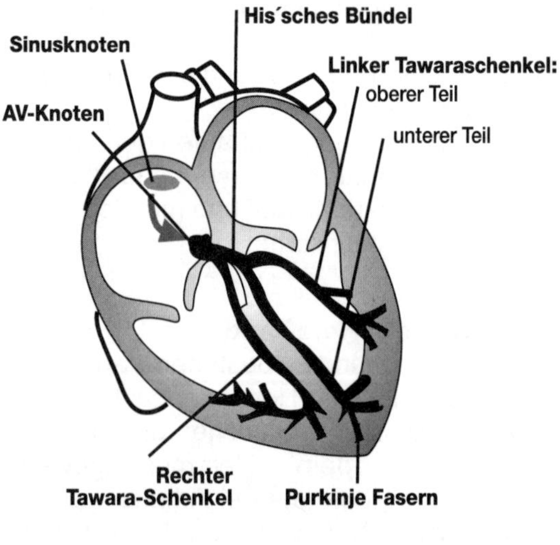

Abb. 135: Reizbildungs- und Reizleitungssystem

fügt über ein eigenes Reizbildungs- und Reizleitungssystem. Dieses besteht aus speziellen Muskelzellen und Fasern, die Erregungen oder Impulse erzeugen und weiterleiten können. Diese Impulse wirken nur auf die Herzmuskelzellen und rufen ein Zusammenziehen des Herzmuskels hervor.

Zentren der Erregungsbildung
Bedeutung für Reizbildung und Reizleitung kommt den Erregungsbildungszentren, den so genannten Knoten, zu.

Der Sinusknoten liegt in der Wand des rechten Vorhofs. Er ist Ausgangspunkt aller Erregungen und somit so Schrittmacher des Herzens. Durch selbstständige rhythmische Reizbildung entstehen 60 bis 80 Erregungsimpulse je Minute. Die Erregungsimpulse werden über die Muskulatur der Vorhöfe weitergeleitet zum Atrio-Ventrikular-Knoten (AV-Knoten). Dieser liegt am Boden des rechten Vorhofs. Von dort breitet sich die Erregung zum His'schen Bündel aus. Dieses geht direkt vom AV- Knoten ab und teilt sich kurz darauf in zwei Schenkel, die an der linken und rechten Kammerscheidewand liegen, die sogenannten Tawara-Schenkel. Über die Tawara-Schenkel wird die Erregung zu deren Endverzweigungen, den Purkinje-Fasern, weitergeleitet. Diese Endverzweigungen, kleinste Fasern in der Herzmuskulatur, liegen unter dem Endokard in der Muskulatur der Kammerwände und steuern damit deren Arbeit.

Herzrhythmus
Die Regelmäßigkeit des Herzschlags entsteht normalerweise durch die vom Sinusknoten in regelmäßigen Abständen ausgehenden Impulse, die eine geordnete Herzaktion auslösen.

Dieser Herzrhythmus wird vom unwillkürlichen Nervensystem beeinflusst. Als Herzfrequenz beziffert er die Zahl der Herzschläge pro Minute. Normalwerte im Ruhezustand sind beim

	Schläge/Min.
gesunde Erwachsene	ca. 60 bis 80
10jährigen Kind	ca. 90
2jährigen Kind	ca. 120
Neugeborenen	ca. 140

Mögliche Abweichungen von der normalen Herzfrequenz bezeichnet man als Bradykardie, wenn die Frequenz beim Erwachsenen weniger als 60 Schläge pro Minute beträgt, und Tachykardie, bei der die Frequenz bei über 100 Schlägen pro Minute liegt.

Pumpleistung
Neben der Anzahl der Herzaktionen spielt die Pumpleistung pro Schlag und in der Zeiteinheit eine entscheidende Rolle. Das Herzschlagvolumen ist die Blutmenge gemessen in Milliliter (ml), die von einer Kammer pro Herzaktion ausgeworfen wird. Beim Erwachsenen beträgt sie ca. 70 bis 80 ml.
Das Herzminutenvolumen ist die Blutmenge in Millimeter oder Liter, die von einer Kammer in einer Minute in den Kreislauf gestoßen wird.

Kurzformel:

Herzminutenvolumen
= Schlagvolumen x Herzfrequenz

Beispiel:
70 ml x 70 (Schläge/Min.) = 4900 ml
= 4,9 l/min.

Unter Belastung ist eine Steigerung des Herzminutenvolumens bis auf das Fünf- bis Sechsfache des Ruhewertes möglich.

Das Kreislaufsystem

Die Blutgefäße

Nach dem Aufbau der Gefäßwand und der Strömungsrichtung des Blutes unterscheidet man Arterien und Venen.

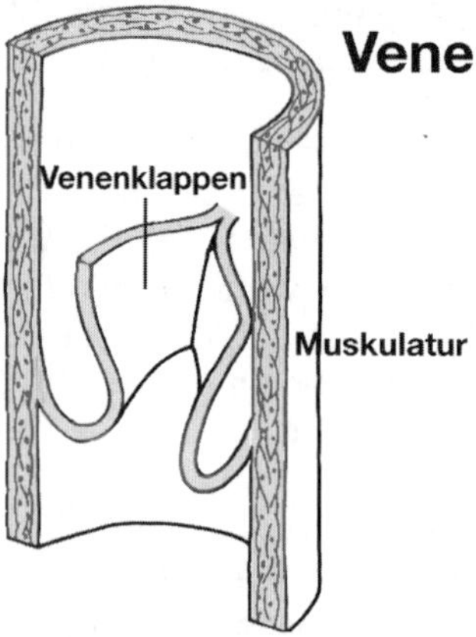

Abb. 136: Aufbau einer Vene

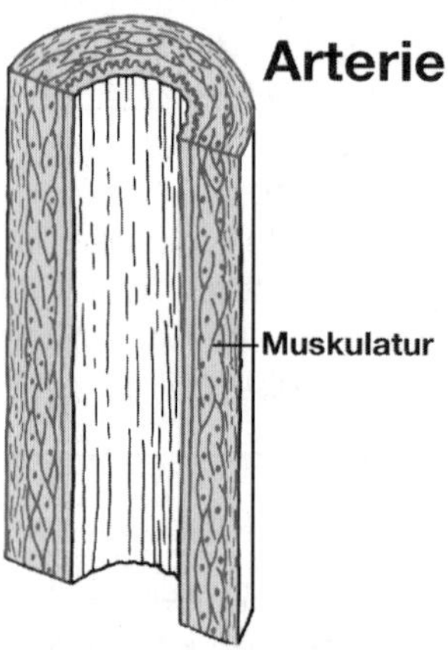

Abb. 137: Aufbau einer Arterie

In den Arterien wird das Blut vom Herzen in die Gewebe geführt. Sie verzweigen sich im Körper in immer dünner werdende Äste und gehen schließlich in Haargefäße über. Die Arterien haben druckbedingt eine relativ dicke Muskelschicht, die unabhängig von ihrer Stärke bei allen größeren Blutgefäßen eine Erweiterung oder Verengung ermöglicht.

Die Venen führen das Blut von den Haargefäßen zum Herzen. Ihre Muskelschicht ist wesentlich dünner, da im venösen System ein geringer Druck herrscht.
Zur Beförderung des Blutes sind vorwiegend in den aufsteigenden Venen Ventile (Venenklappen) angebracht, die das Zurückfließen des Blutes verhindern.
Die Haargefäße (Kapillaren) sind die Nahtstelle zwischen Arterien und Venen. Sie sind dünnwandig und besitzen keine Muskelschicht.
Durch ihre Wände hindurch findet der Gas- und Stoffaustausch mit den Zellen statt.

Der Kreislauf

Im Blutkreislauf nimmt das Blut folgenden Weg:

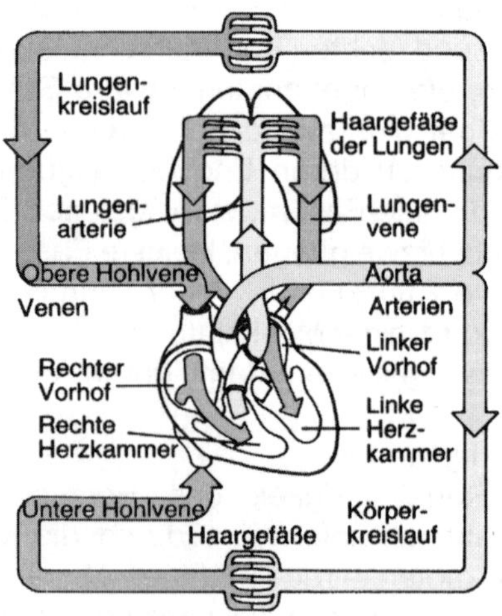

Abb. 138: Schematischer Blutkreislauf

Von dem venösen Anteil der Haargefäße gelangt es in die Venen, von dort in die untere oder obere Hohlvene, weiter in den rechten Vorhof des Herzens, über die rechte Segelklappe in die rechte Kammer, durch die rechte Taschenklappe in die Lungenarterie und damit in den arteriellen Anteil der Haargefäße an den Lungenbläschen.
Dort erfolgt die äußere Atmung durch die Abgabe von Kohlendioxid und die Aufnahme von Sauerstoff.
Von dem venösen Anteil der Lungenhaargefäße nimmt das sauerstoffreiche Blut seinen Weg über die Lungenvenen in den linken Vorhof des Herzens, von dort über die linke Segelklappe in die linke Kammer und über die linke Taschenklappe in die Aorta. Die weitere Verteilung erfolgt von den Arterien und dem arteriellen Anteil der Haargefäße. Hier findet der Gasaustausch zwischen Blut und Zelle (innere Atmung) durch Abgabe von Sauerstoff und Aufnahme von Kohlendioxid statt. Damit beginnt der Weg von neuem.

Feststellen der Kreislauftätigkeit

Durchblutung der Haut
Bei regelrechter Funktion des Herzens, des Kreislaufs und der Atmung ist die Haut ausreichend mit sauerstoffreichem Blut versorgt. Sie ist rosig, warm und im Ruhezustand trocken. Bei körperlicher Anstrengung wird die Haut stärker durchblutet. Sie ist dann rot bis hochrot, warm bis heiß und von warmem Schweiß bedeckt.
Bei gestörter Funktion von Kreislauf und Atmung ist die Haut geringer durchblutet, fühlt sich kalt an und ist eventuell mit kaltem Schweiß bedeckt. Zudem ist sie bläulich-blass (Zyanose), was vor allem an Fingernagelbett, Lippe und Ohrläppchen erkennbar ist.
Die Qualität der Blutversorgung kann man daher durch Druck, z.B. auf einen Fingernagel überprüfen. Dabei wird das Blut aus dem Gewebe gepresst, das Nagelbett wird blass. Beim Nachlassen des Drucks strömt das Blut rasch wieder in das Gewebe, das seine rosige Farbe zurückgewinnt. Bei gestörter Durchblutung behält das Nagelbett dagegen seine bläulich-blasse Färbung.
Bei dieser optischen Kontrolle der Durchblutung muss man jedoch daran denken, dass Make-up, Lippenstift oder Nagellack die Anzeichen einer schlechten Blutversorgung durch ihre Farbe verändern können.

Sauerstoffversorgung des Gehirns Pupillenreaktion
Die Reaktion der Pupillen auf Lichteinfall ist ein Hinweis auf die Sauerstoffversorgung des Gehirns.
Bei schlechten Lichtverhältnissen oder im Dunkeln sind die Pupillen weit geöffnet, um das Auge den geringsten Lichteinfall wahrnehmen zu lassen.
Trifft dagegen Licht auf die Pupillen, so ziehen sie sich reflektorisch zusammen, um die einfallende Lichtmenge zu begrenzen und Blendung zu vermeiden.
Hat sich das Auge an die Helligkeit gewöhnt, erweitern sich die Pupillen in geringem Maße.

Der Puls

Der Puls stellt sich durch die bei der Herzaktion entstehende Druckwelle an den Arterienwänden dar. Er ist an den oberflächlich verlaufenden Arterien tastbar bzw. sichtbar.

Pulskontrolle
Beim Pulsfühlen können festgestellt werden: die Pulsfrequenz (= Häufigkeit der Aktion/Minute), der Rhythmus (= Regelmäßigkeit/Unregelmäßigkeit) und die Qualität (= Füllung und Spannung der Gefäße).

Puls an der Halsschlagader – Carotispuls
Neben dem Betroffenen knieend wird mit drei Fingerbeeren links und rechts neben dem Kehlkopf, jeweils 5 bis 10 Sekunden nacheinander, der Puls getastet. Nacheinander erfolgende beidseitige Pulskontrolle ist erforderlich, weil durch einen einseitigen Gefäßverschluss der Eindruck entstehen kann, dass ein Kreislaufstillstand vorliegt.
Zu beachten ist, dass bei gleichzeitigem Druck auf beide Halsschlagadern reflektorisch ein Blutdruck- und Pulsabfall ausgelöst werden kann.

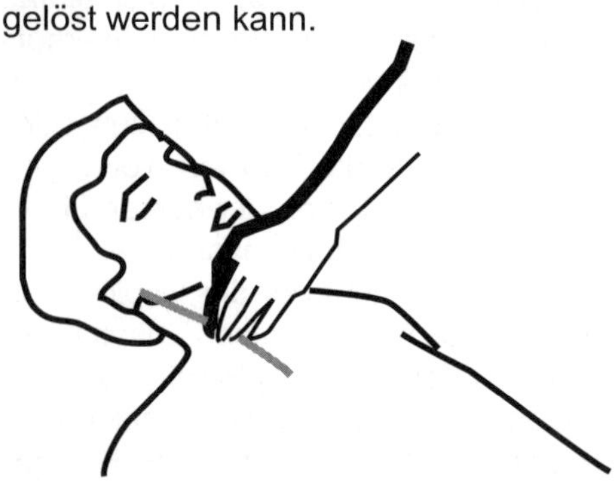

Abb. 139: Tasten des Pulses an der Halsschlagader

Der Blutdruck

Der Blutdruck wird durch die Tätigkeit des Herzens erzeugt. Er ist abhängig von der Schlagkraft des Herzens, von der kreisenden Blutmenge und von der Elastizität der Arterien.

Man unterscheidet den systolischen und den diastolischen Blutdruck.
Der systolische Blutdruck entsteht während des Zusammenziehens der Herzkammern (Systole), der diastolische Blutdruck ist gleichzusetzen mit dem Restdruck in den Gefäßen während der Entspannungsphase der Herzkammern (Diastole). Zwischen der Diastole und der erneuten Systole wird der Blutdruck durch das elastische Zusammenziehen der bei der Systole erweiterten großen Arterien aufrechterhalten. Der arterielle Blutdruck sinkt also zwischen zwei Systolen nicht auf Null ab.
Auch in den Venen besteht ein kontinuierlicher, allerdings wesentlich niedrigerer Druck, der durch den Rückfluss des Blutes zum Herzen bestimmt wird.

Blutdruckwerte
Der regelrechte Blutdruck beim gesunden Erwachsenen liegt mit dem systolischen Wert zwischen 100 und 140 mmHg, mit dem diastolischen Wert zwischen 60 und 90 mmHg.
Da jedoch die Schlagkraft des Herzens, die regelrechte Stellung der Gefäße und ihre Füllung gestört sein können, ist der Blutdruck eine ständig schwankende Größe, die von Aufregung, körperlicher Anstrengung oder Erkrankung abhängig ist.
Der Blutdruck bei Kleinkindern ist geringer als beim Erwachsenen.

Herz-Lungen-Wiederbelebung

Herz- Kreislaufstillstand
Erkrankungen des Herzens können im Extremfall zum Kreislaufstillstand führen. Weitere Ursachen können Sauerstoffmangel durch nicht ausreichende Atmung oder Atemstillstand, Beinahe-Ertrinken, Herzinfarkt, Schlaganfall, Vergif-

tungen, Elektrounfälle, massive Blutungen, schwere Unterkühlungen die zum Schock führen oder das Versagen eines Herzschrittmachers sein. Die Gefahr beim Herz- und Kreislaufstillstand ist die Unterbrechung der Sauerstoffversorgung des Gehirns.

Erkennen des Herz-Kreislauf-Stillstandes

* *Kontrolle des Bewusstseins,*
  nicht ansprechbar, nicht erweckbar, bewegungslos => bewusstlos
* *Atemkontrolle*
  keine sicht- und fühlbaren Atembewegungen kein hörbares Atemgeräusch => Atemstillstand
* *Pulskontrolle*
  an beiden Seiten des Halses kein Puls feststellbar => Herz-Kreislauf-Stillstand

Sofortiger Notruf und Beginn der Herz-Lungen-Wiederbelebung auf harter Unterlage!

Festlegen des Druckpunktes am Brustbein

Zum Aufsuchen des Druckpunktes kniet man an der Seite des Betroffenen. Das untere Brustbeinende, der erste Orientierungspunkt, ist in der Mitte des Brustkorbes als Übergang zur Magengrube

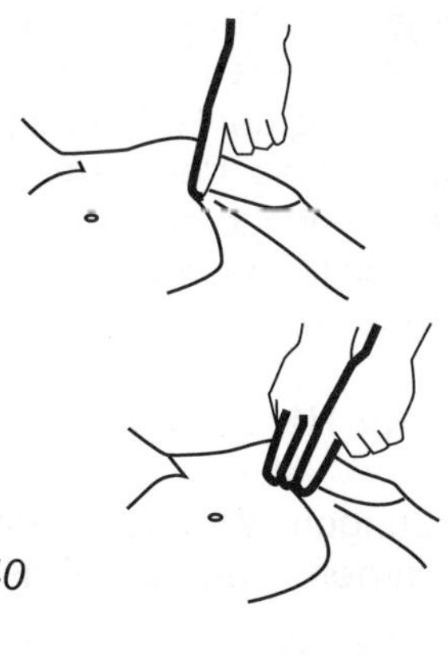

Abb. 140

fühlbar. Man legt hier einen Finger auf, dann zwei Finger der anderen Hand daneben in Richtung Hals. Der Druckpunkt ist dann der Aufsatzpunkt des Handballens in Richtung Hals direkt neben den Fingern.

Das exakte Aufsuchen des Druckpunktes ist von großer Wichtigkeit, denn ist der Druckpunkt zu hoch angesetzt, kann es zu einer Brustbeinschädigung kommen. Ist er zu niedrig angesetzt, können Milz und Leber in Mitleidenschaft gezogen werden. Rippenbrüche entstehen, wenn der Druckpunkt seitlich des Brustbeins, also nicht in der Brustkorbmitte, gewählt wurde.

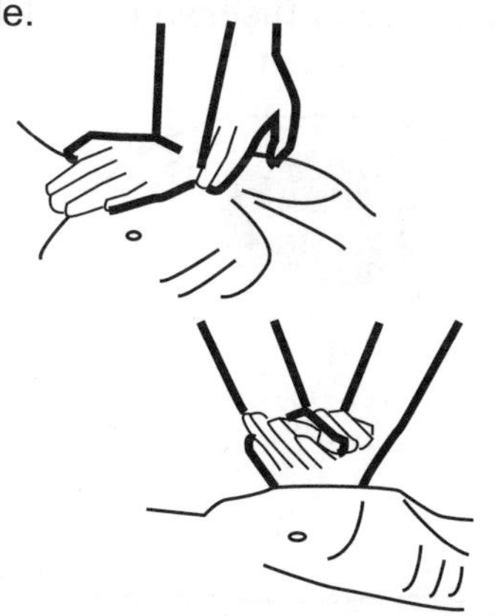

Abb. 141: Aufsuchen des Druckpunktes

Herzdruckmassage

Der Handballen einer Hand wird auf den ermittelten Druckpunkt aufgesetzt. Die Finger werden nach oben gestreckt, somit wird eine Beteiligung der Finger an der Druckausübung, die zu einem gefährlichen Druck auf die Rippen und Organe führen würde, vermieden. Der andere Handballen wird auf das Gelenk der ersten Hand aufgesetzt. Die Finger sind ebenfalls gestreckt.

Die Arme werden in den Ellenbogengelenken gestreckt und der Druck senkrecht auf den Druckpunkt (= Druckerhö-

hung im Thorax und zusätzlich die direkte Kompression des Herzens) durch Gewichtsverlagerung des Oberkörpers über die gestreckten Arme ausgeübt.
Da mit zunehmendem Alter der Brustkorb an Elastizität verliert, kann es besonders bei älteren Menschen im Verlauf der Herzdruckmassage zu Rippen- oder Brustbeinbrüchen kommen. Auch in diesem Fall ist die Herzdruckmassage fortzusetzen, wobei jedoch sichergestellt sein muss, dass Druckpunkt, Druckrichtung und Druckstärke korrekt ausgewählt sind. Für eine erfolgreiche Herzdruckmassage beim Erwachsenen ist es erforderlich, das Brustbein etwa 4 bis 5 cm tief einzudrücken.

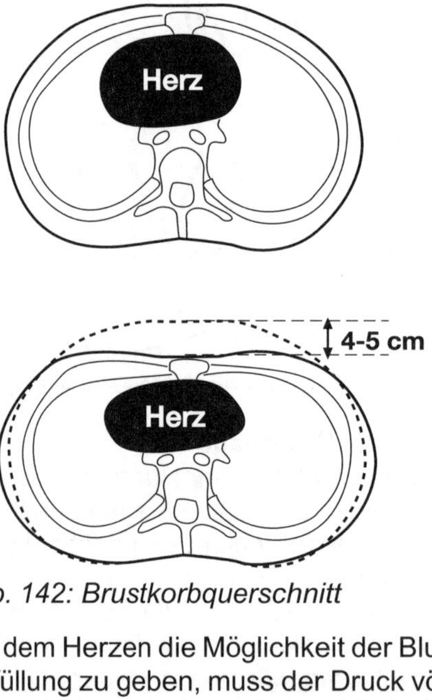

Abb. 142: Brustkorbquerschnitt

Um dem Herzen die Möglichkeit der Blutauffüllung zu geben, muss der Druck völlig nachlassen, ohne dass dabei der Druckpunkt verlassen wird.
Druck- und Entlastungsphase müssen gleich lang sein, wobei darauf zu achten ist, dass die Herzdruckmassage insgesamt nicht ruckartig durchgeführt wird.

Die Herz-Lungen-Wiederbelebung als Kombination von Herzdruckmassage und Beatmung kann durch einen oder zwei Helfer durchgeführt werden.

Ausführung der Herz-Lungen-Wiederbelebung durch einen Helfer
Bei einer Herz-Lungen-Wiederbelebung durch einen Helfer wird bei einer zweimaligen Beatmung (Frequenz 80/min), eine 15malige Herzdruckmassage im Wechsel durchgeführt. Der Übergang von Atemspende zur Herzdruckmassage und umgekehrt erfolgt schnell und ohne Pause.

Ausführung der Herz-Lungen-Wiederbelebung durch zwei Helfer
Bei einer Herz-Lungen-Wiederbelebung durch zwei Helfer führt der eine Helfer die Herzdruckmassage (Frequenz 80/min) durch, während der zweite Helfer nach jeder fünften Herzdruckmassage beatmet.
Die Wirksamkeit der Maßnahmen ist an einem tastbaren Puls am Hals, am Heben und Senken des Brustkorbes und an der eventuell verbesserten Hautdurchblutung, d.h. der verminderten Zyanose zu erkennen.

Allgemein gilt zu beachten:
Sobald möglich ohne jedoch die Maßnahmen zu verzögern oder gar zu unterbrechen, ist ein Arzt unter Hinweis auf den vorliegenden Atem- und Kreislaufstillstand herbeizurufen.
Zur Durchführung der Herz-Lungen-Wiederbelebung muss der Betroffene auf eine harte Unterlage gebracht und der Oberkörper sollte nach Möglichkeit freigemacht werden.

Beenden der Herz-Lungen-Wiederbelebung
Die Herz-Lungen-Wiederbelebung kann beendet werden, wenn der Puls an der

Halsschlagader ohne Ausübung der Herzdruckmassage in ausreichender Frequenz tastbar ist, wenn die Atmung wieder einsetzt oder wenn der Arzt die Beendigung anordnet. Nach Wiedereinsetzen der Kreislauftätigkeit und bei weiterhin fehlender Atmung wird die Atemspende fortgesetzt und ständig Puls und Atmung kontrolliert.
Wenn die Atmung wieder einsetzt, aber das Bewusstsein noch nicht erlangt ist, bringt man den Betroffenen in die stabile Seitenlage und überprüft ständig Puls und Atmung.
Erlangt er auch das Bewusstsein wieder, so wird er trotzdem veranlasst, weiterhin liegen zu bleiben. Bewusstseinslage, Atmung und Puls werden ständig kontrolliert und unabhängig vom Zustand wird auf jeden Fall ein Arzt hinzugezogen.

Gefahren

Fehlindikation:
Wird trotz vorhandener Kreislauftätigkeit die Herz-Lungen-Wiederbelebung eingeleitet, so kann dies den Kreislaufstillstand erst provozieren.
Ein falsch gewählter Druckpunkt führt zu Verletzungen des Brustkorbes und innerer Organe.
Wird die Herzdruckmassage mit zu starkem Druck ausgeführt, so kommt es zu Verletzungen des Brustkorbes und eventuell sogar zu Schädigungen des Herzens. Wird die Herzdruckmassage dagegen mit zu wenig Druck ausgeführt, so kommt durch mangelnde Kompression kein Kreislauf zu Stande.
Ist die Frequenz der Herzdruckmassage zu hoch, so kann sich das Herz zwischen den einzelnen Kompressionen nicht ausreichend füllen, bei zu langsamer Frequenz kommt keine Zirkulation des Blutes in Gang. Wird der Patient nicht auf eine harte Unterlage gebracht, so kann mit der Herzdruckmassage kein Druck erzeugt werden.
Wird die Herz-Lungen-Wiederbelebung zu lange unterbrochen, so bricht der eventuell aufgebaute Minimalkreislauf wieder zusammen.

Herz-Lungen-Wiederbelebung bei Säuglingen und Kindern

Auch die Herz-Lungen-Wiederbelebung bei Säuglingen und Kindern beruht auf der Kombination von Beatmung und Herzkompression.
Selbstverständlich muss dabei jedoch den veränderten anatomischen und physiologischen Gegebenheiten Rechnung getragen werden.

Feststellung der Bewusstseinslage

Keine Reaktion auf Reize.

Atemkontrolle

Keine sichtbaren Atembewegungen am Brustkorb, viermal beatmen.

Erneute Atemkontrolle

Bei weiterhin bestehendem Atemstillstand.

Überprüfen der Kreislauftätigkeit

Pulse an beiden Oberarmarterien prüfen (linke und rechte Brachialisarterie).
Bei Neugeborenen überprüft man dabei den sog. Herzspitzenstoß, denn bei ihnen ist die Herztätigkeit auf der linken Brustkorbseite unterhalb der Brustwarze gut tastbar. Bei festgestelltem Kreislaufsstillstand kombinierte Herzdruckmassage und Beatmung: Das Kind ist unbedingt vor Auskühlung zu schützen.
Der Druckpunkt für die Herzdruckmassage befindet sich in der Mitte des Brustbeins (etwa 1cm unterhalb einer gedachten Linie zwischen den Brustwarzen). Zu beachten ist, dass die Kompression nicht auf das untere Brustbein ausgeübt wer-

den darf, da sonst die Gefahr einer Verletzung der Leber besteht.

Ausführung der Herz-Lungen-Wiederbelebung bei Säuglingen

Nachdem der Druckpunkt festgelegt wurde, erfolgt die Herzdruckmassage mit zwei Fingern einer Hand senkrecht in Richtung Wirbelsäule mit einer Frequenz von ca. 100 Kompressionen pro Minute und einer Drucktiefe von nur ein bis zwei Zentimetern.

Die Beatmung erfolgt gleichzeitig über Mund und Nase, wobei mit einem Atemzug etwa drei bis vier Beatmungen durchgeführt werden. Beatmungsvolumen und Beatmungsdruck (15:3 bzw 5:1 Zyklen möglich) sind so den Körperverhältnissen des Säuglings angepasst.

Die Beatmungsfrequenz ist, wie bekannt, höher als beim Erwachsenen. Die Beatmung erfolgt daher mit 30 bis 40 Atemzügen pro Minute, so dass in Verbindung mit der Herzdruckmassage ein Verhältnis von einer Beatmung auf drei Herzdruckmassagen erreicht wird. Wie auch bei der Herz-Lungen-Wiederbelebung beim Erwachsenen durch zwei Helfer ist darauf

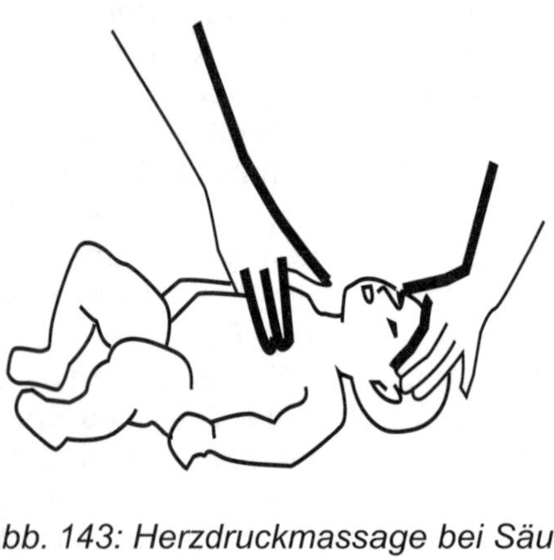

Abb. 143: Herzdruckmassage bei Säuglingen

zu achten, dass Beatmung und Herzdruckmassage kontinuierlich durchgeführt werden.

Herz-Lungen-Wiederbelebung bei Kindern

Grundsätzlich gilt auch hier, dass die Intensität und Frequenz für Beatmung und Herzdruckmassage der jeweiligen Größe des Kindes anzupassen sind, ohne dass

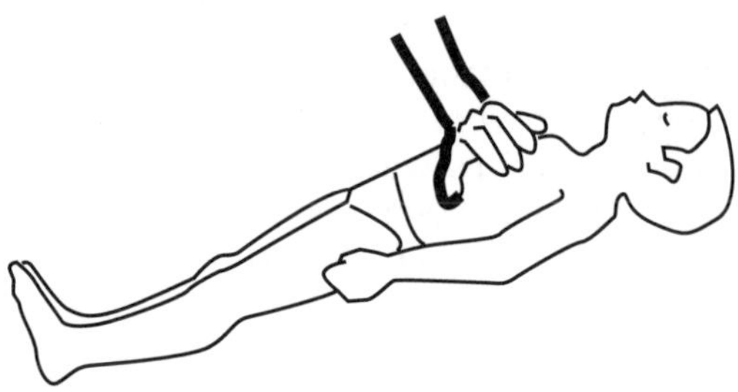

Abb. 144: Herzdruckmassage bei Kindern

hier starre Regeln mit fixen Altersangaben aufgestellt werden könnten.

Der wesentliche Unterschied zur Herz-Lungen-Wiederbelebung bei Säuglingen besteht darin, dass ab einem Alter von etwa zwei Jahren die Herzdruckmassage nicht mehr mit zwei Fingern, sondern mit dem Handballen durchgeführt wird. Ab etwa zwölf Jahren wird die Herz-Lungen-Wiederbelebung technisch wie beim Erwachsenen durchgeführt, wobei selbstverständlich weiterhin die genannten Einschränkungen gelten.

Zusammenfassung

Schematischer Ablauf der Maßnahmen beim Auffinden einer reglosen Person:

Herz-Lungen-Wiederbelebung Ablaufschema

Betroffenen auf harte Unterlage bringen

2 x Atemspende

Oberkörper freimachen und Druckpunkt aufsuchen

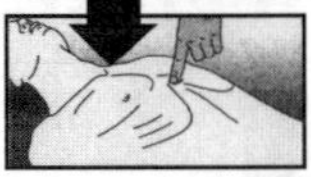

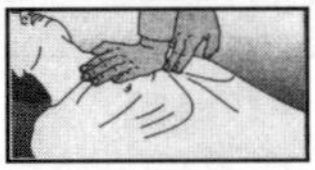

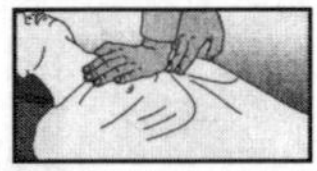

15 x Herzmassage, Frequenz: 80/Min.

2 x Atemspende

Bewußtsein, Atmung und Puls überwachen

Herz-Lungen-Wiederbelebung durch zwei Helfer

Helfer 1

Helfer 2

Betroffenen auf harte Unterlage bringen

Helfer 1:

Oberkörper freimachen

Druckpunkt aufsuchen

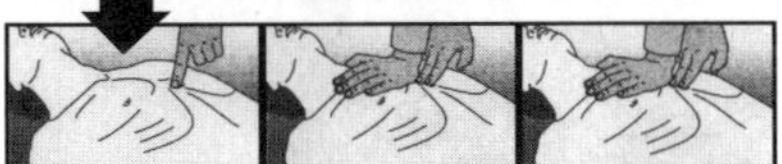

5x Herzmassage
Frequenz: 80/min.

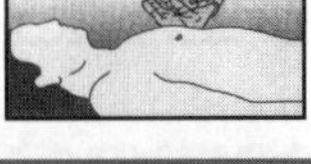

Helfer 2:

2 x Atemspende

Nach jeder 5. Herzmassage
1x Atemspende (1-1,5 Sek.)

Bewußtsein, Atmung und Puls überwachen

Auffinden einer Person

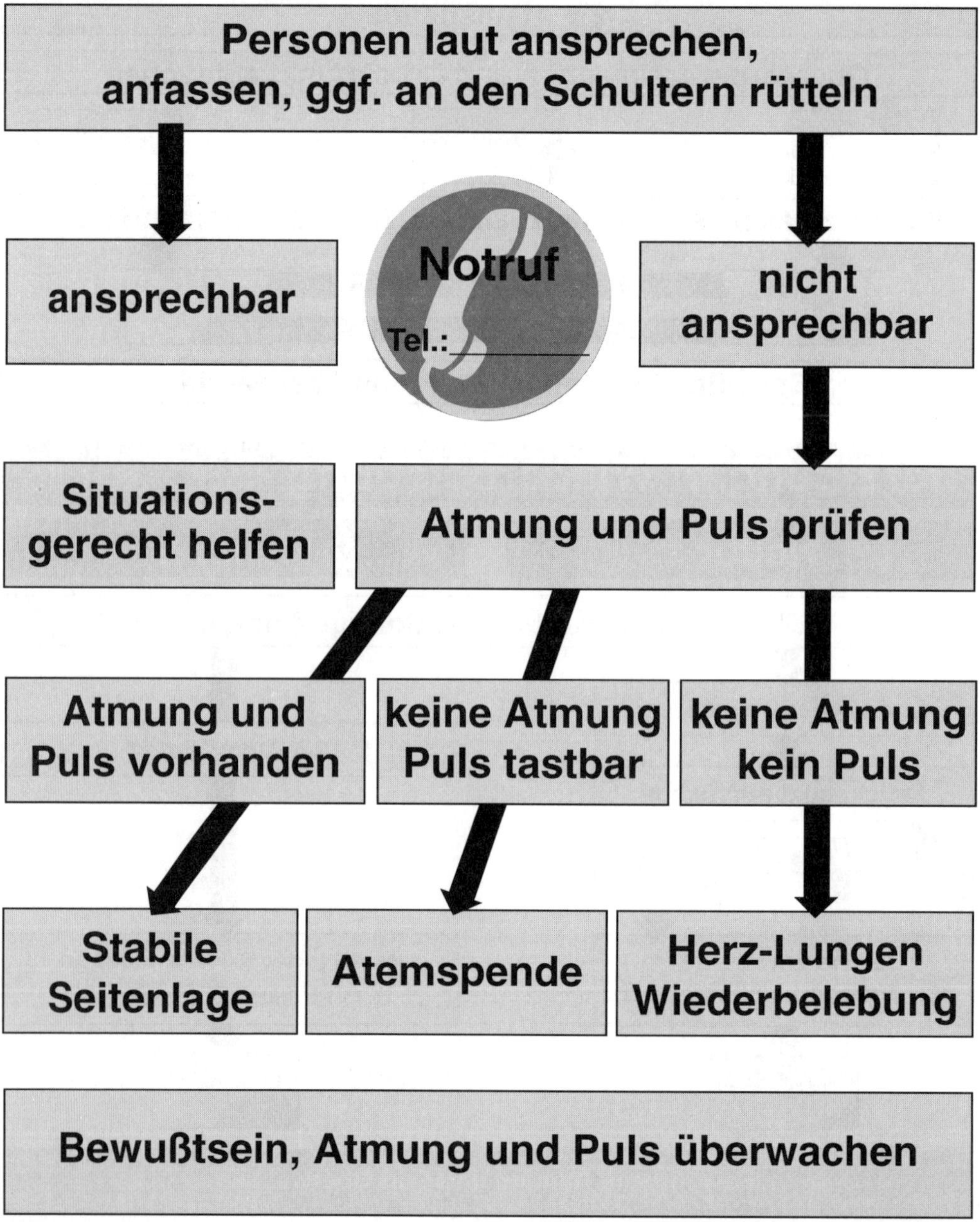

Schock

Der Schock ist eine Herz-Kreislauf-Störung, die auf einem Missverhältnis zwischen erforderlicher und tatsächlicher Blutversorgung beruht. Die Kapillardurchblutung wird dadurch so herabgesetzt, dass es im Gewebe zu Sauerstoffmangel kommt, der zu Schäden oder sogar zum Absterben der Zellen führt.

Bei einem großen Teil der Notfälle kommt es zu diesem lebensbedrohlichen Zustand nicht auf Grund der eigentlichen Verletzung oder Erkrankung, sondern durch das Folgegeschehen Schock.

In der Anfangsphase häufig durch die primäre Verletzung oder Erkrankung verdeckt, erfasst der Schock in zunehmendem Maße den gesamten Organismus und führt, wenn dieser Teufelskreis nicht von außen durchbrochen wird, zum Tod.

Man unterscheidet u.a. folgende Schockformen: Volumenmangelschock, vasovagaler Schock, anaphylaktischer Schock, neurogener Schock, kardiogener Schock, septisch-toxischer Schock.

Der Volumenmangelschock entsteht durch die Verminderung der kreisenden Blutmenge infolge einer Blutung nach außen oder innen ins Gewebe oder in Körperhöhlen. Ursache ist also in jedem Fall ein absoluter Volumenmangel. Auch allgemeiner Flüssigkeitsverlust durch Verbrennungen, Erbrechen oder Durchfall kann zum Volumenmangelschock führen.

Der vasovagale Schock wird durch eine Weitstellung der peripheren Gefäße hervorgerufen. Dadurch entsteht ein relativer Volumenmangel, da im Kreislaufsystem kein Flüssigkeitsverlust entstanden ist.

Ausgelöst wird die Weitstellung der Gefäße durch eine Reaktion des vegetativen Nervensystems. Als Ursache kommen verschiedene Vergiftungen, Schädigungen des Nervensystems aber auch psychische Einflüsse in Frage.

Der anaphylaktische Schock wird durch Unverträglichkeit auf bestimmte Substanzen hervorgerufen. Solche Unverträglichkeiten können als allergische Reaktionen auf Arzneimittel (z.B. Penicillin) oder Gifteinwirkungen (z.B. Insektenstiche) eintreten. Sie erweitern zum einen die Gefäße und machen zum anderen die Kapillarwände durchlässig; es kommt also zum relativen und absoluten Volumenmangel.

Der kardiogene Schock entsteht durch die Verminderung der Pumpleistung des Herzens, ausgelöst durch einen Infarkt, Herzmuskelschwäche und Herzrhythmusstörungen. Dadurch wird das Gewebe schlechter versorgt, es kommt zum Sauerstoffmangel und der Körper reagiert wie beim anaphylaktischen Schock mit Flüssigkeitsverlust durch gesteigerte Durchlässigkeit der Kapillarwände.

Der Schockverlauf ist ab einem gewissen Punkt bei allen Schockformen gleich. Verringert sich die kreisende Blutmenge, so pumpt das Herz zunächst schneller und versucht dadurch den Volumenverlust auszugleichen.

Gleichzeitig werden die peripheren Gefäße so verengt, dass nur noch die lebenswichtigen Organe wie Gehirn, Lunge oder Herz ausreichend mit Sauerstoff versorgt werden.

Diesen Vorgang nennt man Zentralisation. Die Durchblutung der Nieren wird wie die der Leber und des Darms als Folge der Zentralisation deutlich reduziert. Dies geschieht bereits bei noch fast im Normalbereich liegenden Blutdruckwerten. Sinkt der systolische Blutdruck im Verlauf des Schocks unter 60 mm Hg, stellen die Nieren ihre vorher nur eingeschränkte Filterfunktion ganz ein – es kommt zur

Schockniere. Dadurch tritt eine Vergiftung des Körpers durch harnpflichtige Substanzen ein, welche das Schockgeschehen noch verstärkt.
Nach dem Ausfall der Nieren funktioniert letztlich nur noch ein Notkreislauf für Herz, Lunge und Gehirn und der Schock mündet schließlich in den Atem- und Herz-Kreislauf-Stillstand.

Anzeichen des Schocks

Schockanzeichen sind fahle Blässe und kalte, feuchte Hände. Der Betroffene zittert und friert, es steht ihm kalter Schweiß auf der Stirn und er leidet unter Angstgefühlen.
Der Puls wird schneller und als Zeichen des Blutdruckabfalls deutlich schwächer. Der Betroffene ist infolge Sauerstoffmangels zyanotisch. Anfänglich zeigt er auffallende Unruhe, unter Umständen entsprechen seine Reaktionen nicht der gegebenen Situation. Später wird er ruhig und teilnahmslos und verliert letztlich das Bewusstsein.

Maßnahmen beim Schock

Ist der Schock durch eine starke Blutung hervorgerufen, so steht die Blutstillung im Vordergrund, ohne jedoch andere lebensrettende Sofortmaßnahmen zu verzögern.

Schocklage

Die sog. Schocklage wird hergestellt, indem man durch Unterlegen geeigneten Materials bis in die Kniekehlen die Beine etwa 20 bis 30 cm hochlagert. Dadurch wird auf Dauer der Rückfluss des Blutes in die Beine verhindert und so die Zentralisation unterstützt.
Die Schocklage lässt sich in gleicher Weise auch mit der Trage herstellen.
Die Schocklage wird beim kardiogenen Schock, bei Bauch- und Brustkorbverletzungen, Wirbelsäulen- und Beckenbrüchen, Frakturen der unteren Extremitäten und bei Schädel-Hirn-Verletzungen **nicht angewandt**, da in diesen Fällen der traumatische Zustand **vertieft** wird.

Weitere Maßnahmen

Dem Betroffenen sollte sobald wie möglich Sauerstoff angeboten werden.

Schocklage

Bei Bewusstlosigkeit wird die Seitenlage auf der Trage hergestellt, die, falls angezeigt, mit der Schocklage kombiniert werden kann.
Der Helfer sorgt für Wärmeerhaltung, ohne den Schockpatienten jedoch anzuwärmen. Er überprüft laufend Bewusstseinslage, Atmung, Puls und Blutdruck.
Ärztliche Hilfe ist so schnell wie möglich herbeizuholen.
Besondere Bedeutung kommt der psychischen Betreuung des Schockpatienten zu. In jedem Fall sind Unruhe und Lärm von ihm fern zu halten.
Man lässt den Betroffenen auf keinen Fall allein, sondern wendet sich ihm intensiv zu und wirkt beruhigend auf ihn ein.

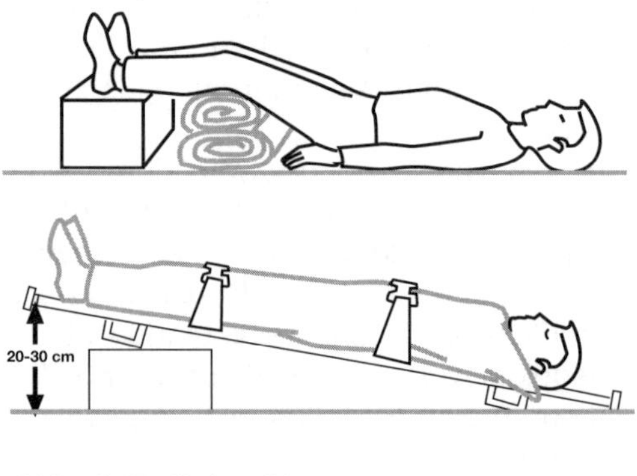

Abb. 145: Schocklage

4.6 Verletzungen der Haut

Die Haut und ihre Anhangsgebilde

Die Haut umgibt den ganzen Körper als elastische Hülle und schützt ihn gegen mechanische Einwirkung, Lichteinflüsse, Krankheitserreger und vor allem gegen Flüssigkeitsverluste, denn ohne die Haut würde der Körper rasch austrocknen.

Die Haut hilft weiterhin die Körpertemperatur zu regeln und ist ein Sinnesorgan, denn der Tastsinn und die Temperaturempfindung des Menschen werden durch sie vermittelt.

Die Hautschichten

Bei detaillierter Betrachtung lässt die Haut drei Schichten erkennen: Oberhaut, Lederhaut und Unterhaut.

Die Oberhaut ist dünn und durchscheinend und besteht aus verhornten Deckzellen, die vielschichtig übereinanderliegen. Sie werden in der Keimschicht ständig neu gebildet und schilfern sich an der Oberfläche, wo sie bereits abgestorben sind, in Form kleiner Hornschüppchen laufend ab. An Stellen starker Belastung, z.B. in der Hohlhand und an der Fußsohle, ist die Hornschicht dicker als am übrigen Körper. Bei dauernder Druckbelastung kann sie sich auch an anderen Stellen zu Schwielen verdicken.

Die Oberhaut hat weder Blutgefäße noch Nerven. Bei Schädigung der Oberhaut durch Druck, Reibung, Hitze, Kälte und andere, z.B. chemische Einflüsse, kann sie sich stellenweise von der Unterlage ablösen. In den Spalt strömt dann Gewebsflüssigkeit ein und bildet eine prall gefüllte Blase, wie man sie als Brand- oder Marschblase kennt, deren Blasendecke schmerzlos ist.

Geht die Oberhaut bei der Schädigung ganz verloren, dann entstehen oberflächliche Wunden, die nicht bluten, sondern aus den eröffneten Gewebespalten nässen. Dazu gehören Abschürfungen, das sog. Wundreiben und Verbrennungen.

Die Heilung der Oberhaut erfolgt narbenlos, wenn die darunter liegende Keimschicht nicht mit zerstört wurde.

Die Lederhaut besteht aus derben elastischen Bindegewebefasern. Sie enthält Blut- und Lymphgefäße und wird von Empfindungsnerven durchzogen, die unmittelbar unter der Oberhaut in Nerven-

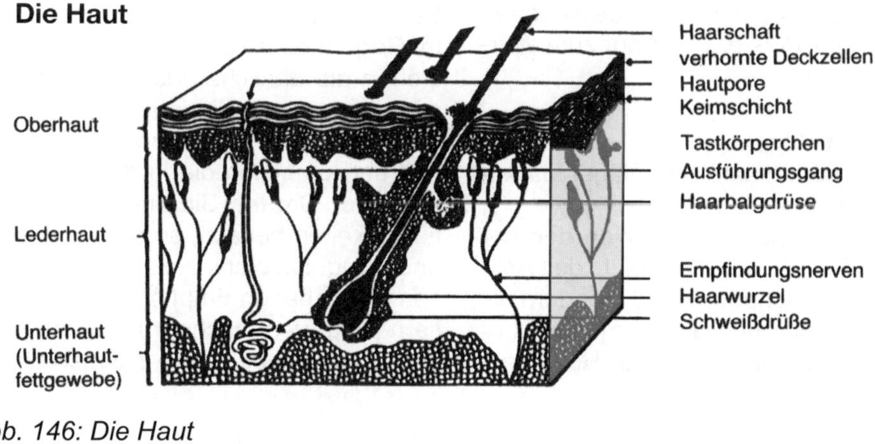

Abb. 146: Die Haut

endungen in Form von Tastkörperchen, Schmerzpunkten, Wärme- und Kältepunkten auslaufen. Diese vermitteln entsprechend Tast-, Schmerz-, Wärme- und Kälteempfindungen und machen die Haut zu einem wichtigen Sinnesorgan. In der Lederhaut liegen außerdem die Schweißdrüsen und die Talgdrüsen, deren Drüsenausführungsgänge an der Hautoberfläche als Poren münden. Die Schweißdrüsen sondern salzhaltige, klare Schweißflüssigkeit ab, die auf der Haut verdunstet und durch ihre abkühlende Wirkung eine wichtige Rolle bei der Regulierung der Körpertemperatur spielt. Die Talgdrüsen (Haarbalgdrüsen) scheiden Talg ab, der die Haut mit einem Fettfilm überzieht, geschmeidig hält und gegen Wasser schützt. Im Gehörgang sind diese Talgdrüsen zu Ohrenschmalzdrüsen umgewandelt.
Die Unterhaut verbindet die Haut mit den tieferen Körperschichten. Sie besteht aus sehr lockerem Bindegewebe, so dass sich die Haut an vielen Körperstellen leicht gegen die darunter liegenden Muskeln verschieben lässt. In die Unterhaut ist je nach Ernährungszustand und Alter des Menschen mehr oder weniger Fett als Polster in Form von Unterhautfettgewebe eingelagert. Dieses Reservefett dient als Polster und trägt zum Wärmeschutz bei.

Haare und Nägel

Die Haut trägt Haare und Nägel als Anhangsgebilde.
Haare finden sich nicht nur an den behaarten Stellen der Kopfhaut, der Achseln und der Schamgegend, sondern als feine Flaumhärchen auch an allen übrigen Stellen des Körpers. Nur Hohlhand, Fußsohle und Lippen sind frei von Haaren. Das Haar sitzt mit seiner Haarwurzel im Haarbalg schräg in der Haut.
In den Haarbalg münden auch die Haarbalgdrüsen. Der Haarmuskel richtet, wenn er sich anspannt, das Haar auf – der Mensch bekommt eine Gänsehaut.
Dringen Krankheitserreger in den Haarbalg und die Haarbalgdrüsen ein, so vereitern sie und es entsteht ein Furunkel.
Die Nägel bedecken die Streckseiten der Finger- und Zehenendglieder als gewölbte Hornplatten. Sie liegen auf dem Nagelbett, wachsen laufend aus der Nagelwurzel nach und sind im Nagelfalz verankert.

Schleimhäute

Die Schleimhäute kleiden die Innenseite der Atem-, Verdauungs-, Harn- und Sexualorgane sowie die Innenseite der Augenlider aus. Ihre Oberfläche besteht aus ein- oder mehrschichtigem Deckgewebe, das Schleimdrüsen enthält, deren Absonderung das darunter liegende Gewebe schützt. In den Atemwegen feuchten sie die Atemluft an und machen sie mit Hilfe ihrer Flimmerhärchen staubfrei. Die rote Farbe der Schleimhäute ist durch ihre starke Durchblutung bedingt.

Seröse Haut

Im Gegensatz zu den Schleimhäuten bestehen die ähnliche aussehenden serösen Häute aus Bindegewebe. Seröse Häute kleiden Brust- und Bauchhöhle aus und umhüllen die in diesen Höhlen liegenden Organe. Sie sind von Gewebsflüssigkeiten benetzt, so dass sie feucht und spiegelnd blank aussehen. Die serösen Häute haben Empfindungsnervenfasern und verursachen bei Verletzung oder Entzündung starke Schmerzen.

4.7 Verletzungen und Erkrankungen durch thermische Einflüsse

Verbrennungen und Verbrühungen

Verbrennungen entstehen durch Berührungen mit heißen Gegenständen, Flüssigkeiten, Wasserdampf, Gasen und offenem Feuer sowie durch elektrischen Strom oder Bestrahlung (Sonnenlicht, Höhensonne, Sonnenbrand).
Wurden die Schäden durch kochendes Wasser oder Dämpfe verursacht, nennt man sie Verbrühungen. Die Schwere der Schädigung hängt von der Temperatur und ihrer Einwirkungsdauer ab.
Man unterscheidet drei Verbrennungsgrade, deren Kennzeichen sich jedoch langsam entwickeln, so dass das tatsächliche Ausmaß einer Verbrennung oder Verbrühung in der Anfangsphase oft nicht eindeutig zu erkennen ist.
Bei Verbrennungen 1. Grades ist eine Hautrötung und geringe Schwellung erkennbar. Der Betroffene verspürt einen brennenden, ziehenden Schmerz.
Ist die Hautrötung bereits mit einer Blasenbildung, einer oberflächlichen Zerstörung der Haut und einer starken Schwellung verbunden, handelt es sich um eine Verbrennung 2. Grades.
Eine Verbrennung 3. Grades ist gekennzeichnet durch die vollkommene Zerstörung des Deckgewebes und tieferen Gewebsschichten bis hin zur Verkohlung.

Ermitteln der Ausdehnung einer thermischen Schädigung

Um die Schwere des Verletzungszustandes bei einer thermischen Schädigung zu ermitteln, genügt nicht nur das Wissen um den Verbrennungsgrad, sondern es ist ebenso erforderlich Aussagen über die flächenmäßige Ausdehnung der Schädigung zu treffen.
Dazu bedient man sich der sog. Neunerregel. Mit ihr ermittelt man auf Grund der sichtbaren Hautveränderungen, welcher Prozentsatz der Körperoberfläche von der thermischen Schädigung betroffen ist.
Beim **Erwachsenen** kann man sich an folgenden Zahlen orientieren:

Kopf und Hals	9%	=	9%
Rumpf	4 x 9%	=	36%
Arme	je 9%	=	18%
Beine	je 18%	=	36%
Dammgegend	1%	=	1%
			100%

Bei **Kleinkindern/Säuglingen** gelten auf Grund der unterschiedlichen Körperproportionen im vergleich zu Erwachsenen abweichende Werte:

Kopf und Hals	16%	=	16%
Arme	9%	=	18%
Rumpf vorne	16%	=	16%
Rumpf hinten	16%	=	16%
Beine	je 17%	=	34%
			100%

Als Faustregel für die Beurteilung der verbrannten Körperoberflächen kann auch die sogenannte Handflächenregel herangezogen werden, denn die Handfläche des Betroffenen entspricht ca. 1% seiner Körperoberfläche.
Entscheidend ist, dass sich der Helfer bewusst ist, dass, sobald beim Erwachsenen 15% der Körperoberfläche verbrannt sind, Lebensgefahr besteht. Bei thermischen Schädigungen 3. Grades kann dies auch schon bei geringerer Ausdehnung der Fall sein.

Bei Säuglingen und Kleinkindern besteht auf jeden Fall bei ca. 8 – 10% verbrannter Körperoberfläche Lebensgefahr.
Notärztliche Versorgung vor Ort ist deshalb auf jeden Fall erforderlich.
Das Leben des Verletzten wird durch drei Gefahren bedroht:
Schock durch Flüssigkeitsverlust und Schmerzen; Schädigung des Organismus, insbesondere der Nieren, durch die bei der Verbrennung entstehenden Eiweißzerfallprodukte; Wundinfektion.

Verbrennungskrankheit
Großflächige Verbrennungen verursachen oft schwere oder sogar tödliche Allgemeinstörungen, die zusammengefasst als Verbrennungskrankheit bezeichnet werden. Die Verbrennungskrankheit beginnt mit dem Verbrennungsschock. Seine Ursachen sind u.a. heftiger Schmerz, Verminderung der zirkulierenden Blutmenge durch Wundabsonderung und Austritt von Blutplasma aus den Blutgefäßen.
Diesem Geschehen folgt mehr oder weniger rasch die Vergiftung durch die bei der Verbrennung gebildeten giftigen Eiweißzerfallprodukte, was wiederum den Schock vertieft.

Maßnahmen
Hat Kleidung Feuer gefangen, so ist selbstverständlich als erstes dieser Brand zu löschen, zumal die Betroffenen meist in Panik geraten, zu fliehen versuchen und damit den Brand zusätzlich anfachen.
Daher muss der Helfer versuchen die brennende Person aufzuhalten und das Feuer zu löschen, indem er z.B. den Verunglückten am Boden wälzt, die Flammen mit Decken erstickt oder den Kleiderbrand mit Wasser ablöscht. Steht ein Feuerlöscher zur Verfügung, so ist er der Gebrauchsanweisung entsprechend anzuwenden, wobei vor allem darauf zu achten ist, dass das Löschmittel nicht direkt auf das Gesicht des Verunglückten gerichtet wird.
Ist der Brand gelöscht, wird die verbrannte Kleidung auf den Wunden belassen.
Bei Verbrühungen dagegen werden die Kleider möglichst rasch entfernt, da sie sich mit heißem Wasser vollgesaugt haben und so die Wärmeeinwirkung verlängern.
Bei beiden Arten der thermischen Schädigung erfolgt als nächster Schritt sofortige Kaltwasseranwendung, unabhängig von Grad und Ausdehnung der Schädigung.
Dabei wird die verbrannte Körperpartie solange mit kaltem Wasser gespült oder in kaltes Wasser eingetaucht, bis eine deutliche Schmerzminderung erreicht ist, was meistens nach ca. 20 Minuten der Fall sein dürfte.
Diese Kaltwasseranwendung lindert zum einen die Schmerzen, verhindert das Nachbrennen der Wunde und schränkt damit zum anderen auch die Entstehung der Verbrennungskrankheit ein. Anschließend wird die Brandwunde keimfrei bedeckt, um ein zusätzliches Eindringen von Krankheitserregern zu verhindern. Sie ist bis zu 45 Minuten nach der Verbrennung noch sinnvoll.

Abb. 147: Brandwundentuch

Als Verbandmittel ist Brandwundenverbandmaterial, wie z.B. Verbandtuch 600 x 800 cm oder 800 x 1200 cm zu verwenden.
Das Verbandtuch dient zur keimfreien Bedeckung von Brandwunden kleineren Ausmaßes. Beim Öffnen der Verpackung und der Entnahme des Verbandmaterials ist wie immer auf Wahrung der Keimfreiheit zu achten.
Das ausgebreitete Verbandmaterial wird auf die Wundfläche gelegt und durch Verknoten der anhängenden Mullenden oder durch Umwickeln mit der am Tuch befestigten Mullbinde fixiert, wobei jeder Druck auf die Wunde vermieden wird.
Bei Verbrennungen und sonstigen großflächigen Brandwunden erfolgt die keimfreie Wundbedeckung mit dem Verbandtuch. Das Tuch wird, um die Keimfreiheit zu erhalten, nur am Rand genommen. Es wird locker auf die Brandwunde gelegt und wenn nötig im unverletzten Bereich der Haut mit Heftpflasterstreifen befestigt.

Abb. 148: Wundabdeckung am Oberkörper

Steht in Ausnahmefällen kein Verbandtuch zur Verfügung, kann die Wunde auch mit einem entsprechend sauberen Leintuch bedeckt werden.
Neben den beschriebenen Verbandmittel gibt es auch metallines Brandwundenverbandmaterial, das mit einer aufgedampften Metallschicht versehen ist. Dadurch wird der Flüssigkeits- und Wärmeverlust im Wundbereich reduziert und vor allem das Verkleben des Verbandes mit der Wunde vermieden. Es ist zu beachten, dass die metallbeschichtete Seite auf die Wunde gelegt wird.

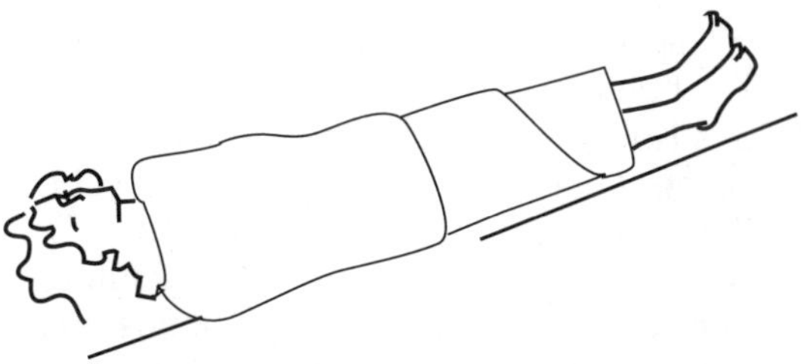

Abb. 149: Wärmeerhaltung mit metallinem Verbandtuch (Rettungsfolie)

Ansonsten gelten auch bei Brandwunden die allgemeinen Regeln der Wundversorgung. Das bedeutet, dass Brandwunden nicht berührt werden und dass der Helfer weder Salben noch Puder oder ähnliches auf die Wunde aufbringt. Auch Brandblasen werden nicht geöffnet.
Neben den beschriebenen Maßnahmen der Wundversorgung steht auch und gerade bei thermischen Schädigungen die Schockbekämpfung im Vordergrund.
Vor allem die Kontrolle der Atmung ist wichtig, da bei Gesichtsverbrennungen,

aber auch bei anderen größeren Verbrennungen, immer davon ausgegangen werden muss, dass der Verletzte auch Hitzeschäden der Atemwege erlitten hat. Hierbei können die Schleimhäute des Mundes und der Atemwege anschwellen, so dass es zur Verlegung der Atemwege mit schwerster Atemnot kommt (Inhalationstrauma).
Der Helfer erleichtert in diesem Fall dem Verletzten die Atmung durch sitzende Lagerung und durch O2-Gabe.
Schockbekämpfungsmaßnahmen werden durchgeführt, allerdings ohne Anwendung der Schocklage.

Hitzeerschöpfung und Hitzschlag

Hitzeerschöpfung und Hitzschlag sind Zeichen von Anpassungsschwierigkeiten des Körpers auf witterungsbedingte Einflüsse, wobei jedoch nicht nur klimatische Faktoren wie Temperatur und Luftfeuchtigkeit, sondern auch die durchgeführte Tätigkeit sowie der Allgemeinzustand des Betroffenen eine Rolle spielen.
Bei der Hitzeerschöpfung kommt es durch Wasser- und Salzverlust auf Grund sehr starken Schwitzens zum Volumenmangelschock.
Sicherste Erkennungsmerkmale sind daher auffallende Blässe, hochgradige Schwäche, kalter Schweiß mit Frösteln und ein schneller, schwacher Puls bei normaler Körpertemperatur.
Wichtig für den Betroffenen ist es weitere Anstrengung und Wärmeeinwirkung zu vermeiden. Er wird flach gelagert und, falls er fröstelt, zugedeckt. Bei erhaltenem Bewusstsein bekommt er schwach salzhaltiges Wasser zu trinken (ein Teelöffel Salz auf einen Liter Wasser). Bei Bewusstlosigkeit ist Seitenlagerung durchzuführen.

Grundsätzlich ist für längere Körperruhe zu sorgen, so dass sich der Kreislauf des Betroffenen nachhaltig erholen kann. Auch während dieser Ruhepause ist laufende Beobachtung erforderlich.

Der Hitzschlag entsteht durch körperliche Anstrengung bei feuchtschwüler Witterung. Durch die hohe Luftfeuchtigkeit ist keine Verdunstung mehr gegeben, der Körper überhitzt auf Grund der körperlichen Anstrengung und stellt die Schweißbildung ein, wodurch die Temperatur weiter ansteigt.

Die Erkennungsmerkmale des Hitzschlages sind hochroter Kopf, heiße trockene Haut, stumpfer Gesichtsausdruck, taumelnder Gang, hohe Körpertemperatur und Bewusstseinstrübung bis hin zur Bewusstlosigkeit.

Der Betroffene wird an einem kühlen Ort mit erhöhtem Oberkörper gelagert. Die Kleidung wird geöffnet und man legt ihm mit kaltem Wasser getränkte Tücher auf, die nach kurzer Zeit erneuert werden. Gleichzeitig wird, um Verdunstungskälte zu erzeugen, Luft zugefächelt. Die Vitalfunktionen sind zu überprüfen und aufrechtzuerhalten. Notarztalarmierung.

Auch beim Hitzschlag ist es wichtig, dass der Betroffene eine längere Ruhepause einhält.

Sonnenstich

War bei Hitzeerschöpfung und Hitzschlag die Wärmeeinwirkung der entscheidende Faktor, so ist für den Sonnenstich die UV-Strahlung der Sonne ursächlich. Er entsteht durch direkte Sonneneinstrahlung auf den wenig oder unbehaarten Kopf – besonders Kleinkinder sind hier gefährdet – was zu einer Hirnhautreizung mit Schwellung führt.

Erkennbar ist der Sonnenstich am hochroten heißen Kopf bei normaler Körpertemperatur. Der Betroffene ist unruhig und klagt über Kopfschmerzen, Nackensteife und Übelkeit bis zum Erbrechen. Es kann zur Bewusstseinstrübung bis hin zur Bewusstlosigkeit kommen.
Der Helfer bringt den Betroffenen in den Schatten und lagert ihn mit erhöhtem Oberkörper.
Gleichzeitig wird der Kopf mit nassen Tüchern gekühlt, die häufig neu zu befeuchten sind.
Bei Kleinkindern kann sich nach entsprechendem Aufenthalt in der Sonne auch erst nach längerer Zeit hohes Fieber entwickeln, so dass der Zusammenhang mit der Sonnenbestrahlung nicht mehr erkennbar ist, was u.U. zur Fehleinschätzung der Situation führen kann.

Kälteschäden

Als Kälteschäden bezeichnet man ein allgemeines Absinken der Körpertemperatur (Unterkühlung) und lokale Schädigungen der Haut und eventuell des darunter liegenden Gewebes (Erfrierung), wobei auch eine Kombination beider Schädigungen vorliegen kann.
Zur Unterkühlung kommt es in allen Situationen, bei denen die Wärmeabgabe des Körpers größer ist als seine Wärmeproduktion. Dies ist, neben den klassischen Fällen des Bergunfalls im Winter, des Lawinenunglücks oder des Sturzes ins kalte Wasser, auch dann gegeben, wenn ein Verletzter oder Erkrankter längere Zeit ungeschützt niedrigeren Temperaturen ausgesetzt ist. Ursache kann aber auch eine Störung der Wärmeregulation des Körpers durch Krankheit oder Gifteinwirkung, z.B. durch Alkohol oder Barbiturate, sein.

Einfluss von Wind und Kälte:

Mögliche Einteilung der Unterkühlung: Abwehr-, Erschöpfungs- und Lähmungsstadium bzw. Erregungssteigerung, Erregungsabnahme, Erschöpfungs- und Scheintodstadium.

Leichte Unterkühlung (Save zone)
Körperkerntemperatur: 37 °C – 32 °C
Kältezittern, Frieren, Gänsehaut, wach orientiert, später bewusstseinsgetrübt und soporös, Atmung vertieft und beschleunigt, später flach und verlangsamt, Puls anfangs tachykard, später verlangsamt. Pupillen beiderseits normale Reaktion.

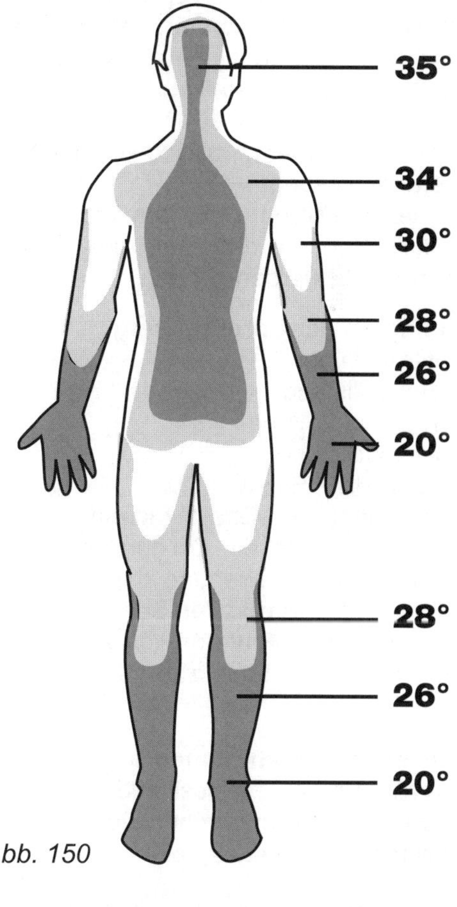

Abb. 150

Schwere Unterkühlung (Danger zone)
Körperkerntemperatur unter 32 °C
Tiefschlafähnlich bis bewusstlos, Atmung extrem flach und langsam, danach Atemstillstand, Puls und Blutdruck extrem abgesunken, später Herzkreislaufstillstand, Pupillen weit, Reaktion verlangsamt, später lichtstarr; Muskulatur starr.
Unterscheidung in „Save zone" (sicherer Bereich) und „Danger zone" (gefährlicher Bereich) an der 32 °C-Marke.

Kreislaufreaktion in der Unterkühlung
Es kommt als Abwehrreaktion zum Einsetzen der Zentralisation. Dadurch u.a. periphere Engstellung der Gefäße bis zu einem Temperaturbereich von ca. 27 °C. Danach wird der Körper „wechselwarm" und kühlt gemäß der Außentemperatur weiter ab. Die Engstellung der Peripherie lässt nach.
Information über Möglichkeiten der Temperaturmessung:
In der Speiseröhre und am Trommelfell mittels Sonden, die durch den Notarzt angewandt werden können.

Gefahren der Unterkühlung
Eintreten von:
- Herzstillstand
- Kammerflimmern
- Atemstillstand
- „after-drop-Effekt"

Beim „after-drop-Effekt" tritt eine Art des „Bergungstodes" ein, der durch die aktive bzw. passive Bewegung des Patienten entsteht. Es wird kaltes Schalenblut mit dem wärmeren Blut des Körperstammes vermischt und führt zum Kreislaufstillstand.

Allgemeine Maßnahmen
Verhindern weiterer Auskühlung, flach lagern, Vitalfunktionen überwachen, kontinuierliche Sauerstoffgabe.

Abhängig vom Unterkühlungsstadium, dem eingesetzten Personal (Sanitäter, Notarzt) und Material bieten sich unterschiedlichste Möglichkeiten an.

Maßnahmen bei leichter Unterkühlung (Save zone):
Durch den **Wasserretter**:
- Untersuchung des Notfallpatienten
- nasse Kleidung entfernen
- Patient in Rettungsfolie und in Wolldecken wickeln
- heiße gezuckerte Getränke zuführen, kein Alkohol
- Unterkühlten mit Beginn des Stadiums „Danger-zone" weder aktiv noch passiv bewegen
- vorsichtig umlagern – nur waagrecht
- Patienten nicht laufen lassen
- Extremitäten weder massieren noch abbinden oder bandagieren
- Lagerung auf dem jeweiligen Transportgerät
- nicht in praller Sonne lagern
- Sauerstoffgabe
- EKG und Pulsoximeter, falls vorhanden

Durch den **Notarzt**:
- Patientenuntersuchung
- Infusion zur Sicherung des Zugangs (z.B. Glucose)
- Medikamente nach Notwendigkeit
- EKG und Pulsoximeter

Hinweis: Patient sollte künstliche Zähne selbst entfernen, später treten damit keine Komplikationen mehr auf.
Transportziel:
Nächste Klinik mit Überwachungseinheit und kontinuierlicher ärztlicher Präsenz.

Maßnahmen bei schwerer Unterkühlung (Danger zone):
Der Patient ist bereits vital bedroht!
Durch den **Wasserretter**:
- Untersuchung des Notfallpatienten
- Sicherung der Vitalfunktionen

- Monitoring so intensiv wie möglich, auf jeden Fall kontinuierliche Pulskontrolle
- Patient so wenig wie möglich bewegen
- entfernen nasser Kleidung (aufschneiden, nicht bewegen)
- Kälteschutz
- chemische Wärmebeutel (soweit verfügbar) unter die Rettungsfolie
- ggf. vorsichtig in stabile Seitenlage bringen
- Sauerstoffgabe
  nur waagrechter Transport

Durch den **Notarzt**:

- maximal mögliche Patientenüberwachung
- venöser Zugang, wenn ohne Zeitverlust möglich
- Intubation, evtl. mit Narkose
- Sauerstoffgabe
  Lagerung nach Intubation in Rückenlage auf der Vakuummatratze, Reanimationsbereitschaft
  Transportziel:
  Schwerpunktkrankenhaus, evtl. Zentrum mit Herzchirurgie

Bei Patienten unter 27°C Kerntemperatur mit Kreislaufstillstand:

Durch den **Wasserretter**:

- Untersuchung des Notfallpatienten
- HLW mit Sauerstoff
- Kein Entkleiden, keine Wärmepakkung!

Temperaturverteilung bei erfolgter Zentralisation

Bei der Erfrierung unterscheidet man folgende Phasen:

Erfrierungen

Erfrierungen sind örtliche Gewebeschädigungen, die bereits bei Temperaturen von unter +6°C entstehen können.
Wie bei den Verbrennungen unterscheidet man auch hier drei Schweregrade der Kälteschädigung.
Bei Erfrierungen entstehen generell in den ersten 24 Stunden nur Schäden 1. Grades. Das betroffene Gebiet ist weiß, kalt, hart und gefühllos. Schäden 2. Grades, die durch Blasenbildung gekennzeichnet sind und Schäden 3. Grades mit abgestorbenem, schwarzem Gewebe treten erst nach Tagen oder Wochen in Erscheinung.
Bei der Schädigung des Gewebes spielen folgende Faktoren eine Rolle:
Der Kältereiz bewirkt an den kleinen und mittleren Endgefäßen, in den so genannten Körperspitzen wie Finger, Zehen, Nase, Ohren und Wangen nicht nur ein Zusammenziehen derselben, sondern in gleicher Weise eine Verlangsamung des Blutstromes, die dadurch zustande kommt, dass sich rote Blutkörperchen und Blutplättchen zusammenballen, so dass die Strömungsgeschwindigkeit verlangsamt und die kleinsten Endgefäße nicht mehr durchblutet werden. Somit sind bei der Versorgung von örtlichen Erfrierungen Maßnahmen zur Verbesserung der Fließfähigkeit des Blutes ebenso wichtig wie zur Gefäßerweiterung.

Maßnahmen
Treten die Erfrierungen in Kombination mit einer allgemeinen Unterkühlung auf, so stehen die Maßnahmen zur Wiedererwärmung an erster Stelle. Beim Anlegen einer Wärmepakkung ist jedoch darauf zu achten, dass der direkte Kontakt mit erfrorenen Körperregionen vermieden wird. Erfrorene Extremitäten können eventuell durch die Körperwärme des Helfers erwärmt werden. Dies geschieht durch Auflegen der Hände oder durch Lagern am Körper des Helfers, der z.B. erfrorene Hände unter seine Achseln nehmen kann. Einreiben mit Schnee oder Massieren der erfrorenen Körpergebiete soll unterbleiben, der Helfer legt lediglich einen lockeren Verband an und die Erfrierung wird druckfrei gelagert. Besteht keine allgemeine Unterkühlung, so soll der Betroffene die erfrorenen Extremitäten selbst bewegen und damit die Durchblutung steigern.

4.8 Umwelteinflüsse und Körper

Der Mensch besitzt die Fähigkeit, verschiedene äußere Einflüsse und gewisse Lebensvorgänge im Körperinnern bewusst zu empfinden. Die von der Umwelt kommenden Eindrücke werden „äußere Reize", die im Körper selbst entstehenden Empfindungen „innere Reize" genannt. Der Körper besitzt entsprechend der Vielfältigkeit der Reize sehr verschiedene Reizaufnahme- oder Sinnesorgane, die mit dem Gehirn durch Sinnesnerven verbunden sind. Die Orte der bewussten Wahrnehmung der sehr unterschiedlichen Empfindungen sind bestimmte Nervenzellgebiete im hinteren Abschnitt der Gehirnrinde. Die Ansprechbarkeit, also die Fähigkeit der lebenden Substanz, auf Reize zu antworten, d.h. zu agieren, nennt man Reizbarkeit oder auch Reizerregbarkeit. Sie ist eine der wichtigsten Voraussetzungen für das Leben.
Die äußeren oder Umweltreize können chemischer oder physikalischer Natur sein. Zu den chemischen zählen die Geschmacks- und Geruchsreize, die von Nahrungsstoffen, Gewürzen und Genussmitteln, Mineralsalzen und Medikamenten ausgehen; zu den physikalischen die Seh- und Hörreize, die Tast- und Temperaturreize, elektrische Reize und Strahlenreize. Sie können entsprechend ihrer Art und Stärke als angenehm, aber auch äußerst unbehaglich und schmerzhaft empfunden werden.
Man kann die Umweltreize auch unterscheiden in natürliche und unnatürliche (künstliche) Reize. Natürliche Reize sind diejenigen, die von Menschen, von der Tier- und Pflanzenwelt und von den Gegebenheiten des Klimas und der Witterung stammen. Unnatürliche Reize sind z.B. elektrisches Licht, Motoren- und Maschinenlärm, Abgase und giftige Abfallstoffe.

Zu den Einflüssen von Klima und Witterung (meteorologische Faktoren) auf den Menschen gehören:
die Lufttemperatur, die Luftfeuchtigkeit, der Luftdruck, die Luftbewegung, Bewölkung und Niederschlag, die Strahlung (Sonne, Kosmos, Erde), die Luft- und Erdelektrizität.
Bei längerem Aufenthalt und Sport im Freien setzt sich der menschliche Organismus mit den verschiedenen natürlichen Einflüssen auseinander. Er kann

sich durch bestimmte Reaktionen kurzfristig darauf einstellen und bei länger anhaltenden Einwirkungen sich weitgehend im Sinne eines lebenssichernden Gleichgewichtes anpassen.

Einflüsse des Wassers auf die Körpervorgänge

Die Einflüsse des Wassers und deren Wirkungen auf den menschlichen Organismus hängen ab von der Beschaffenheit des Wassers, in das sich der Mensch begibt, von der Dauer des Aufenthaltes in ihm, der Art und Weise des Sichverhaltens im Wasser sowie von der leibseelischen Verfassung (Kondition) des Einzelnen. Entsprechend den unterschiedlichen Voraussetzungen sind auch die Auswirkungen der Wassereinflüsse sehr verschieden.

Das Wasser weist physikalische und chemische Eigenschaften auf. Zu den physikalischen gehören die Wassertemperatur, der Wasserdruck (hydrostatischer Druck), der Auftrieb und bei Bewegung sein Widerstand und seine Strömung.

Die chemischen Eigenschaften des Wassers können sehr verschieden sein. Sie hängen ab von den darin gelösten Stoffen. Sowohl das Süßwasser unserer Binnengewässer als auch das Meerwasser enthält vielerlei Substanzen, die auf die Zusammensetzung der Körperflüssigkeiten und die chemischen Vorgänge in den Körperzellen Einfluss nehmen können. Die Heilerfolge in verschiedenen Krankheitsbereichen mit natürlichen ortsgebundenen Kurmitteln, z.B. mit Kochsalzbädern, Mineral-, Moor- und Schwefelbädern, radioaktiven Quellen und Meerbädern sprechen dafür.

Das Meerwasser hat eine der Blutflüssigkeit ähnliche Zusammensetzung. Es enthält, wie diese, zahlreiche Stoffe und Spurenelemente. Erwiesenermaßen werden in natürlichen Wassern und künstlich hergestellten Bädern gelöste Substanzen von der Haut aufgenommen. Die Aufnahme (Resorption) erfolgt durch die Oberhaut und über die Schweiß- und Talgdrüsen. Umgekehrt kann auch der Körper an das ihn umgebende Wasser Stoffe abgeben. Die aufgenommenen Stoffe gelangen auf dem Blut- und Lymphweg in den Organismus und vermögen eine Verbesserung des Zellstoffwechsels und damit Heilvorgänge auszulösen. Es kommt auf noch nicht eindeutig geklärte Weise auch zu Funktionsveränderungen und Umstimmungsvorgängen im Organismus, die sich bei richtiger Anwendung von Bädern auf das Gesamtbefinden und die leibseelische Leistungsbereitschaft günstig auswirken.

Unter den physikalischen Eigenschaften ist die Wassertemperatur von größter Bedeutung. Von ihr hängt unmittelbar die Wärmeabgabe oder Wärmeaufnahme des Körpers ab. Reines Wasser ist 770mal dichter als Luft (1 Liter wiegt 1000 g, 1 Liter Luft 1,293 g bei 0 Grad Celsius und 760 mm Quecksilber Luftdruck). Die Wärmeleitfähigkeit des Wassers ist 25mal größer als die der Luft.

Der Wärmeverlust des Körpers im kalten Wasser richtet sich auch nach dessen Strömung, nach der Aufenthaltsdauer und der Bekleidung. Im kalten Wasser verliert der Mensch ein Vielfaches mehr an Wärme als in gleich kalter Luft. Auch die Wärmeaufnahme im Wasser von mehr als 37 Grad Celsius ist im Vergleich zum Aufenthalt in warmer Luft wesentlich höher.

Kälte löst zunächst eine Zusammenziehung der dünnen Schlagadern (Arteriolen) der Haut aus, die von einer Kälteempfindung begleitet ist. Dann erfolgt eine Gefäßerweiterung mit verstärkter Hautdurchblutung (reaktive Hyperämie) mit angenehmem Wärmegefühl. Länger dauernde Kälte führt jedoch zum Gefäßkrampf mit Blässe der Haut, der schließlich eine Lähmung und damit Erweiterung der dünnen Venen (Venolen) mit blauvioletter Hautverfärbung (Zyanose) folgt.

Die Haargefäße besitzen keine reagierenden Muskelzellen. Ihr Füllungszustand, von dem die Hautfarbe und die Hauttemperatur hauptsächlich abhängen, wird durch die Erweiterung bzw. Verengung der kleinen Arterien und Venen bestimmt.

Die Gefäße in den Skelettmuskeln, im Herzen und in den Nieren verhalten sich gleichsinnig mit den Hautgefäßen, während die Gefäße der Bauchorgane gegensinnig reagieren. Man spricht von Blutverteilungsänderungen im Dienste der Kreislaufregulation.

Nach ausgiebigen Mahlzeiten wird ein Großteil des Blutes den Verdauungsorganen zugeteilt, so dass beim Baden mit vollem Magen eine zusätzliche Blutverschiebung von der Haut und Skelettmuskulatur zu den Organen der Bauchhöhle und damit zu dem bekannten Ereignis des Badekollapses und dessen häufiger Folge, dem Badetod, führen kann.

Kranke Gefäße reagieren anders als gesunde. Durch eintretende Gefäßkrämpfe sowohl im kalten als auch im warmen Bad kann starker Schmerz vornehmlich an den unteren Gliedmaßen entstehen.

Neben der Wassertemperatur spielt beim Aufenthalt im Wasser der Wasserdruck eine zusätzliche Rolle (hydrostatischer Druck). Er wirkt wie der Luftdruck auf die gesamte Körperoberfläche und nimmt mit der Entfernung von Wasseroberfläche pro 10 m Tauchtiefe um 1 bar zu. Bei zunehmender Eintauchtiefe ins Wasser nimmt daher das Volumen der luftgefüllten Hohlräume (z.B. Lunge) ab.

Die Blut- und Lympfgefäße der Haut und Muskulatur werden durch den Wasserdruck zusammengepresst und weitgehend entleert, so dass es zu einem vermehrten Rückstrom venösen Blutes zum rechten Herzen kommt. Dies kann für herzschwache Menschen schon bei bewegungslosem Baden zu lebensbedrohlichen Kreislaufstörungen führen.

Der Wasserdruck führt zu veränderten Körperinnendruckverhältnissen. Der Druck in der Bauch- und Brusthöhle nimmt mit zunehmender Eintauchtiefe so zu, dass der Mensch im Wasser schlanker wird.

Beim herzgesunden Menschen lösen die Wassertemperatur, der Wasserdruck und die zusätzliche Skelettmuskel- und Atempumpe (siehe oben) bei den Bewegungen des Schwimmens eine um das vielfache vermehrte Herz- und Kreislauftätigkeit aus und regen damit eine erfreuliche Kräftigung des Blutkreislaufes und Atemsystems aus. Kaltes Wasser wirkt als starker Reiz auf das Atemzentrum im verlängerten Mark. Es kommt erst zu einer vertieften Einatmung und einem Stocken des Atems an. Anschließend vertiefen sich Ein- und Ausatmung, wodurch das Atemvolumen erhöht wird.

Durch die verstärkte Herz- und Atemtätigkeit beim Schwimmen und Tauchen mit Geräten, vor allem in sehr kaltem Wasser, erhöhen sich die Blutdruckwerte. Da es verschiedene Herz- und Gefäßerkrankungen wie auch häufig die Veranlagung zu hohem Blutdruck gibt, muss der Arzt über Art und Dauer des Aufenthaltes im Wasser entscheiden, zumal die

Gefahr eines Schlaganfalls und des Herzversagens besteht.
Nieren- und Blasenfunktion werden im kalten Bad angeregt, was sich in Harndrang ausdrückt. Die unwillkürlich arbeitende Muskulatur der Bauchorgane wird entspannt und beruhigt.
Obwohl sportliche Bewegung im Wasser den Muskelstoffwechsel sehr stark erhöht, löst die gesteigerte Wärmeabgabe an kaltes Wasser Muskel- und Gefäßkrämpfe aus, die jegliche Muskelleistung schließlich unmöglich machen.
Zu den mechanischen Wirkungen des Wassers zählen neben dem Wasserdruck auch noch die Wasserströmung und – bei Bewegung – der Wasserwiderstand. Die Strömung kann den Wasserwiderstand vermindern oder erhöhen und kann die Bewegung einerseits erleichtern und unterstützen, andererseits erschweren und hindern. Ihr Widerstand muss wegen Erschöpfungsgefahr rechtzeitig erkannt und vermieden werden.
Eine weitere physikalische Eigenschaft des Wassers ist schließlich noch der Auftrieb. Nach dem Archimedischen Gesetz verliert ein Körper im Wasser so viel von seinem Gewicht, als die von ihm verdrängte Wassermenge wiegt. Das bedeutet, dass die Schwerkraft ausgeschaltet wird. Befindet man sich ganz unter Wasser, so wiegt man bei mittlerer Atemstellung des Brustkorbes nur noch 36-tausendstel des eigentlichen Körpergewichtes. Das ist beispielsweise bei einem Gewicht von 70 kg x 0,036 = 2,52 kg. Entscheidend für den Auftrieb ist allerdings das spezifische Gewicht des Wassers. Im Salzwasser, dessen spezifisches Gewicht höher ist, steigt der Gewichtsverlust des Körpers. Es trägt bekanntlich besser. Im Meerwasser ist der Körper praktisch von der Schwerkraft befreit, so dass er beim Tauchen in jeder Lage verharren kann. In konzentrierten Kochsalzlösungen (Solen) mancher Kurorte kann der Mensch nicht untergehen, weil das Gewicht völlig aufgehoben ist.
Die Aufhebung der Schwerkraft im Wasser hat eine besondere Bedeutung für den Bewegungsapparat. Die horizontale Lage im Wasser bringt eine weitgehende Entspannung der Rumpfmuskulatur mit sich. Das Rückgrat ist in der schwebenden Wasserlage seiner Halte- und Stützfunktion enthoben, so dass die Bewegungen im Wasser die Zwischenwirbelscheiben, die zahlreichen kleinen Wirbel- und Rippengelenke und den gesamten Bandapparat des Rumpfskelettes elastisieren und lockern. Dies ist nicht nur zur Behandlung verschiedener Erkrankungen des Bewegungsapparates vorteilhaft, sondern auch von größtem ausgleichenden Wert bei den häufigen Haltungsschäden, die langes Stehen und Sitzen bei einseitiger Tätigkeit verursachen.

5. Der Tod im Wasser

Die Begegnung des Menschen mit dem Wasser bringt vielerlei Anlässe und Möglichkeiten für das Auftreten von Wasserunfällen mit sich. Sie ereignen sich beim Baden und Schwimmen, beim Tauchen und Wasserspringen in den verschiedenen natürlichen Gewässern und künstlich hergestellten Wasserbecken; ferner beim Wassersport auf Wasserläufen und Teichen, in Seen und im Meer. Hinzu kommen Katastrophensituationen bei Hochwasser und Überschwemmungen, Boots- und Schiffsunfälle sowie Einbrechen ins Eis.

Die Folge eines Wasserunfalles kann der Tod im Wasser sein. Verglichen mit den Zahlen alljährlich tödlich ausgehender Unfälle im Verkehr, an den Arbeitsstätten und in Haushalten tritt der Wassertod, alle ihm zu Grunde liegenden Ursachen und verschiedenartigen Verlaufsformen zusammengefasst, an Häufigkeit weit zurück.

Jeder Einzelfall vollzieht sich erfahrungsgemäß in besonderer Weise unter bestimmten körperinneren Voraussetzungen am Betroffenen selbst und unter jeweils anderen äußeren Umständen.

Ein Überblick deutet die Vielfalt der Möglichkeiten des Wassertodes an:

Badekollaps

Das Wort „Kollaps“ bedeutet Verfall, Erschlaffung oder Zusammenbruch. Charakteristisch dafür ist eine meist sehr rasch und unerwartet eintretende Ohnmacht, die es dem Betroffenen unmöglich macht, um Hilfe zu rufen und sich aus seiner gefährlichen Lage zu retten. Dem Kollaps können sehr verschiedene Störungen an Körpervorgängen, organischen Erkrankungen und auch äußere physikalische oder chemische Einflüsse vorausgehen.

In allen Fällen von Kollaps liegt ein Missverhältnis zwischen der Füllung des Blutgefäßsystems und dessen Blutfassungsvermögens vor, demzufolge tritt eine mehr oder weniger bedrohliche Störung des Blutkreislaufes und der Herztätigkeit eintritt.

Beim Badekollaps sinkt die betroffene

- Badekollaps
- Ertrinken
- Stimmritzenkrampf
- Kälteschock
- Erschöpfungskollaps
- Sonnenstich beim Langstreckenschwimmen
- Taucherkrankheit
- Krankheitstod
- Unfalltod
- Blitzschlag

Person fast immer lautlos und unauffällig unter Wasser, das Bewusstsein schwindet schlagartig, Atmung und Herztätigkeit fallen überraschend schnell aus.

Das in die oberen Luftwege einlaufende Wasser gelangt meist nur in kleinen Mengen in die Lunge und in den Magen.

Die leider sehr häufige Folge des Badekollapses ist wegen zu später Rettung und Wiederbelebung des Betroffenen der Badetod.

Der beim Badekollaps rasch eintretende Stillstand der Vitalfunktionen, d.h. der lebenserhaltenden Atmung und Herztätigkeit, ist auf den äußeren Reiz der Wassertemperatur und des Wasserdruckes zurückzuführen. Der Temperaturreiz des kalten Wassers wirkt auf das Nervensystem um so stärker, je schneller das Eintauchen erfolgt. Besonders im erhitzten Zustand kommt es durch den plötzlich einwirkenden Kaltwasserreiz zu einer reflektorischen (unwillkürlichen) Blutgefäßverengung in der Körperschale mit unmittelbar darauf folgendem , das Herz stark belastenden, hohen Blutdruckanstieg. Blutdruckmessungen bei Saunabädern beweisen dies eindeutig.

Gleichzeitig stellt der durch den Wasserdruck verursachte vermehrte Rückstrom des Blutes zum rechten Herzen in Verbindung mit dem erhöhten Blutdruck eine hohe Kreislaufbelastung dar, die das gesunde und trainierte Herz leicht bewältigt, den kreislauflabilen und herzgestörten Gelegenheitsschwimmer jedoch in ernste Lebensgefahr bringen kann. Solchen Personen ist deshalb ein langsames und körperabschnittsweises Eintauchen in das Wasser unter Aufsicht dringend zu empfehlen.

Physiologisch gesehen handelt es sich beim Badekollaps um ein komplexes, nicht in jedem Falle genau erklärbares Geschehen.

Häufig kollabieren erfahrungsgemäß Menschen nach vorausgegangenen, erst kurz überstanden Infektionskrankheiten und auch nach anstrengenden körperlichen Leistungen. Auffallend ist auch die Zahl der Badekollapsfälle nach großen, kurz vorher eingenommenen Mahlzeiten. Gerade nach dem Essen wird ein Großteil des Blutes von den Verdauungsorganen beansprucht, während das Gehirn und die Skelettmuskulatur nur wenig Blut erhalten. „Der volle Magen studiert nicht gern“ sagt ein alter Spruch, eben weil der Verdauungsvorgang dem Gehirn Blut und damit auch Sauerstoff entzieht und die einsetzende Verdauungsmüdigkeit die Denkarbeit sehr erschwert.

Jeder erfahrene Sportsmann weiß, dass schwere Muskelarbeit sich bei vollem Magen nicht gut durchführen lässt. Die Blutmenge reicht für die gleichzeitige Versorgung der Verdauungsorgane und der sehr gewichtigen Skelettmuskulatur nicht aus. Auch die Muskeltätigkeit beim Schwimmen beansprucht reichlich Blut, so dass es leicht zu einer Mangeldurchblutung des Gehirns mit daraufhin einsetzender Ohnmacht kommen kann.

Nicht jede mit Bewusstseinsschwund verbundene Störung der lebenswichtigen Körpervorgänge außerhalb des Wassers führt zum Tode.

Der dadurch sehr rasch eintretende Kohlensäureüberschuss und Sauerstoffmangel im Blut hat die schlimmsten Folgen zuerst in den Gehirnzellen.

Die Nervenzellen des Gehirns, vor allem die der Gehirnrinde, haben einen sehr hohen Sauerstoffbedarf (bis zu 20% des Gesamtbedarfs des Körpers) und schon nach wenigen Minuten Sauerstoffentzug kommt es zum klinischen Tod oder Scheintod.

Klinischer und biologischer Tod
Nach 3 – 5 Minuten Sauerstoffentzug kann das Gehirn schon einen nicht wieder gutzumachenden (irreparablen) Schaden erleiden. Das verlängerte Mark kann einen Sauerstoffausfall 8 – 12 Minuten ertragen. Fehlende Sauerstoffversorgung der für die Bewusstseinsbildung und die höheren geistig-seelischen Funktionen zuständigen Gehirnrinde führt zu bleibenden Schäden, z. B. zum Ausfall der Sprache, zu Lähmungen, zu Verlust des Gedächtnisses. Weitere Minuten ohne Sauerstoff bedeuten den Organtod des Gehirns.
Den Grenzbereich zwischen Leben und Tod, in dem alle Lebensmerkmale auf ein solches Mindestmaß zurückgesetzt sind, sodass sich das Leben nicht mehr wahrnehmen lässt, bezeichnet man als klinischen Tod.

Seine Zeichen sind:
- Bewusstlosigkeit
- Atem-, Herz- und Kreislaufstillstand
- maximal weite, lichtstarre Pupillen
- blassgraue Hautfarbe
- blasse Schleimhäute

Wenn es nicht gelingt, in kürzester Zeit durch die modernen Wiederbelebungsmaßnahmen den Atem- und Herzstillstand zu beheben, tritt unaufhaltsam der endgültige, der biologische Tod ein, der einen verschieden langen Ablauf haben kann. Der Zellstoffwechsel der einzelnen Organe erlischt in unterschiedlicher Zeit. Der Tod ist nach heutiger Ansicht der medizinischen Wissenschaft unwiderruflich, wenn die Gehirnzellen abgestorben sind. Der Organtod des Gehirns führt zum Aufhören aller Lebensvorgänge und damit zur Auflösung der biologischen Substanz des Körpers.

Ertrinken

Neuere medizinische Fachliteratur über den Ertrinkungstod bestätigt im wesentlichen die früheren Beobachtungen und Erkenntnisse. Genaue Übereinstimmungen hinsichtlich des Ablaufes des Ertrinkungsvorganges und der Zeitdauer, die es Menschen und Tiere unter Wasser lebend aushalten können, liegen jedoch nicht vor.

Reflex
Ein Reflex ist eine durch einen bestimmten Reiz ausgelöste unwillkürliche, nervös gesteuerte Reaktion. Vielfältige Reflexe im Organismus sind wichtigste Voraussetzungen für den Ablauf der Lebensvorgänge. Charakteristische Reflexe sind beispielsweise

- der Hustenreflex bei Eindringen von Flüssigkeiten und Fremdkörper in den Kehlkopf
- der Niesreflex bei Reizung der Riechschleimhaut in den Nasenhöhlen
- der Pupillenreflex der Augen (Erweiterung bei Verdunklung, Verengung bei Lichteinfall)
- der Lidschlussreflex am Auge bei Auftreffen von Fremdkörper auf die Binde- und Hornhaut.

Beim Ertrinken konnte vielfach ein Reflex festgestellt werden, der unter dem Begriff Stimmritzen- und Glottiskrampf bekannt ist.

Der Stimmritzen- und Glottiskrampf
Infolge von Reizung der Schleimhaut des Kehlkopfes durch überraschende Einatmung von Wasser oder anderer Fremdkörper kommt es an den Kehlkopfmuskeln reflektorisch, d. h. unwillkürlich zu

Verkrampfungen, die zu einem Verschluss des Kehlkopfeinganges durch den Kehldeckel und zu einem Zusammentreten und krampfartigen Aneinanderliegen der Stimmbänder und damit zu einem Verschluss der Stimmritze führen. Gegen den Willen und alle Eigenbemühungen verharren der Kehlkopfdeckel und die Stimmbänder in dieser ungewöhnlichen Stellung, so dass sowohl Ein- als auch Ausatmung unmöglich ist. Unmittelbar verbunden mit der bedrohlichen Lage ist ein panisches Angstgefühl, das einen seelischen Schock und Bewusstlosigkeit auslösen kann.
Durch die eingetretene Blockade des Atemweges kann es zu einem Ertrinken ohne Aspiration, d.h. zu einem Ersticken ohne Eindringen von Wasser in die Luftröhre, die Bronchien und die Lungenbläschen kommen.
Man unterscheidet zwei Arten von Ertrinken:

1. Ertrinken *ohne Aspiration* (drown without aspiration) d.h. ohne Einatmung mit Todesfolge auf Grund Verschlusses der Atemwege und darauf folgenden Erstickens unter Wasser.
2. Ertrinken *mit Aspiration* (drown with aspiration) d. h. mit Einatmen und Todesfolge auf Grund von Ersticken durch Eindringen von Flüssigkeit im untergetauchten Zustand.

Außerdem wird sowohl beim Ertrinken ohne als auch mit Aspiration von Flüssigkeit ein Nahezu-Ertrinken (near-drowning) unterschieden. Es handelt sich demnach um ein verzögertes Sterben nach gelungener Wasserrettung und Wiederbelebung
Die durch das Ertrinken mit Aspiration eingetretenen geweblichen Veränderungen und funktionellen Störungen in der Lunge, die gestörte Zusammensetzung des Blutes und die außergewöhnlichen Belastungen vor allem für das rechte Herz bei der Inganghaltung des Lungenkreislaufes stellen den Klinikarzt und seine Helfer in jedem Falle vor schwierige Aufgaben, deren Bewältigung das Überleben des Geborgenen erst sichern kann.
In Wirklichkeit lässt sich beim Ertrinkungsvorgang am Menschen nicht so klar zwischen einem Ertrinken ohne oder mit Aspiration unterscheiden. Die bislang in den vorausgegangenen Auflagen des Lehrbuches der Wasserwacht auf den einfachen Nenner gebrachte Einteilung des Ertrinkungsvorganges in 3 Phasen hat immer noch Berechtigung, nämlich

1. **die Erregungsphase,**
2. **die Krampfphase,**
3. **die Lähmungsphase.**

Diese Darstellung erfolgt auch aus Gründen des leichteren Erfassens und Behaltens durch die Lehrgangsteilnehmer. Im Ernstfall handelt es sich jedoch um ein Geschehen, in dem sich eine Folge von Einzelvorgängen abspielt. In Kürze dargestellt, ereignet sich im Wesentlichen folgendes:
Bei vollem Bewusstsein Versuch an die Wasseroberfläche zu kommen bzw. mit dem Kopf über Wasser zu bleiben; Einatmen von Wasser; Hustenanfall durch Reizung der Kehlkopfschleimhaut; Ringen nach Luft; Stimmritzen- und Glottiskrampf; schneller, verstärkter Herzschlag (hoher Puls und Blutdruck); ungeordnete Bewegungen; Versuch nach Gegenständen oder Personen zu greifen (Gefahr der Umklammerung) – Bewusstseinseintrübung; unzweckmäßiges Umsichschlagen (seelischer Verzweiflungszustand); Blaufärbung der Lippen; Krämpfe der Ge-

sichts- und Gliedmaßenmuskulatur; Blaugraufärbung der Haut; Ohnmacht; unbewusst gewaltmäßige Atemanstrengungen (ausgelöst durch Kohlensäure-Überreizung des Atemzentrums); häufig Durchbrechen des Stimmritzenkrampfes; tiefes massives Einatmen von Wasser bis in die Lungenbläschen; Erschlaffung der Skelettmuskulatur; Pulsabfall (Herzflattern bis Flimmern); Erlöschen aller Reflexe; Atem- und Herzstillstand; Eintritt des Todes durch Absterben des Gehirns.

Ersticken

Bei einer Unterbrechung der oberen und unteren Atemwege spricht man gewöhnlich vom Ersticken. Gemeint ist damit eine Blockade durch Flüssigkeiten (Wasser, Blut, Schleim, Erbrochenes), Fremdkörper (Schlamm, ausgebrochene Zähne, Gebissteile, Speisebrocken) und durch mechanische Vorgänge (Zurücksinken der Zunge auf die hintere Rachenwand, Krampf von Kehlkopfmuskeln). Diesem sozusagen äußeren, mechanischen Ersticken kann man ein inneres, zelluläres gegenüberstellen. Es ist darunter ein Absterben von Körperzellen und damit ein Erlöschen des mit Verbrennungsvorgängen (Oxidation) verbundenen Zellstoffwechsels zu verstehen. Dieser besteht in der Umwandlung chemischer Energie (Traubenzucker und Fett) in physikalische (Wärme, Muskeltätigkeit, Bildung elektrischer Ströme) mit Hilfe von Sauerstoff. Jede Blockade der Atemwege bedeutet aber Behinderung der Lungenatmung, d. h. Ausfall des Gasaustausches in der Lunge und somit einerseits Überladung des Blutes durch beim Zellstoffwechsel anfallende Kohlensäure (Kohlendioxyd), andererseits Herabsetzung des Sauerstoffgehaltes des Blutes. Das dadurch verursachte innere Ersticken, d. h. die Vergiftung der Zellen durch Kohlensäureüberschuss und Sauerstoffmangel des Blutes führt zum Zelltod und damit zum Zellverfall. Nicht lange nach dem Tod der Nervenzellen erfolgt das Absterben der Herzmuskelzellen.

Unterschied zwischen Bade- und Ertrinkungstod

Der Unterschied zwischen dem Bade- und Ertrinkungstod liegt nicht nur in dem verschiedenartigen Verlauf des Unfallgeschehens, sondern kommt noch viel deutlicher an den Leichenbefunden zum Ausdruck.

An der Badeleiche zeigen sich in 90% aller Fälle die Merkmale des Kreislaufkollapses, nämlich eine Blutüberfüllung in den Organen der Bauchhöhle, Austritt von Blutflüssigkeit (Plasma) aus den Haargefäßen des Magen-Darmschlauches in die Bauchhöhle (Ascites), erschlafftes, blutleeres Herz, Blutleere und daher Sauerstoffmangel (Anoxämie) im Gehirn.

An der Ertrinkungsleiche zeigen sich ganz andere Merkmale. Die Ertrinkungsflüssigkeit dringt bis in die kleinsten Bronchien und Lungenbläschen vor. Süßwasser wird in großer Menge vom Blut der Lungenhaargefäße aufgenommen und gelangt bis in den großen Kreislauf. Die dadurch verursachte Blutverdünnung ist mit wesentlichen chemischen Veränderungen der Blutzusammensetzung verbunden. Nach Einatmen von Meerwasser oder sonstigen salzhaltigen Lösungen kommt es zu einem Austritt von Blutflüssigkeit in die Lungenbläschen (Lungenödem). Die Krankheitslehre (Pathologie) spricht von einer Blähungslunge, in der sich ein Gemisch von eingedrungenem Wasser, von Bronchialschleim und Luft befindet. Häufig sind auch Erstickungsblutungen an der Lungenoberfläche, Eindrücke der Rippen, Überlagerung des Herzens, Blutungen in der Lunge und in der Hals- und Brustkorbmuskulatur, ein Schaumpfropf vor dem Mund, Gesichtsbläue (Zyanose), Gedunsenheit des Gesichts und hervorquellende Augen. Im Magen und Darm findet sich mehr oder weniger viel Flüssigkeit.

Da das Untergehen beim Badekollaps durchwegs lautlos und unauffällig ohne Zeichen eines Ankämpfens gegen das Wasser vor sich geht und sich nur kleine Mengen von Wasser sowohl in den unteren Luftwegen als auch im Magen der Leiche finden, spricht man auch von einem mittelbaren Ertrinken, im Vergleich zum unmittelbaren beim eigentlichen, echten Ertrinkungstod.

Kälteschock

Eine ähnliche Rolle spielt nicht selten das plötzliche Einwirken von sehr kaltem Wasser auf die Körperoberfläche, besonders nach vorausgegangener Erhitzung durch körperliche Arbeit, Sport oder Tanz. Es kann zu einer schlagartigen (Schock = Schlag, Stoß) Lähmung nervöser Zentren im Gehirn und verlängerten Mark führen, deren Folge plötzlicher Atem- und Herzstillstand sein können.

Erschöpfungskollaps

Andere Voraussetzungen als beim Wasserkälteschock liegen beim Kreislaufzusammenbruch infolge Erschöpfung vor. Diese unterscheidet sich wesentlich von der Ermüdung und vom so genannten toten Punkt. Man versteht unter Ermüdung eine durch Tätigkeit verursachte, vorübergehende Herabsetzung des Leistungsvermögens. Dies ist die normale Folge körperlicher und seelischer Anstrengung. Entsprechend der Belastungsart, dem Belastungstempo und dem Grad der Anforderung an die an der Leistung beteiligten Organe verschwindet sie nach verschieden langer Erholungszeit.

Der tote Punkt ist eine der Ermüdung und Erschöpfung nahe stehende Übergangserscheinung, die sich durch starke Willensanstrengung und Durchhalten überwinden lässt. Der Zeitpunkt seines Auftretens ist vom Trainingszustand und dem Maß des körperlichen Einsatzes abhängig.

Ein weitaus schlimmerer Zustand als die Ermüdung und der tote Punkt ist die Erschöpfung. Sie tritt ein, wenn durch sehr langdauernde Beanspruchung aller leistungserzeugenden Organe, nämlich des Herzens, der Skelett- und Atemmuskulatur und des Zentralnervensystems, alle in den Muskeln und in der Leber gespeicherte chemische Energie (tierische Stärke, Traubenzucker, energiereiche Phosphate) aufgebraucht ist. Gleichzeitig liegt eine übermäßige Anhäufung von Stoffwechselschlacken, vor allem an Milch- Kohlen- und Phosphorsäure im Skelett- und Herzmuskel wie auch in den Gehirnzellen und im Blut vor. Sie können während der Leistungen nicht genügend abgebaut und ausgeschieden werden.

Äußere Umstände, z. B. die Wassertemperatur, starke Sonnenstrahlung, hoher Wellengang und innere, gesundheitliche Störungen oder Organerkrankungen, können beim Zustandekommen der Erschöpfung eine große Rolle spielen.

Die Erschöpfung lässt sich selbst durch die größte Willensanstrengung nicht verhindern. Der Betroffene kann sich nicht über Wasser halten, wird bewusstlos und stirbt infolge Herz- und Kreislaufversagens (Erschöpfungskollaps).

Sonnenstich beim Langstreckenschwimmen

Auf die Unterkühlung und den Sonnenstich wurde früher schon näher eingegangen. Beides kann durchaus auch beim Langstreckenschwimmen auftreten. Personen ohne Kopfhaar und Kopfbedekkung sind dabei besonders gefährdet, zumal die langwelligen infraroten Strahlen der Sonne durch die Schädeldecke bis auf die Gehirnhaut dringen. Die Folge können Gehirnhautentzündung, Gehirnschwellung (Ödem) durch Austritt von Blutflüssigkeit aus den Gehirnkapillaren in die Zellzwischenräume und Überhöhung des Schädelinnendruckes sein. Eine plötzlich einsetzende Ohnmacht und unbemerktes Untergehen können die tödliche Folge sein.

Taucherkrankheit als Todesursache

Unter Wasser ist der Mensch anderen physikalisch-chemischen Umweltverhältnissen ausgesetzt als an der Luft. Während beim freien Tauchen ohne Gerät die Aufenthaltsdauer unter Wasser vom Atemanhaltevermögen des Einzelnen abhängig ist, können bei Verwendung moderner Tauchgeräte viel größere Tauchtiefen und Tauchzeiten erreicht werden. Vielfach werden dabei die möglichen Gefahren unterschätzt und wichtige Sicherheitsbestimmungen vernachlässigt, so dass es zu Tauchunfällen mit tödlichem Ausgang kommt. Die veränderten physiologischen Zusammenhänge im Körper durch den erhöhten Luft- und Wasserdruck und die tiefere Wassertemperatur können während des Abstiegs, des Aufenthalts auf Grund und des Aufstiegs mit mancherlei inneren Komplikationen verbunden sein, die unter dem Sammelbegriff der Taucherkrankheiten mit der zunehmenden Verbreitung des Sporttauchens bekannt und wissenschaftlich erforscht wurden. Näheres darüber ist aus dem Lehrbuch „Taucher im Rettungsdienst" zu ersehen.

Unfalltod

In Hallen- und Freibädern wie in den verschiedenen natürlichen Gewässern ereignen sich leider immer wieder Unfälle mit schweren Körperverletzungen, die bei nicht rechtzeitiger Rettung des Betroffenen schon im Wasser zum Tode führen. Betroffen ist in der Hauptsache der Bewegungsapparat (Prellungen und Brüche an Wirbelsäule, Brustkorb und Bekken) beim Aufprall auf die Wasseroberfläche, am Wassergrund und auf unter Wasser befindliche Hindernisse (Felsen, Pfähle, Baumstämme u. a.). Desgleichen verursachen auch leichtfertige Wassersprünge auf schwimmende und tauchende Personen und der unbedachte Umgang mit Motor- und Segelbooten schwere Körperschäden an Badenden mit Todesfolge.

Tod durch Blitzschlag

Jedermann kennt die Unberechenbarkeit und Gefährlichkeit des Blitzschlages. Irrtümlicherweise glauben viele Leute, dass der Blitzeinschlag in das Wasser auf darin befindliche Personen ohne Bedeutung sei, weil sich seine elektrische Energie im feuchten Element verteile und abschwäche. Dies ist erwiesenermaßen nicht der Fall. Seine Wirkung ist nicht geringer, sondern weitaus stärker. Rechtzeitige Gewitterwarnung und schnelles Verlassen des Wassers sind deshalb unerlässlich.

Die Folgen von Blitzschlag am Menschen können sein:

- Lähmung vitaler Funktionen (sofortiger Herz- Kreislauf- und Atemstillstand),
- schwerer Schock am gesamten Nervensystem und an inneren Organen, Lähmungen an den Gliedmaßen,
- Verbrennungen unterschiedlicher Stärke und Ausdehnung.

Zu den Sofortmaßnahmen gehören:

- die Sicherung des Verunglückten vor dem Ertrinken
- die richtige Lagerung und Wiederbelebung von Herz- und Atemtätigkeit,
- Wundbedeckung mit Verbandtuch,
- Schockbehandlung durch den Arzt ist dringend nötig, sowie der alsbaldige Abtransport mit dem Rettungsdienst in die zuständige Fachabteilung einer Klinik.

6. Biologische Grundlagen des Konditionstrainings

Unter Training versteht man planmäßiges Üben unter stufenweiser Steigerung der körperlichen Anforderungen zwecks Erreichung eines bestimmten Leistungsvermögens auf einem sportlichen Gebiet. Die leiblich-seelische Verfassung, in die der Trainierende sich dadurch versetzt, nennt man in der Sportsprache Kondition (engl. condition = Zustand, Bedingung, Beschaffenheit).

Die natürlichen Gegebenheiten der Kondition liegen in den inneren Lebensbedingungen, nämlich in den Erbanlagen des Einzelnen. Man nennt sie in ihrer Gesamtheit die angeborene Konstitution oder Anlagekonstitution und versteht darunter nicht nur die ererbte Summe aller Eigenschaften und Fähigkeiten, sondern auch die Art und Weise, in der ein Organismus auf äußere (exogene) Einwirkungen reagiert. Diese innere (endogene) Veranlagung zu einer bestimmten Reaktion auf unumgehbare Umwelteinflüsse und die selbsterwählte Lebensführung zeigt sich sowohl an einzelnen Lebensvorgängen als auch in der Gesamtheit aller Lebensmerkmale in verschiedenem Grade, der Stärke der Erbanlagen entsprechend.

Ziel jedes Leistungssportlers ist es durch Konditionstraining zur höchstmöglichen persönlichen Leistungsfähigkeit und Belastbarkeit zu gelangen. Im sogenannten Breiten- oder Gesundheitssport spricht man vom Trimmen (engl. trim = in Ordnung bringen) und meint damit, durch regelmäßig wiederkehrendes Durchführen einer Reihe von Übungsformen zu Fitness (engl. fit = fähig, tauglich), d. h. zu einer bleibenden guten gesundheitlichen Verfassung zu gelangen.

Jedes Konditionstraining fordert nicht nur körperlichen Einsatz, vielmehr müssen ihm, wie erst recht im Wettkampf, unbedingt bestimmte seelische Voraussetzungen zu Grunde liegen.

Genannt seien Interesse und Lust an der Bewegung und Anstrengung, Ehrgeiz und Selbstüberwindung, Konzentration und Willensausdauer.

Die Art und Weise seiner Durchführung bestimmt jeweils die Tages- und Jahresform (Form als früher an Stelle von Kondition in Sportkreisen häufig gebrauchter Ausdruck für die Leistungsfähigkeit) des Sportlers. Auch heute ist immer noch die Rede von einer Höchstform, einem Formtief oder von einem Außerformsein.

Die Anwendung und Dosierung einer bestimmten Trainingsmethode muss sich stets nach der gewählten Sportart richten.

Der eigentliche Motor der Bewegung ist die Skelettmuskulatur. Sie besteht aus über 500 einzelnen Muskeln, die in bestimmten Funktionsgruppen dem passiven Bewegungsapparat (Skelett, knorpelige und bindegewebige Teile) zugeordnet sind.

Die einzelnen Muskelgruppen werden bei den sehr verschiedenen Sportarten mehr oder weniger in Tätigkeit gesetzt und in unterschiedlichem Grade beansprucht im Hinblick auf Kraft, Schnelligkeit, Ausdauer und Koordination.
Diese Funktionsmöglichkeiten der Skelettmuskulatur sind anlagemäßig festgelegt, innerhalb der konstitutionell bedingten Grenzen jedoch trainierbar.
Die bewusste und planmäßige Aktivierung der Skelettmuskulatur durch vermehrte und verstärkte Bewegungsimpulse stellt, wie jede sonstige körperliche Tätigkeit, zugleich immer einen funktionellen Reiz für das gesamte Körpergeschehen dar, vor allem für alle unmittelbar an der Erzeugung einer Leistung beteiligten Organsysteme. Dies sind:

Das Nervensystem
Es bildet die nötigen Bewegungsimpulse und steuert das Zusammenspiel äußerer und innerer Sinnesorgane mit den Skelettmuskeln (Sensomotorik, neuromuskuläre Koordination).

Das Blutkreislaufsystem
Es sorgt mittels des Blutes für die Versorgung des Skelettmuskels mit Sauerstoff und Betriebsstoff – (Traubenzucker).

Das Atemsystem
Es übernimmt durch verstärkten Einsatz der Atemmuskeln die erhöhte Be- und Entlüftung der Lunge und damit die ständige Anreicherung des Blutes mit mehr Sauerstoff und Ausscheidung des beim Muskelstoffwechsel entstehenden Kohlendioxyds.

Das Hormondrüsensystem
Es übergibt dem Blut Wirkstoffe, die für den Muskelstoffwechsel von größter Wichtigkeit sind.

Die einzelnen Übungsformen beanspruchen nicht nur die Skelettmuskulatur im Sinne von Kraft, Schnelligkeit, Ausdauer oder Koordination sehr unterschiedlich, sondern auch die genannten, an der Leistungserzeugung entscheidend mitbeteiligten Organsysteme.
Von besonderer Bedeutung in diesem Zusammenhang ist, dass der Organismus die Fähigkeit besitzt, sich auf höhere körperliche Anforderungen einzustellen, durch die sogenannte biologische Anpassung. Sie erfolgt auf anatomisch-feingewebliche und physiologisch-funktionelle Weise. Die biologische Anpassungsfähigkeit des Organismus, die dieser bis ins hohe Alter aufweist, ist die Grundvoraussetzung für die erwünschte Leistungssteigerung. Das Besondere daran ist, dass jedes spezielle Konditionstraining spezifische Auswirkungen geweblicher und stoffwechselmäßiger Art zur Folge hat.
Die hauptsächlichsten Merkmale der biologischen Anpassung bei jedem, über längere Zeit und regelmäßig betriebenem intensiven Konditionstraining werden im Folgenden bei der Stellung der einzelnen muskulären Beanspruchungsform und der dazugehörigen Trainingsmethode aufgezeigt.

Trainingsmethoden

Darunter sind die Übungsweisen zu verstehen, die Methodik des Lehrens. In der Praxis des Sports haben sich auf Grund jahrzehntelanger Erfahrung, gründlicher Beobachtung und wissenschaftlicher Forschungs- und Versuchsarbeit folgende Methoden bewährt:

1. das isometrische Muskeltraining
2. das isotonische Muskeltraining
3. das Ausdauertraining
4. das Intervalltraining

Trainer und Sportler müssen sich darüber im Klaren sein, welche Konditionseigenschaften zu entwickeln und zu fördern sind. Bekanntlich ist die Zeitdauer der einzelnen Übungsformen unterschiedlich. Nur Sekunden oder wenig Minuten dauernde Übungen fordern vom Nerven-, Blutkreislauf- und Atemsystem wesentlich geringere Leistungen als über Stunden sich erstreckende. Kurze Beanspruchungsformen stellen im Vergleich zu langen Belastungen allem an den Zellstoffwechsel der leistungserzeugenden Organe nur geringere Anforderungen. Entscheidend für die Auswirkung und den Erfolg einer Trainingsmethode ist immer die Art und Weise ihrer Durchführung. Dabei spielt nicht nur die Trainingsqualität, d.h. die Funktionsweise (Beanspruchungsform) des Skelettmuskels eine Rolle. Vielmehr kommt es im Einzelfall entscheidend auf die dem Sportler zumutbare und richtig dosierte Trainingsquantität, d. h. auf das Trainingsmaß, die Trainingsstärke (Intensität), die Trainingsdauer und Trainingshäufigkeit an. Daraus lässt sich erkennen, dass es sich beim Konditionstraining um eine sehr vielfältige und gleichzeitig von Fall zu Fall spezielle Aufgabe handelt. Auf methodische Einzelheiten kann in diesem Rahmen nicht eingegangen werden.

Die Kraft

In der Physiologie unterscheidet man 2 Arten von Kraft:

1) die ,,Stärke“ als Muskelanspannung ohne Verkürzung des Muskels gegen einen Widerstand (isometrische Muskelkon-traktion).Sie wird auch statische oder Haltekraft genannt. Bei dieser Arbeitsform wird eine bestimmte ,,reine“ oder „rohe“ Kraft in einer bestimmten Zeit aufgebracht.
Hier ist: Arbeit = Kraft x Zeit
2) die Schnellkraft als Arbeit in der Zeiteinheit. Gemeint ist die Muskelanspannung mit Verkürzung des Muskels gegen einen Widerstand (isotonische Muskelkontraktion). Sie wird auch dynamische Arbeit oder Bewegungsarbeit genannt, bei der es sich um eine Veränderung der Muskellänge während einer Bewegung handelt.
Hier ist: Arbeit = Kraft x Weg

Kraftübungen beanspruchen in der Hauptsache den Stütz- und Bewegungsapparat und stellen erwiesenermaßen nur mäßige Anforderungen an das Blutkreislauf- und Atemsystem. Der aktive Teil, die Skelettmuskulatur erfährt durch Krafteinsatz, z. B. beim Gewichtheben und Ringen stärkste Dehn- und Spannungsreize. Die passiven Teile, nämlich das Skelett, die knorpeligen Gebilde (Zwischenwirbelscheiben, Rippen- und Gelenkknorpel) und der bindegewebige Kapsel-Bandapparat der Gelenke unterliegen durch alle, intensive Halte- und Bewegungsarbeit fordernden Übungen oft schwersten Druck- und Zugbelastungen.

Vor allem beim überwiegend athletisch veranlagten Konstitutionstyp kommt es durch Kraftübungen zur Verdickung der Muskelfasern und damit zu einer beeindruckenden Querschnittszunahme ganzer Muskelgruppen, die der erwünschten Erhöhung der sogenannten absoluten Muskelkraft dient. Die so beschaffenen prallen Muskeln fühlen sich gespannt-elastisch, manchmal auch hart an. Sie weisen einen erhöhten Ruhe- und Arbeitstonus (Spannungszustand) auf.

Methodisch gilt es, beim Training beider Kraftarten

1. den Trainingsreiz mit zunehmender Leistungsfähigkeit zu steigern,
2. im Wesentlichen mit maximalen Reizen zu trainieren.

Der „Trainingseffekt“ hängt von der Anzahl der täglich durchgeführten Muskelreize (Anzahl der Wiederholungen) ab. Je nachdem, wie viel statische oder dynamische Muskelkraft der einzelne Sportler für seine Übungsform für notwendig hält – dies muss die persönliche Erfahrung lehren – soll er seine Muskeln, die unterschiedlich trainierbar sind, beanspruchen.
Die Kraftschulung hat sich bei allen Sportarten bestens bewährt und wird daher von allen Leistungssportlern, jedoch in unterschiedlichem Maße, durchgeführt.

Die Schnelligkeit

Unter Schnelligkeit ist die höchst erreichbare so genannte ,,maximale Schnelligkeit“ oder ,,Grundschnelligkeit“ zu verstehen, mit der eine Übungsform über kurze Zeit durchgeführt werden kann. Die Schnelligkeitsfunktion ist zum größten Teil anlagebedingt. Sie lässt sich trainieren, indem „Technik“ und „Kraft“ verbessert werden. Wenn eine Übungsform schneller ausgeführt werden soll, kommt es beim Training darauf an, dass

1. die einzelnen Abschnitte der Bewegung (Bewegungsphasen oder -elemente) durch ein besseres Zusammenspiel (Koordination) sich störungsfrei und in kürzester Zeit aneinander reihen,
2. die dynamische Muskelkraft gesteigert wird.

Schnelligkeitsübungen sind der Kurzstreckenlauf, der Weitsprung, der Schlagballwurf, der Eis- und Rollschuhlauf auf kurze Strecken. Sie sind den Gewandtheits- und Geschicklichkeitsübungen (Koordinationsübungen) verwandt, weil sie ein gut eingeschliffenes funktionelles Zusammenwirken von Sinnesorganen, Gehirn und Muskelapparat erfordern. Ihre Auswirkungen auf die Dicke der Muskelfasern und damit auf den Gesamtquerschnitt der eingesetzten Muskeln sind nicht so auffällig wie bei den Kraftsportarten. Sie verlangen vom Ausübenden scharfe geistige Konzentration, die nur durch ein Sicheinfühlen und Sicheinleben wie auch durch häufige Wiederholung erreicht werden kann.
An das Herz-Kreislauf- und Atemsystem werden keine besonderen Anforderungen gestellt. Die Herzen der Schnelligkeitssportler sind an Volumen klein im Gegensatz zu den „Sportherzen“ der Ausdauersportler.
Sind Kraft und Schnelligkeit gleichermaßen erforderlich, wie bei den Mehrwettkämpfen der Leichtathletik und des Turnens, wie auch bei Kurz- und Mittelstrekken des Ruderns und Schwimmens, so entwickeln sich auch kräftige Muskelmassen. Bei allen auf Kraft trainierten Sportlern zeigen sich im Röntgenbild verdickte Knochenschalen und eine verstärkte Zeichnung der schwammigen Knochensubstanz.

Die Ausdauer

Von Ausdauer spricht man, wenn eine Bewegung länger als 3 Minuten durchgeführt wird.
Bekanntlich wird die Ausdauer bei manchen Sportarten über viele Stunden beansprucht.
Unterschieden werden

- die begrenzte, örtliche (lokale) Muskelausdauer,
- die Gesamtausdauer des Organismus, auch allgemeine Ausdauer genannt.

Beim Training der lokal begrenzten Muskelausdauer ist der Trainingseffekt abhängig von der Anzahl der Trainingsreize, wobei die Reizstärke nicht maximal zu sein braucht. Zu lange und auf wenige Muskeln beschränkte Beanspruchung ruft im Muskelgewebe chemische Veränderungen hervor, denen eine Abnahme der Energiereserven (Glykogen = tierische Stärke oder Mehrfachzucker) und eine Anhäufung von muskelermüdenden Stoffwechselschlacken (Milchsäure, Kohlensäure, stickstoffhaltige Substanzen) zu Grunde liegt. Regelmäßige und häufige Beanspruchung bestimmter Muskeln führt zu einer Vermehrung der Haargefäße (Kapillarisierung) und erhöhten Energiespeicherung im Muskelgewebe. Damit hilft sich der Organismus, den Eintritt und den Grad der Ermüdung hinauszuschieben.

Die Fähigkeit, Übungen mit einer kurzen maximalen Leistung durchzuführen, wird als „Schnelligkeitsausdauer“ oder „Stehvermögen“ bezeichnet. Dabei wird von den eingesetzten Muskeln sehr viel Sauerstoff verbraucht. Beispielsweise erfordern die Mittelstrecken der Leichtathletik von 400 bis 1500 m Stehvermögen. Der Muskel geht dabei eine Sauerstoffschuld ein, d.h. er stellt sich darauf ein, eine Zeit lang ohne Sauerstoff zu arbeiten. In der Ruhepause werden die angesammelten Stoffwechselschlacken durch vermehrte Sauerstoffzufuhr wieder abgebaut.

Ausdauerübungen, die den gesamten Muskelapparat beanspruchen, stellen gleichzeitig erhöhte Anforderungen an das Nervensystem, das Herz und die Atemmuskulatur. Starke Dauerbeanspruchung der Skelettmuskulatur hat eine Größen- und Gewichtszunahme des Herzens zur Folge. Das so entstehende „Sportherz“ ist keineswegs krankhaft verändert, vielmehr vermag es die bei Ausdauerübungen erforderliche hohe Kreislaufleistung zu vollbringen.

Das Training der allgemeinen Gesamtausdauer des Organismus löst gleichzeitig eine Vermehrung der Lungenbläschen und der Lungenhaargefäße aus, die funktionell durch eine erstaunliche Erhöhung des Gesamtaustausches und vermehrte Sauerstoffsättigung des Lungenblutes gekennzeichnet ist. Man spricht bei Ausdauersportlern auch von einer „Sportlunge“. Trainingswirkungen auf das Herz-Lungensystem (car-diopulmonale System) werden vor allem durch Trainingsmethoden erreicht, die von den eingesetzten Atem- und Skelettmuskeln eine lang dauernde und mit viel Sauerstoffverbrauch verbundene Arbeit verlangen. Trainiert kann werden in Dauer- oder Intervallform werden.

Die Dauerform, auch „gleichmäßiges Ausdauertraining“ genannt, legt dem Muskel eine über längere Zeit sich vollziehende, im Bewegungsablauf gleich bleibende Arbeit auf. Dies ist z. B. durch einen Dauerlauf mit gleich bleibender Geschwindigkeit der Fall.

Wünschenswert wäre dabei die Verbesserung der sog. Grundlagenausdauer. Im Training bedeutet dies eine gleichmäßige Ausdauerbelastung unter Pulsüberwachung (Pulsfrequenz zwischen 130 und 140). Dabei benötigt man nicht unbedingt einen Pulsmesser, sondern man hält alle 150 – 200 Meter am Beckenrand kurz an, misst den Puls (10 – 15 s) und schwimmt sofort weiter. Für diese Trainingsart empfehlen sich bei Erwachsenen 400 – 600 Meter. Zwischen den Einzelstrecken soll ca. 40 – 60 Sekunden pausiert werden; vier Wiederholungen. Um zu einem einigermaßen akzeptablen Ergebnis zu kommen, sollte man mindestens zwei Mal pro Woche trainieren (Schwimmen, Joggen oder auch Radfahren)!

Bei der Intervallform, auch ,,Intervalltraining" genannt, wechseln Phasen größerer Leistung mit Phasen kleinerer Leistung systematisch ab. Das Prinzip ist also, bestimmte, mehr als eine Minute beanspruchende Übungsformen, z. B. den Dauerlauf, den Skilanglauf, das Schwimmen oder Rudern nicht in einem Zug (kontinuierlich) auszuführen, sondern in Teilleistungen mit wechselnden Anforderungen an die leistungserzeugenden Organe ohne Pausen, d. h. ohne wirkliche Unterbrechung.

Bei den reinen Ausdauersportlern, z. B. den Schnellgehern und Langstreckenläufern, finden wir meist schlanke, teigigweiche Beinmuskeln. Ausdauerübungen, die gleichzeitig Kraft und Schnelligkeit in hohem Maße erfordern, z. B. der Skilanglauf, das Radfahren, das Langstreckenrudern und die Rasenspiele, lassen auch sehr voluminöse, stärker gespannte (hypertonisierte) Muskeln entstehen. Auffällig sind diesbezüglich Fußballspieler mit ihren schnellkräftigen, stark verdickten Beinmuskeln. Der auf Ausdauer trainierte Organismus speichert in der Skelettmuskulatur und in der Leber größere Energiereserven (Mehrfachzucker = Glykogen und energiereiche Phosphate) und stellt sich auf Ökonomisierung seiner Funktionen, d. h. auf Wirtschaftlichkeit ein. Dadurch kann er dem beim Wettkampf stark erhöhten Arbeitsstoffwechsel und damit vermehrten Energieverbrauch auf sparsame Weise entsprechen.

Die Koordination

Man versteht darunter das Zusammenspiel von Nervensystem und Skelettmuskulatur während einer Bewegung. Ältere Bezeichnungen sind dafür Gewandtheit und Geschicklichkeit.

Gewandtheit ist die Fähigkeit mit dem eigenen Körper beherrscht, wendig und spielend umzugehen. Geschicklichkeit bedeutet hingegen die sichere und zweckmäßige Handhabung von Gegenständen im Sport, eben Umgang mit den verschiedenen Sportgeräten.

In jedem Falle stellen die Sinnes- und Bewegungsnerven die Verbindung mit den Muskeln unter Einschaltung von Gehirn und Rückenmark her, deshalb die Bezeichnung „Sensomotorik" oder „neuro-muskuläres Zusammenspiel". Das Gehirn fungiert als Informations-, Schalt- und Befehlszentrale. Wesentliche Merkmale einer guten Koordination sind sichere Körperbeherrschung, geschulter Gleichgewichtssinn und schnelle Reaktion. Das Koordinationsvermögen ist, wie die Kraft und Schnelligkeit weit gehend anlagebedingt. Dennoch lässt sich durch zielgerichtetes Training in verschiedenster Weise trainieren, d. h. auf ganz bestimmte Bewegungsabläufe einschulen.

Die sehr komplexen Bewegungsanforderungen zahlreicher Sportarten, denkt man beispielsweise an das Geräteturnen, das Schwimmen und Wasserspringen, den Eiskunstlauf oder an die vielen Spielarten, lassen sich von der Skelettmuskulatur nur durch planmäßiges, sinnvoll aufgebautes und bewusst empfundenes Training verwirklichen.

Vor allem beim Schwimmen nützt es wenig, wenn die Kraft nicht sinnvoll eingesetzt werden kann. Im Training gilt es, das richtige Verhältnis zwischen WASSERGEFÜHL, KRAFT und KONDITION zu finden und zu schulen. Das bedeutet, dass im Training der Technikschulung eine äußerst wichtige Rolle zukommt.

Abgesehen von sportlichen Rettungsschwimmwettbewerben unter den Aktiven der Wasserwacht, die letztlich dem übergeordneten Zweck der Rettung von

Menschenleben dienen, hängen die Erfolge im Ernstfall weitgehend von der Leistungsfähigkeit und Belastbarkeit des einzelnen Lebensretters ab.
Wenn Wasserwachtler an Seen, Stränden, in Frei- oder Hallenbädern ihren Wachdienst versehen, wird erwartet, dass Notsituationen schnell erkannt werden und richtig gehandelt wird. Das erfordert ständiges Üben und Weiterbilden auf dem gesamten Gebiet der Lebensrettung – nicht nur im Wasser, sondern auch an Land!
Auf die Sekunde TOPFIT sein, um anderen in Not zu helfen!

Tips und Tricks fürs Training

Vorschlag für den Trainingsaufbau:
- Einschwimmen/Aufwärmen;
- Hauptteil (angestrebtes Ziel mit unterschiedlichen Übungsformen bzw. methodische Reihen zu erreichen versuchen);
  „Cool-Down" – Anschwimmen – Stretching.
- Einschwimmen dient dazu, den Organismus auf höhere Belastung vorzubereiten (kein Wettschwimmen).
- Ausschwimmen soll den Kreislauf nach dem Hauptteil wieder beruhigen und die Muskulatur lockern (auch durch Stretching zu erreichen; Muskelregeneration);
- Beim Hauptteil nicht ausschließlich in einem Schwimmstil Konditions- und Sprinttraining durchführen, sondern auf mehrere ausdehnen.
- Bei der Technikschulung immer nur einen Fehler durch eindeutige Bewegungsanweisungen korrigieren.
- Beim Kinder- und Jugendtraining im Freibad immer das Wetter einkalkulieren und ggf. ein geeignetes Alternativprogramm anbieten (Erste-Hilfe, Volleyball, Rettungsballzielwurf, Jonglieren o. ä.).
- Nach Möglichkeit mehrere Trainingseinheiten pro Woche ansetzen, evtl. zum Ausgleich Joggen, Radfahren, Rudern o. ä.
- Ggf. mit anderen Vereinen arangieren, um (ab und zu) eine Turnhalle oder einen Sportplatz benutzen zu können.

> Nur auf der Grundlage guter biologischer Kenntnisse kann der Trainer bei der Wasserwacht die erläuterten Trainingsmethoden sinnvoll und gezielt zur Anwendung bringen.